인문학
특 강

지역 MBC 8개사 명품 인문학 강의

인문학 특강

고미숙 한상덕 조법종 정창권 이화경 박맹수 임원빈
강봉룡 성소은 황교익 심옥주 임병식 석영중

도서
출판 모시는사람들

이 책은 방송통신위원회 방송통신발전기금의 지원을 받아 제작한 것입니다.

인문학, 세상을 신선처럼 사는 지혜를 주는 학문

최근 대한민국에는 인문학 열풍이 불고 있습니다. 전국의 공공도서관에는 평생교육 프로그램으로 인문학 강좌가 연중 개설되고, 공무원 교육에도 인문학 강좌가 빠지지 않습니다. 대기업에서도 인문학 전공자 채용을 강화하겠다고 밝히고, 인문학 소양을 갖춘 엔지니어를 새로운 인재 상으로 제시하기도 합니다. 스티브 잡스가 프레젠테이션에서 애플의 성공 비결로 인문학적 감성을 언급한 영향도 큰 것 같습니다.

트렌드를 가장 빠르게 읽고 앞서가지는 못할지언정 최소한 뒤쳐져서는 안 되는 방송인으로서 프로그램을 기획하며 인문학 소재를 안 다룰 수가 없었습니다. 방송은 재미와 흥미, 의미라는 삼미(味)를 동시에 추구해야 하며, 하나 마나 한 빤한 이야기는 전파 낭비이며 재앙이라고 선배들에게 귀에 못이 박히도록 들었습니다.

인류의 지혜가 축적된 심오한 인문학을 쉽고 재미있게 풀어낸다? 영문학과 철학을 전공한 저이기에 더더욱 자신이 없었습니다. 그렇지만 요즘 가장 핫한 이슈를 피해 갈 수는 없습니다. 공통의 고민을 풀기 위해 지역 MBC의 아나운서 겸 PD 여덟 명이 머리를 맞댔습니다. "도대체 인문학이 뭐야?", "우리가 지금 왜 인문학을 공부해야 하는 거지?" 몇 주간 공부를 한 저희의 결론은 결국 현세에 잘 먹고 잘살자고 그러는 것 아닌가 하는 것이었습니다. 과거에 비해 우리가 경제 규모도 커지고 여러 모로 삶이 편리해졌지만 과연 옛날보다 행복한가에 대한 답은 높은 자살률이 말해 주고 있습니다. 자본주의 시대에 물질만능주의, 과잉 경쟁으로 인해 정신적으로 너무나 피폐해져 있는 것이지요.

인문학 소재를 어떻게 프로그램으로 풀어야 하나 한참 고민을 하던 시기에 제 은사이기도 한 고려대학교 정창권 교수가 한 매체와 인터뷰한 기사를 봤습니다. 우리가 불행한 이유는 남보다 돈이나 권력을 못 가져서 좌절하기 때문인 경우가 많은데, 인문학을 배우면 현 세상을 신선처럼 여유롭게 살 수 있는 지혜가 생긴다는 내용이었습니다. 정창권 교수로부터 영감을 얻어 프로그램의 제목을 '살.신.성.인–살아서 신선이 되는 법, 인문학'으로 정하게 되었습니다.

지역 MBC 8개사 연속기획 40부작 '살신성인–살아서 신선이 되는 법, 인문학'은 랩, 변사 공연, 팝페라 등 다양한 장르와 만나 시민들과 인문학을 이야기하였습니다. 살신성인 인문학 특강은 강사가 일방적으로 지식을 전달하고 청중은 습득하는 고전 인문학이 아니라, 당대 최고 인문학자들의 강연을 PD의 감각으로 구성한 인문학 프로그램입니다. 많은 분들이 다시 듣기를 원하여 녹음 파일을 공유하였지만 여전히 갈증을 느껴 제작자들은 활자 기록으로 남길 결심을 하게 되었습니다. 그 결실이 바로 이 책입니다.

방송 강연과 책 출간을 허락해 주신 저자 여러분, 청각 자료를 시각화해 주신 도서출판 모시는사람들 박길수 대표님께 감사드립니다. 그리고 제 모든 작품에 혼을 불어넣어 주시는 드라마작가 송보나 선생님께 감사드립니다.

8인의 기획·연출자(김상호, 구본상, 김예솔, 이지선, 김귀빈, 정은희, 지건보, 이승현)를
대표하여 이승현 드림

1장

배움의 길

고전이
현대인에게 주는
지혜

고미숙(고전평론가)

1강 •
왜 고전의 지혜가 필요한가

　저는 제가 쓴 '달인' 시리즈 가운데 하나인 『공부의 달인 호모쿵푸스』를 중심으로 현대인에게 왜 고전의 지혜가 필요한가를 이야기하겠습니다. 고전이라고 하면 보통 '누구나 알지만 아무도 읽지 않는 책', 이렇게 이제 정의하기도 하고, 또 어떤 분은 '다 읽고 나면 목매달아 죽고 싶은 책', 이렇게 정의하기도 합니다. 그만큼 괴롭다는 것이지요. 이것은 우리가 학교에서 고전을 너무 딱딱하고, 근엄하고, 우리 삶과는 동떨어져 있다고 배운 결과입니다. 실제로 고전은 우리 삶에 일용할 양식 같은 것입니다. 이제부터 제가 왜 그런지에 대해 차근차근 설명하겠습니다.

　우리는 왜 공부를 할까요? 뭔가를 알고 싶어서 합니다. '안다'는 행위는 인간이 하는 행위나 활동 가운데 가장 아름답고 고귀한 것에 속합니다. 왜냐하면 모른다는 건 너무나 고통스러우니까요. 저는 길치입니다. 어딜 가든지 길을 잘 못 찾습니다. 동서남북이 막 헷갈리고, 식당에 들어가면 잠깐 화장실 갔다 나오면서 제 자리를 못 찾고 주방으로 들어가는 등 혼란을 겪습니다. 듣는 사람한테는 이것이 웃기는 얘기지만 겪는 사람한테는 몸이 굉장히 긴장되는 일입니다. 그래서 저는 여기저기 강의를 다닐 때마다 항상 그 장소에 제대로 갈 수 있을까, 이 고민을 합니다. 그래서 더 실감을 하게 됐어요. '길을 모른다는 건 정말 고통스러운 일이구나.' 하는 것을요.

고전, 길을 안내하는 책

제가 고전을 공부하면서 찬찬히 따져 보니까 우리가 아프고 괴로운 것의 근원에는 다 무지(無知)가 있더라고요. 길을 잃어버리는 것이지요. 인생에서 어떤 선택을 해야 될지, 이 사람과 어떤 관계를 맺어야 될지, 미워해야 될지, 사랑해야 될지, 내가 저걸 향해 달려가야 할지, 말아야 할지……. 이렇듯 끊임없는 갈등 속에서 길을 찾는 것, 그것이 공부의 진정한 목표가 아닐까 합니다. 그리고 고전은 바로 이런 길에 대한 지혜를 담고 있는 책이지요.

고전이라고 하면 보통 한 5천 년에서 2천5백 년 정도 된 문헌들을 말합니다. 그런데도 고전은 시간과 공간을 가로질러 현대를 사는 우리에게 어떤 메시지를 전하고 있기 때문에 우리는 계속 고전을 찾게 됩니다. 교과서는 사실 고전을 응집해 놓은 것입니다. 그렇기 때문에 싫든 좋든 우리 시대는 계속 고전을 중심으로 여러 가지를 구축하고 있는 겁니다. 그것을 한마디로 정의하면 인생에 대한 탐구, 이 세계에 대한 탐구라고 정리할 수 있겠지요.

고전은 존재와 우주에 대해 탐구하는 책입니다. 존재와 우주를 모르면 우리는 인생에서 길을 잃어버리고 맙니다. 늘 혼란스러워서 갈등과 번뇌, 투쟁과 미움 같은 것들이 끊임없이 일어나게 되겠지요. 그러면 몸이 아픕니다. 현대인들은 첨단기술과 더불어 사니까 돈이 많고 기술이 발달하면 이러한 문제들이 해결될 것이라고 생각합니다. 의학이 발달하면 병에 걸리지 않겠지, 병에 걸리더라도 치료할 수 있는 방법이 생기겠지, 심리학이나 정신분석학 같은 분야가 더 정교해지면 우리가 번뇌를 헤쳐 나갈 수 있겠지, 하면서요. 헌데 인류의 역사를 살펴보니까 의학이 발달하면 할수록 더 무서운 병이 생기더라고요. 이 문제를 풀었다 싶으면 더 큰 문제가 쓰나미처럼 밀려오는 것이 인류 문명의 운명입니다. 아무리 기술이 발달하고 문명이 진보한다고 해도 우리는 우리 인생의 길을 스스로 찾아가야 한다는 것이지요.

그렇기 때문에 나는 누구인가, 어떻게 살 것인가, 또 인간은 무엇인가, 어디서 왔는가, 어디로 가는가, 이런 질문을 던지지 않고는 길을 찾을 수가 없습니다. 질문 자체가 길이라고 할 수 있어요. 질문을 던지는 행위, 여기서부터 고전의 세계가 시작됩니다. 하지만 이 질문을 하려면 반드시 내가 사는 세상에 대한 질문을 또 해야 합니다. 왜냐하면 산다는 것은 누구와 더불어 함께해야 하는 것이니까요. 나하고 아무리 관계가 없다고 해도 그런 사람들의 삶이 내 인생에 큰 영향을 미칩니다. 더구나 지금은 디지털 시대라서 전 세계가 하나로 연결되어 있지요. 유럽의 난민 문제가 이렇게 저렇게 밀려간다는 사실이 나하고는 아무 상관이 없을 것 같아도 내 일상에도 큰 변화를 야기하는 것이지요. 그래서 나는 누구인가라는 질문을 하려면 내가 맺는 관계가 무엇인가라는 질문을 같이 해야 해요. 그렇기 때문에 인간이 모여 사는 사회도 연구해야 하고, 사회 구조도 연구해야 하고, 또 지구의 밑바닥에는 무엇이 있는지, 태양계가 어떤 별로 이루어져 있는지, 화성에는 사람이 살 수 있는지, 없는지 하는 무한한 앎의 매트릭스를 열어 놓고 있는 것이지요. 이것이 바로 고전의 세계입니다.

5천 년 전, 만 년 전에 인류가 그 세계 안에서 자신의 길을 열어 갈 때, 하늘의 별을 보고 땅에서 지도를 그려 갈 때 그때부터 질문을 한 거예요. 나는 누구인가, 세계는 무엇으로 구성되어 있는가, 나는 어떻게 살 것인가. 이것이 바로 인간의 문명이고 길인 것입니다. 그러니 사람의 삶에서 안다는 사실보다 더 중요하고 고귀한 일은 없는 것입니다. '현대인들이 왜 케케묵은 고전을 읽어야 하는가?' 하는 질문은 어리석은 것이지요. 고전을 읽지 않으면 길을 찾을 수가 없습니다. 아무리 기술이 발달하고 정보가 뛰어나도 우리는 100년의 삶 안에서 생을 마쳐야 합니다. 또 100년을 산다고 해도, 그 100년 내내 다 냉철하고 이성적으로만 사는 게 아닙니다. 갓난아기 때는 뭐가 뭔지 모른 채 자라고, 나이가 들어 노쇠해지면 판단력이 흐려지지요. 그러니 100년을 산다고 해도 어떤 존재와 세계를 탐구하는 시간은 아주 짧다고 할 수 있습니다. 이 유한성을 넘어서야만 우리는 어떤 본질에 다가설 수 있습니다. 그렇지 않으면 늘 자신의 경험치 안에서 세계를 아주 빈약하게 구성할 수밖에 없지 않겠습니까? 그러면 어떻게 해야 할까요? 책을 읽어야 하는 것이지요. 책 가운데 시공을 넘어서 우리에게 강렬한 메시지를 던져 주는 것, 계속 새로운 가르침을 전해 주는 것, 이것이 고전이라고 할 수 있습니다.

현대인들은 돈이 많다거나 지위가 높다거나 하면 인생을 잘살 수 있다고 생각하는 경향이 있습니다. 그걸 일종의 기술지라고 하지요. 노동이나 화폐, 그리고 그것이 준 어떤 대가, 이런 것들을 중심으로 인생을 구성하기 때문에 요즘 말로 하면 스펙이라고 할까요? 그런 기술지를 많이 가지고 있으면 인생을 잘살 수 있을 거라고 생각합니다. 그런데 저는 오랫동안, 태어나서 지금까지 거의 평생을 백수로 지내서 스펙을 써 본 적이 없습니다. 박사학위가 있지만 박사학위 때문에 제가 특별하게 누린 것이 별로 없습니다. 그 스펙이 훌륭하고 남들이 굉장히 부러워하는 정규직에 있다거나 또 다른 일로 크게 성공한 사람들도 중년이 되면 삶이 굉장히 먹먹해집니다. 어떻게 살아야 할지, 어디로 발을 내디뎌야 할지 잘 모르는 것은 똑같아요.

통하면 아프지 않다
제가 최근에 본 영화가 〈사도〉라는 영화인데요, 현대인에게 많은 것을 알려 주는 영화였습니다. 아버지는 왕이고, 아들은 태어나면서 세자가 되고, 두 살 때부터 제왕 교육을 받습니다. 이 사도세자한테는 라이벌도 없어요. 왕권을 위협할 수 있는 형제라든지, 다른 적대적인 당파, 이런 것들도 없습니다. 모든 조건을 다 갖추고 있는 것이지요. 최고의 교육을 받고, 아버지의 극진한 기대와 사랑을 받습니다. 그런데 결과는 어떻습니까? 아버지는 아들을 죽여야 하고, 아들은 아버지에 대한 미움, 원한으로 비참하게 죽어 가는 운명에 처한 것이지요. 저는 이 영화가 현대인에게 시사하는 바가 크다고 생각합니다. 물질적으로 많은 걸 갖추면 잘살 수 있는가? 그렇지 않은 것이지요. 영조는 훌륭한 왕입니다. 조선의 르네상스를 연 왕이지요. 세종대왕 다음으로 손꼽을 수 있을 정도로 많은 업적을 남겼습니다. 그런데도 왕으로서 뛰어난 자질을 갖추고 있음에도 불구하고 아들과의 관계를 어떻게 풀어야 할지 모르는 겁니다. 이게 바로 무지(無知)고, 이 무지가 이 왕실에 어떤 비극을 낳는지, 그걸 보여 주는 영화가 〈사도〉입니다.

이런 예는 아주 많습니다. 그런데도 현대인은 외적인 조건들이 우리 삶을 자유롭게 하고, 길을 스스로 찾아갈 수 있는 길잡이 역할을 할 것이라고 착각합니다. 실제로 그 현실에 들어가면, 그 모든 걸 갖고도 삶이 너무 우울하고, 심지어 늘 죽고 싶다고 하는 자살 충동에 시달리는 사람들도 많습니다. 우리가 늘 인터넷에서 보는, 정말 설명하기 힘든 범죄와 엽기적인 사건들이 그중 하나인 것이지요. 기술지, 스펙 또는 뛰어난 학벌, 이런 것들은 나의 물질적 삶에는 영향을 미칩니다. 그러나 그것이 삶의 지혜로는 절대 이어지지 않습니다. 오히려 그 기술지에 안주하게 되면 사람은 오만해집니다. 인생 초반에 뜻대로 일이 잘 풀리면 중년이 되고 늙고 병들었을 때 맞부딪히는 사건들을 어떻게 감당해야 할지 모르게 됩니다. 길을 잃어버리는 것이지요. 내가 이렇게 성공했는데도 왜 사람들이 나를 좋아하지 않을까? 하는 것, 이것이 현대인들의 미스터리인 것 같아요. 다른 사람들이 보면 그 사람이 왜 인기가 없는지 다 알거든요. 그런데 본인만 모릅니다. 이런 것이 또 하나의 무지입니다.

생로병사의 주인이 될 수 없다는 것, 그리고 늙는다는 것과 죽는다는 것. 사람들에게는 이것이 너무나 두렵지요. 이것은 생사의 이치를 통해서 돌파할 수밖에 없습니다. 그리고 또 하나, 다른 사람과의 관계가 없으면 우리 몸은 생명의 차원에서 크게 위축이 되면서 세포들이 죽고 싶다는 메시지를 계속 뇌에 전달하게 됩니다. 우리가 다른 사람과 섞여서 지지고 볶을 때, 이것을 상생상극(相生相剋)이라고 하는데, 그럴 때 나를 편하게 해 주고, 나에게 친절한 사람만 만나면 안 됩니다. 요즘 나에게 너무 친절한 분들, 참 많지요. 백화점 직원이나 은행에 계신 분들이요. 나를 너무나 사랑합니다. 하지만 이런 사랑은 위험해요. 나를 좀 힘들게 하고, 그래서 불편하고, 나한테 맨날 잔소리하고, 욕하고 이런 사람들이 바로 친구이고 스승입니다. 이런 관계를 만드는 능력, 그것이 쿵푸입니다. 쿵푸는 몸으로 하는 것이죠? 쿵푸를 비디오로 보면서 익히는 사람, 어디 있습니까? 쿵푸는 배운 만큼 몸으로 하는 것입니다. 지혜가 있다는 말은 어떤 사람을 만나도 내 몸이 유연하게 그 사람과 접속할 수 있는 능력이 있다는 말입니다. 이것은 신체 안에 새겨지는 것이지, 외워서 되는 게 아닙니다. 매뉴얼대로 하면 그것이 바로 서비스가 되지요. 이 능력, 이것이 바로 고전이 주는 지혜입니다.

사람이 살면서 물질적인 자립은 정말 중요합니다. 하지만 이것만으로는 절대 생로병사를 순조로이 밟아 나갈 수 없기 때문에 삶에 대한 탐구, 죽음에 대한 이해, 사람과 소통하는 내공, 이런 것들을 끊임없이 닦아 나가야 합니다. 어떤 일을 하든, 어떤 직업을 갖든 상관없이요. 그러한 공부를 동양에서는 수행이라고 했습니다. 수행은 종교인이나 성직자들만 하는 것이 아닙니다. 사람이 책을 본다는 것은 신체에 그 지혜가 새겨지는가를 성찰하는 수행을 동반하는 것입니다. 그래서 동양의 고전에는 지행합일(知行合一), 즉 아는 것이 곧 삶이다, 질문의 크기가 내 존재의 크기를 결정한다는 식으로 신체적인 깨우침에 대한 이야기가 많이 나옵니다. 동양에서는 공부를 깨달음이라고 말합니다. 이것을 『동의보감』식으로 얘기하면, 통즉불통(通卽不痛)이 됩니다. 통하면 아프지 않다는 것입니다. 내가 공부를 하는 궁극적인 목적은 외부 조건과 통하기 위해서입니다. 가장 먼저 사람과 통해야 됩니다. 우선 사람과 통하고, 그 다음에 천지만물과 통하면 군자가 되고 성인이 됩니다. 성인이 된다, 신선이 된다는 것은 소통하는 신체가 되는 것입니다.

우리는 디지털 시대를 살고 있습니다. 디지털은 유동성이 아주 강한 문명입니다. 우리가 인터넷에 접속할 때 그것은 직선도 아니고, 시작도 없고, 끝도 없습니다. 모든 것이 과정으로 이어지며 물처럼 여기저기 흘러갑니다. 파동과 같기도 합니다. 어디로 튈 줄 모르는 것, 그것은 우리의 마음이기도 합니다. 우리의 마음도 물이고 파동인 것이지요. 그러한 신체성을 우리가 터득하는 것, 이것이 진정한 공부이고, 공부의 달인이 되는 길입니다.

고전에는 유머가 넘친다

우리 인생의 지도를 제대로 그려 가려면 고전을 읽어야 한다고 저는 굳게 믿고 있습니다. 그런 생각을 하면 고전이 지루하고 따분하고 죽고 싶은 그런 책이 아니라, 약수터에서 먹는 한 모금의 상쾌한 물, 그리고 내가 땀 흘려 일한 뒤에 먹는 밥 한 그릇처럼 아주 달게 느껴질 것입니다. 저는 그것이 우리 몸을 적셔 주는 생명의 토대가 된다고 생각합니다.

고전을 읽으면 모든 고전에는 유머가 넘친다는 것을 알게 될 겁니다. 왜 고전이 유머와 연결될까요? 유머도 물이고 파동이거든요. 몸에 물이 촉촉해서 심지어 넘치는 사람들이 대개 유머가 많습니다. 대표적인 사람이 연암

박지원입니다. 초상화를 보면 엄청 살이 많아요. 그런데 연암은 청년기에 우울증을 심하게 앓았습니다. 덩치는 산만큼이나 크고 문장이나 사상에는 유머가 넘치는 사람이 어떻게 우울증을 앓았을까 궁금해집니다. 그 까닭을 살펴보니 연암이 과거 시험공부를 하는데 이 시험공부가 체질에 안 맞았던 거예요. 그러니까 몸이 아팠던 것이지요. 사람들은 보통 아프면 의사나 좋은 약을 찾아다니는데, 이분은 지혜롭게도 저잣거리에 나가서 낯선 사람들을 만나 온갖 인생 얘기에 귀를 기울였어요. 신선이 되겠다고 떠도는 바람의 사나이, 거리의 장사치들, 이런 낯선 타자들을 만나면서 몸이 소통하는 것을 느끼게 됩니다. 우리 몸은 이렇듯 낯선 사람들하고 이야기를 주고받으면서 세포가 움직입니다. 이게 바로 생명력이에요. 그것을 그대로 글로 옮긴 것이 연암의 처녀작인 『방경각외전』입니다. 이것을 『동의보감』 식으로 표현하면, 바로 '통즉불통(通則不痛)'이지요. 통하면 아프지 않다는 것이에요. 의학적인 치료가 삶을 치료하는 과정을 보여 준 것이지요.

그것이 바로 오늘날 우리에게 고전으로 전해지고 있는 겁니다. 그래서 고전은 오래되고 낡고 고리타분한 게 아니라, 그 당대에 가장 생명력 넘치는 텍스트, 가장 절실한 문제를 돌파한 그런 책들입니다. 기존의 가치를 전폭적으로 뒤집어엎는 지혜를 담은 책들이기 때문에 생명수와 같다고도 할 수 있지요. 그 내용들을 잘 따지고 들어가다 보면 그것들이 바로 생명수라서 우리에게는 웃음을 유발합니다. 동양의 고전은 어떤 작품이나 비장하고 권위 있고 엄숙하기보다는 아주 매끄러우면서 유머러스하고 해학적입니다. 판소리 같은 걸 보면 잘 드러나지요. 심청이의 비극, 춘향이의 슬픔, 이런 것들이 들어 있지만 막상 그 작품을 음미해 보면 정말 포복절도합니다. 춘향이나 심청이, 심 봉사까지 말발이 어찌나 센지 요즘 잘나가는 예능 MC 스타들과는 비교도 안 될 정도예요. 이런 것이 고전의 세계입니다. 다시 말해 고전은 생동감 넘치는 삶의 현장 리포트입니다.

　우리가 왜 고전을 읽어야 하느냐? 바로 그 생동감을, 현재를 사는 우리가 계속 교감하기 위해서 읽어야 하는 것이지요. 그래야 또 우리가 우리 현장에 맞는 텍스트를 창조해 낼 수 있지 않겠습니까? 고전 읽기를 우리의 일상, 일용할 양식으로 일상에 접목시키는 것, 이것이 현대인에게는 정말로 필요합니다. 이런 관점에서 앞으로 나머지 세 번의 강의를 이어가겠습니다.

　다음 번 강의에서는 고전이 어떻게 양생되는지, 『동의보감』의 양생법과 고전 읽기를 연결 지어 강의하려 합니다. 그다음에는 길 위에서 길 찾기라는 주제로, 전 세계의 여행기 고전 안에 있는 인생에 대한 탐구를 짚어 보겠습니다. 마지막에는 궁극적인 어떤 공부, 구도라든지 자기 구원이라든지 하는 문제를 고전과 연결해서 살펴보도록 하겠습니다.

2강 •
호모쿵푸스, 공부의 달인

　오늘은 낭송과 양생, 그리고 지혜가 어떻게 연결되는지 하는 내용을 중심으로 말씀드리겠습니다. 저는 『공부의 달인 호모쿵푸스』를 쓰고 전국의 중·고등학생을 많이 만났습니다. 그러면서 느낀 것은 지금 교육의 가장 큰 문제는 청소년들의 몸이 무너진 것이구나 하는 것을 실감하게 됐습니다. 보통 청소년 그러면 싸가지가 없다, 시건방지다, 반항적이다 이런 말들을 많이 하지요. 그런데 요즘 중딩, 고딩들은 허리를 세울 힘도 없더라고요. 차라리 싸가지가 없었으면 좋겠어요. 너무나 무력하게 눈도 잘 못 뜨고, 말을 시키면 너무 처절합니다. 목소리가 나오질 않아요. 정말 어떻게 살아야 하는지, 질문이 아니라 상담을 하는 식인데, 그조차도 잘 안 돼요. 대학생도 크게 다르지 않습니다. 도대체 어쩌다가 우리나라 청소년들의 신체가 이렇게 허물어졌을까 하는 고민을 하다가, 『동의보감』에서 여러 가지 지혜를 얻게 되었습니다. 그것을 바탕으로 『공부의 달인』의 부록 편쯤 되는 『낭송의 달인 호모큐라스』라는 책을 쓰게 되었지요. 낭송이라고 하는 공부법을 쿵푸스가 되는 아주 중요한 지름길로 삼게 된 것이에요.

　왜 낭송을 해야 하는가, 이렇게 생각하면 됩니다. 인간은 직립하는 존재입니다. 두 발로 서서 걷게 된 것이 가장 중요한 일이지요. 그러면 왜 걷게 됐을까요? 다른 동물들은 다 엎드려 있거나 기어 다니거나 물속에서 살면서 팔다리를 동시에 안 쓰고 사는데 인간만 두 발로 섰거든요. 인간은 똑바로 서면서부터 머리가 커졌습니다. 머리하고 얼굴이 분리됐고요. 그러면서 뇌세포가 거의 무한에 가까울 정도로 증가를 했습니다. 우리가 두 발로 섰다는 사실은 굉장히 경이로운 것입니다. 인간이 걸을 수 있게 되었다는 말은 얼굴이 생겨서 말할 수 있게 되었다는 뜻도 됩니다. 인간은 말을 하게 되면서 뇌세포가 아주 폭발적으로 늘어나 사유하는 인간이 되었습니다. 호모 사피엔스는 호모로키엔스, 즉 언어적 인간, 그리고 호모에렉투스, 직립하는 인간과 다 연결이 되어 있습니다. 생각이 따로 있고, 말이 따로 있고, 발이 따로 있으면 그것은 인간이 아닌 것이지요. 그럴 수가 없으니까요. 그런데 우리는 실제로 이런 인간을 많이 봅니다. 생각하고 말이 영 안 맞고, 말하는 것과는 전혀 다른 곳에 발이 가 있고. 이렇게 되면 인간이라는 존재가 산산이 해체되는 것이지요. 정신줄 놓는다는 얘기가 바로 이런 것입니다. 유체이탈 상태인 것이지요.

지금 우리나라 청소년들이 어떤 점에서는 생각과 말, 발이 불일치되는 것이 견디기 힘들어서 여러 갈래로 무너지고 있는 게 아닌가 생각됩니다. 이런 상태로는 공부를 아주 잘한다고 해도 자기 삶의 주인으로 살아갈 수가 없습니다. 공부를 못하면 못하는 대로 나는 못나서 막 살아도 된다고 생각하는 것이지요. 이런 상황에서 우리나라에 대학이 많고, 학교가 많다는 것이 무슨 소용이 있겠습니까. 일단 머리하고 입, 그리고 발을 일치시키는 것, 이것이 더 중요합니다. 공부를 많이 하고 좋은 대학에 가는 것은 둘째 치고, 내 몸을 두 발로 똑바로 서게 하는 것이 훨씬 더 중요합니다.

그러고 보니 『동의보감』에서도 제일 좋은 양생법을 걷는 것이라고 하고 있습니다. 걸으면 복이 옵니다. 믿기 어렵다고요? 요즘 사람들, 정말 안 걸습니다. 한 정거장이라도 걸으면 큰일 나는 줄 알고, 계단 몇 층 올라가는 것은 실존적 결단이 필요한 일이라고 생각합니다. 차가 많고 문명이 발달하게 된 것이 결국 인간이 걸을 수 있는 능력을 박탈당하는 결과를 낳게 했습니다. 그러니 차에 대한 집착이 생기겠지요. 사람이 걷지 않으면 걷는 능력이 퇴화하겠죠? 젊어서는 늘 차를 타고 다니다가 늙어서는 휠체어를 타고 다니는 팔자가 되는 것인데 이게 좋은 것인가요?

실제로 이런 결과에 대한 보고가 있습니다. 현대를 사는 청년, 그것도 아주 가난한 백수 청년이 누리는 문명의 정도가, 프랑스의 루이 14세쯤 되는 위대한 왕이 누렸던 것보다 더 높다고 합니다. 제가 생각하기에도 그래요. 저는 중년 백수이기는 하지만, KTX를 타고 부산을 왔다 갔다 하면, 세상에 어떤 황제가 이런 걸 누렸을까 하는 생각을 합니다. 겨울에는 보일러가 있어 춥지 않고, 여름에는 에어컨이 있어 덥지 않습니다. 이런 것들은 중국 황제도 상상할 수 없었던 것들입니다. 그런데 이러한 문명의 혜택을 누리면서 우리가 더 자유로워졌나요? 아니요. 정신줄 놓고 살고 있다는 것입니다. 그러면 다시 생명주권을 복원해야 하지 않을까요? 그러니까 걸어야 한다는 것입니다. 하지만 걸을 때도 생명의 이치를 알아야 걷는 것에 대한 자부심, 소중함을 깨우칠 수 있습니다.

요즘 사람들은 평소에는 늘 차로 이동하다가 다리에 힘이 없다, 뼈가 약해졌다고 하면 병원에 가거나 헬스장에 갑니다. 그래서 또 돈이 많이 들어요. 차도 사야 되고 병원에도 자주 가야 되고 헬스장을 다녀야 하니까요. 돈이 많이 필요한 만큼 자신을 노동에 투여하고, 돈 버는 데 투여하느라고 가진 시간을 모조리 씁니다. '타임푸어(Time Poor)'라는 말이 생겼더라고요. 말 그대로 시간 거지라는 표현입니다. '빌딩푸어(Building Poor)', '하우스푸어 (House Poor)'라는 말이 나오다 이제는 '타임푸어'라는 말까지 나오게 되었습니다. 물질적으로는 그 옛날 왕이나 귀족이 누리는 것보다 훨씬 더 풍요로운 삶을 누리고 있는데, 실제로 삶의 상황을 놓고 보면 거지보다도 못한 겁니다. 이런 어긋남이 끝없이 번뇌와 병을 만듭니다. 그걸 넘어서려면 걸어야 한다는 것을 이치로 알아야겠지요.

저는 『동의보감』이라는 고전을 읽고 나서 대중교통을 더 적극적으로 이용하고 틈날 때마다 등산을 다니고 있습니다. 물론 그 전에도 그러긴 했지만 완전히 확신을 하게 된 것이지요. 우리가 걸을 때 몸이 가장 좋아한다는 것을 말입니다. 어떤 뜻이냐 하면 걸으면 복잡하고 잡다한 생각이 덜어지게 됩니다. 덜어지게 된다는 게 마음이 맑아진다는 것이지요. 그럼 오장육부가 아주 편안하게 순환을 합니다. 이 상태를 몸이 가장 좋아한다는 것입니다. 그럴 때면 말이 굉장히 유연하게 나오지요. 이 유연성이 유머이면서 명랑함의 기초가 됩니다.

우리가 말을 할 때 옳은 얘기만 하면 지루합니다. 그런 얘기만 하는 사람은 솔직히 피하고 싶어지지요. 그런데 뒷담화하는 사람을 보면 같이 뒷담화를 해야 할 것 같아요. 그러고 나면 찜찜합니다. 내가 없으면 누가 또 내 뒷담화를 할 테니까. 자기 자랑 아니면 뒷담화, 이게 현대인들이 많이 하는 말입니다. 입을 여기에만 쓰는 것이지요. 물론 야식에도 쓰고, 맛집 순례에도 많이 씁니다. 하지만 이렇게 되면 우리가 얼굴을 가지고 두 발로 선 보람이 하나도 없어요.

낭송이 양생이 되다

말은 꼭 해야 합니다. 하루 분량이 있어요. 배우들만 자기 분량을 따지고 그러는 게 아니라 말보다 더 인간다운 활동이 없기 때문에 인간도 일정한 말의 분량이 필요합니다. 말을 할 때 신장의 물이 목까지 올라오죠? 그걸 심장이나 폐가 적셔서 목소리가 밖으로 나오게 하거든요. 아주 중요한 양생 활동이에요. 그런데 이 말에 분노나 짜증, 자책 같은 걸 담게 되면 그 기운이 그대로 오장육부에 전달이 되겠죠? 그래서 몸이 약간만 스트레스를 받아도 뒤틀리고 소화가 안 되고 그러는 겁니다. 말을 매끄럽고 유머러스하게 하는 것, 우리는 평소에 이런 훈련을 해야 합니다.

　지혜를 담고 있으면서 유머러스한 말, 이런 말은 어디에 있을까요? 바로 고전에 있습니다. 그렇기 때문에 우리는 운명적으로 고전을 읽어야 합니다. 웃기는 말은 몇 번만 하면 금방 질립니다. 그러나 거기에 지혜가 담기면 물이 되고 파동이 됩니다. 이런 말을 우리가 일상적으로 할 수 있다면 당연히 가족 관계나 친구 관계도 유연하게 풀리지 않을까요? 당연히 생각도 맑고 깨끗해지고요. 맑고 깨끗해진다는 건 뭐냐, 뇌가 쉴 수 있다는 것입니다. 우리는 왜 잠을 자야 할까요? 잠자는 시간에 몸 전체가 다 쉴 수 있기 때문이지요. 정화된다고 하지요? 낮에 겪은 온갖 짜증과 각종 분노가 머릿속에 계속 남아 있으면 악몽에 시달리게 되고, 그러면 그것이 뇌세포를 갉아먹게 되는데, 잠을 푹 자면 뇌가 청정해집니다. 낮 동안의 활동을 통해서도 청정해질 수 있는데 그것이 바로 지혜와 유머입니다. 이 세상에 존재하는 어떤 이치나 진리를 매끄러운 언어로 표현할 수 있는 것, 그것이 바로 낭송이 필요한 이유입니다. 생각이 청청하면 말이 매끄러워지고, 말이 매끄러워지면 오장육부가 잘 순환이 되고, 그러면 나는 아주 경쾌하게 걸을 수 있다, 이런 논리인 것이지요. 이걸 부정하실 분은 없을 것 같습니다.

　두 발로 선다는 것은 뭐냐, 내가 누구한테도 의지하지 않는다, 누구도 종속시키지 않는다는 것입니다. 아주 중요한 얘깁니다. 현대 사회에서는 경쟁을 많이 하다 보니까 남을 밟고 올라가면 자유로울 거라고 생각하는 경향이 있습니다. 하지만 밟고 올라가면 올라간 대로 중독이 됩니다. 계속 밟지 않으면 불안해져요. 이것은 두 발로 서는 게 아닙니다. 두 발로 서는 것은 무소의 뿔처럼 혼자서 간다는 것입니다. 다시 말해 내가 누구한테도 의지하지 않음과 동시에, 누구도 나에게 종속되거나 내 앞에서 머리를 숙이지 않는 것입니다. 남이 나에게 머리를 숙이게 함으로써 내가 자유롭다? 이것은 말도 안 되는 얘기입니다. 폭력과 다름없습니다. 예속되거나 누군가를 폭력으로 지배하거나 이 두 가지 사이를 정신없이 왔다 갔다 하는 것, 그게 갑을 관계라는 것이지요. 갑이 됐다, 을이 됐다, 다시 갑이 됐다, 을이 됐다……. 도무지 정신을 차릴 수가 없어요. 이것은 다 예속된 삶입니다. 두 발로 걷는다는 말 안에 담겨 있는 것은 두 발로 걸으면서 누구한테도 의지하지 않고 누구도 종속시키지 않는다는 것입니다.

그럼 어떻게 해야 할까요? 우리는 살면서 수많은 친구들을 만나게 됩니다. 우리가 길을 걸을 때 함께 가는 존재를 도반이라고 하지요. 고전은 우정과 지성이 하나라는 걸 늘 가르쳐 주는데, 동양에서는 이것을 사우(師友)라는 개념으로 말합니다. 스승이면서 친구인 것, 스승이란 건 내가 인생에 대해서 배울 게 있는 존재이지요. 그런데 존경하다 보니 가까이하기가 힘들다고 하면 스승이 아니라는 것입니다. 존경스럽지만 내가 결정한 것에 대해 마음껏 터놓을 수 있는 친구 같은 존재가 있어야 하거든요. 허물없이 서로 모든 걸 주고받을 수 있는데, 그 친구에게서 인생에 대해서 큰 가르침을 배울 것이 있다고 느낄 때 그 친구는 친구이면서 스승이 되는 것이지요. 저는 이것이 직립하는 인간들이 걸어가는 최고의 길이라고 생각합니다.

우리가 고전을 매일 읽으면 낭송이 됩니다. 하루에 한 구절이라도 좋고, 한 문장이라도 좋고, 저처럼 백수라면 많이 낭송해도 됩니다. 그러면 그것을 다른 사람에게 선물할 수 있습니다. 파티에 가면 왜 꼭 노래나 이상한 예능을 해야 합니까? 내가 나를 울린 멋진 구절을 자신의 목소리로 들려주는 것 또한 멋진 선물이지요. 그러면 파티에 온 모든 사람에게 그 지혜를 다 선물하는 셈이 됩니다. 정말 멋진 일이 아닙니까? 그렇게 하면서 상대방과 자연스레 이야기를 나누다 보면 자신의 깊은 속에 있는 말을 다 꺼내 놓을 수 있습니다. 지혜를 주고받을 때만이 속내를 털어놓을 수 있습니다. 이해관계가 얽혀 있거나 이미지를 관리해야 하는 그런 관계에서는 절대로 그 속을 드러낼 수가 없습니다. 그래서 많은 사람을 만나면서도 외롭다고 하는 겁니다. 그런 인맥은 내가 그 관계를 떠나는 순간 다 사라지고 맙니다. 그런 모든 배경이 없이도 만날 수 있는 관계, 그것이 진정한 친구겠죠? 그런 친구는 지혜 안에서 만나지, 밖에서는 만날 수 없습니다. 잘 생각해 보세요. 내가 정년퇴직을 하고도, 내가 갖고 있는 지위를 다 버리고도, 내가 돈을 다 잃어버리고도, 그래도 만날 수 있는 친구가 있는지 말입니다. 만약에 그런 친구가 두 명이나 세 명만 있어도 정말 부자인 겁니다. 그것이 진정한 귀족이에요. 만약 그렇지 않다면 내 삶은 너무 황폐한 것이지요.

낭송의 달인, 호모큐라스

우리가 고전을 낭송해서 그 지혜를 서로 주고받을 수 있을 때 그것이 바로 내 몸을 청정하게 하는 양생이면서, 이 세상을 지혜 인드라망으로 바꿀 수 있는 그런 좋은 길이 아닐까 하는 생각을 하게 됐습니다. 저희 공동체에서도 이 낭송의 공부법을 많이 활용하고 있습니다. 청년들이 스마트폰을 하지 않을 때는 그냥 멍 때리고 있는 것이 기본 포스이지요? 하지만 소리를 내게 하고 팀을 짜서 낭송하게 하고 동영상을 찍는다든지 무대에서 그걸 연출하게 하면 정말 생기발랄하게 움직입니다.

실제로 조금 큰 규모로 낭송페스티발을 해 봤는데, 꼬마들에서부터 80대 노인까지 자기 목소리를 실컷 뽐내는 오디션을 펼쳤습니다. 그것을 한 시간, 두 시간 보면 질릴 줄 알았습니다. 그런데 거기 모인 청중들도 놀란 것이 오디션이 세 시간 동안 진행됐는데도 질리지 않는 겁니다. 저도 깜짝 놀랐습니다. 어떤 오디션도 한 시간을 넘기면 다 지칠 겁니다. 그런데 세 시간짜리 오디션이 질리지 않았던 이유가 뭐냐 하면 그냥 목소리였기 때문인 것입니다. 아카펠라도 아니고 그냥 살아 있는 자기 자신의 목소리, 생명의 소리인 것이지요. 거기에 고전의 지혜만 담았는데, 그것을 들으면서 사람들이 정말 행복해하더라는 것, 그걸 확인하게 된 겁니다. 게다가 노인하고 어린아이가 같이 모여서 할 수 있는 일이 고전 말고 또 있을까요?

저는 도서관이나 아카데미 같은 학습센터에 가서 강의를 할 때마다 경이롭게 느끼는 것이 남녀노소가 한 자리에 앉아 있다는 것입니다. 이렇게 섞일 수 있는 곳이 또 있을까요? 다른 문화로는 절대 불가능합니다. 문화나 예능은 숫자가 아무리 많다고 하더라도 특정 계층, 특정 세력밖에는 보이지 않습니다. 그런데 공부의 세계에는 노인과 청년이 어우러질 수가 있고, 어린아이와 중년이 아무 조건 없이 마주칠 수 있습니다. 만약에 그런 자리에서 고전을 다 이해할 수 있게 설명을 해야 한다면 다들 쓰러지겠죠? 고전에 있는 것을 다 설명하고 이해시키고 비판하고 분석하면 고전을 읽는 즐거움을 다 빼앗는 것이나 마찬가지입니다. 하지만 낭송을 하면 어린 아이들도 노자, 장자를 읽을 수 있습니다. 노자, 장자를 언제 다 이해하고 배우겠습니까? 이해하기 위하여 배워야 한다면 평생 읽을 수 없는 책이 수두룩하겠지요. 하지만 어린아이가 장자를 낭송할 때 그 안에 굉장히 큰 울림이 있습니다. 그런 것들이 낭송이 주는 새로운 공부의 길이라고 생각됩니다.

낭송의 달인을 제가 '호모큐라스'라고 이름붙였는데, 큐라스라는 이름은 'care'에서 온 것입니다. 요즘 케어라는 말을 많이 쓰는데, 그 말의 라틴어가 큐라스입니다. 치유라는 뜻이 들어가 있지요. 그러면 우리를 치유하는 것은 무엇일까요? 바로 지혜가 우리를 치유합니다. 삶을 치유하는 건 앎의 행위입니다. 지난 시간에도 말씀드렸지만, 무지가 곧 질병의 원천입니다. 그러면 '안다', '지혜롭다'라는 것은 삶을 치료할 수 있다는 것입니다. 큐라스라는 말 안에는 여러 가지 뜻이 있는데, 그 안에 글쓰기라는 뜻도 있습니다. 그 시절에도 몸이 아프거나 병이 들면 책을 읽으면서 그 기운을 몸 안으로 보냈구나 하는 것을 이 단어를 통해 알 수 있는 것입니다.

조선의 선비들 가운데 이덕무나 박제가 같은 연암 그룹의 청년 백수들, 서얼 출신의 청년 백수들은 너무너무 가난했습니다. 그래서 온몸이 안 아픈 데가 없었습니다. 그럴 때마다 논어를 읽고 맹자를 읽는데, 그걸 읽으면 기가 균형을 잡게 돼서 몸이 굉장히 편안해진다는 것입니다. 병이 싹 낫는 건 아니지만, 마음이 균형을 잡게 되면 사람이 아프고 괴로울 때도 자기 삶을 지켜 나갈 수 있는 것입니다. 그게 바로 낭송이 치유가 되는 이치가 아닐까 생각해 봅니다.

이번 강의의 주제는 인간은 직립하는 존재다, 그래서 무소의 뿔처럼 혼자서 갈 수 있어야 누군가와 우정을 나누고, 누군가를 사랑할 수 있다는 것입니다. 내가 누군가에게 의지하면 누군가를 진정으로 사랑하기 어렵습니다. 두 발로 서서 자기의 길을 갈 수 있으려면 우리는 반드시 지혜와 접속해야 합니다. 그리고 그 지혜는 소리를 타고 내 몸을 울리고 세상에 울려 퍼집니다. 그것이 우리가 다시 되찾아야 하는 공부법이자 삶의 치유책이다, 이렇게 정리할 수 있겠네요. 오늘 강의는 여기서 마치겠습니다.

3강 •
로드클래식, 길 위에서 길 찾기

오늘은 고전 강독의 즐거움에 대해서 이야기를 나눠 볼까 합니다. 제가 쓴 책, 『고미숙의 로드클래식, 길 위에서 길 찾기』를 중심으로 말씀드리겠습니다. 로드클래식. 조금 낯선 용어죠? 글자 그대로입니다. 길에 대한 고전, 좀 더 풀어서 얘기하면 여행에 대한 고전인 것이지요.

제가 이런 고전들을 모아서 소개를 하게 된 데에는 사연이 있습니다. 제가 12년 전에 『열하일기』를 만나서 인생 대역전을 했거든요. 제가 『열하일기』에 매혹이 된 것은 연암의 문장 때문이었는데, 이 작품이 여행기잖아요? 그래서 다른 여행기는 어떻게 쓰여졌나 하고 세계적인 여행기들을 들여다봤습니다. 우리에게 잘 알려진 『서유기』, 『돈키호테』, 『허클베리핀의 모험』, 『걸리버 여행기』, 『그리스인 조르바』와 같은 작품들이 대상이었지요. 그 작품들을 읽으면서 역시 『열하일기』가 세계 최고의 여행기구나 하는 것을 확인하기도 했지만, 여러 문명권의 대표작들이 모두 여행기라는 점도 흥미로웠어요. 결국 고전의 지혜는 길 위에서 나오는 것일까요? 그렇습니다. 인생 자체가 길이니까요. 산다는 것은 길 위에서 계속 걷는 것이지요. 고향에 머물러 있건 타향을 떠돌건 간에 말입니다. 그래서 각 나라 또는 각 문명권에서 최고의 고전들이 여행기로 나왔구나 하는 것을 막연하게 느꼈어요.

그러다가 재작년부턴가 제 인생에 역마살이 폭발을 해서 갑자기 일 년에 국경을 몇 번씩 넘나들고, 엄청 쏘다니는 팔자가 됐습니다. 그렇게 움직이다 보니 이 여행기들이 다시 떠오르더라고요. 그래서 다시 모아서 탐독을 시작했습니다. 그때 어떤 월간지에서 연재를 해 달라고 해서 이런 걸 '시절 인연'이라고 하는구나 느꼈지요. 내 역마살이 폭발하니까 그것을 어떻게 알고 연재를 하라고 해서 그러면 여행기를 연재하겠다고 했지요. 이렇게 해서 작년에 뉴욕, 밴쿠버, 남경 할 것 없이 떠돌아다니면서 여행기 고전을 읽고 글을 쓰게 됐습니다. 그 원고가 얼마 전에 책이 되어 나왔습니다.

미쳐서 살다가 정신 차려 죽다

그런 까닭으로 다시 읽게 된 고전들은 한마디로 기가 막힌 작품들이었습니다. 『서유기』는 워낙 특이한 작품이라 다음 시간에 별도로 말씀을 드리고, 『돈키호테』 역시 기상천외한 작품이지요. 매년 연극으로도 만들어져 새로이 무대에 올라가고는 하는데, 정작 우리가 알고 있는 『돈키호테』와 원작은 약간 차이가 있습니다. 원작 쪽이 훨씬 더 다양한 해석이 가능하다는 것입니다.

돈키호테, 이 인간은 정말 구제 불능의 인간입니다. 그런데 이 작품이 철학적으로 다양한 문제를 담고 있어서, 실제 포스트모던, 즉 근대 이후에 탈근대 철학을 했던 철학자들의 주목을 받았습니다. 난해하다는 것이지요. 난해하기는 한데 막상 읽으면 너무 웃깁니다. 더 놀라운 건 저자인 세르반테스예요. 정말 이 사람보다 역마살이 세기는 힘들 것 같습니다. 세계 최강급인데, 어려서는 아버지가 돌팔이 의사라서 여기저기 떠돌아다녔어요. 세르반테스 역시 아버지를 따라서 스페인 곳곳을 돌아다녔는데, 카라반이라고 하는 상인단과 같이 다니면서 라틴어를 배우고 천문학을 배우는 등 거의 모든 지식을 다 배웁니다. 길거리에서 말이지요.

그렇게 떠돌아다니다가 아버지가 마드리드에 정착을 했는데, 그때부터 세르반테스는 군인이 돼서 나라에 충성하겠다는 열정에 불타서 레판토 해전에 참여합니다. 레판토 해전은 아주 큰 전쟁이었는데요, 무훈을 세우겠다는 열정에 불타올랐지만 막상 전투가 벌어진 날 복통으로 전투에 참여를 하지 못했는데 그만 유탄에 맞아서 한쪽 팔을 잃고 말았습니다. 너무 기구하지만 어찌 보면 상황이 좀 어이없지요.

세르반테스는 외팔이가 되어 돌아오다가 해적을 만나서 알제리에 노예로 팔려갑니다. 거기서 또 몇 년을 지내다가 겨우 몸값을 내고 집으로 돌아왔습니다. 오랜만에 집으로 돌아왔으니 가정을 일궈 나가야 되겠지요. 글도 조금씩 쓰면서 가장이 돼서 생계를 꾸려 나가야 하는데, 세르반테스의 직업이 세금 징수원이었습니다. 그때는 지금처럼 은행을 통해서 세금을 받는 게 아니라 세금 징수원이 전국을 돌아다니면서 직접 세금을 거뒀습니다. 그래서 전국 곳곳을 돌아다니다가 세금 관련해서 무슨 문제가 생겨서 감방을 간히고 맙니다.

세르반테스가 50대 후반에 감옥에서 쓴 것이 『돈키호테』입니다. 뭔가 가슴이 짠해지는데, 인생을 보면 약간 황당하기도 하고 그렇지요? 아무튼 세르반테스가 『돈키호테』를 쓰자마자 이 작품은 굉장히 유명해졌습니다. 그런데 원래 재물 복이 없는 사람이었는지 인세는 별로 못 받은 것 같아요. 끝까지 가난하게 살았거든요. 첫 권이 인기를 끄니까 빨리 2편을 쓰라는 요구가 빗발쳤습니다. 하지만 10년 동안이나 쓰지 못하다가 60대 중반에 이르러서야 2편을 쓰기 시작했지요. 2편을 쓰는 도중에 짝퉁이 나왔습니다. 어딘가에서 돈키호테 2편이 나온 거예요. 그래서 부랴부랴 2편을 마무리하고, 서문에다 짝퉁 작가에 대한 온갖 저주와 욕을 다 쏟아부으며, 앞으로 다시

돈키호테는 광기와 지나친 열정이
인간의 정신과 신체를
어떻게 훼손시키는가를
보여 준다.

는 이런 짝퉁이 나오지 못하게 하려고 2편에서는 돈키호테가 죽는 걸로 끝을 맺었어요. 작품 창작과정 자체가 웃기고 드라마틱합니다.

세르반테스는 2편을 쓰고 난 다음에 죽었습니다. 이 세르반테스의 인생이 돈키호테보다 흥미진진하고 탐구의 대상입니다. 길 위에서의 삶에 대한 자신의 경험과 노하우를 엮어서『돈키호테』라는 대작을 쓴 것이지요. 이걸 알고 보면 더 재미가 있는데, 주인공 돈키호테는 제가 보기에 구타 유발자입니다. 어딜 가나 맞을 짓만 골라서 하지요. 그리고 구토 유발자예요. 이상한 약을 하나 갖고 다니는데, 정말 구토를 일으키는 짓을 빈번하게 하지요. 어떻게 하면 인간이 이렇게 또라이가 될 수 있는가. 그것이 문제인데 그 과정을 잘 탐구해 보면 돈키호테는 가히 현대인의 원조 격이에요. 광기와 열정이 어떻게 인간의 신체를 훼손하는가, 삶이 어떻게 그 망상 속으로 들어가는가 하는 점에서요. 그래서 돈키호테의 묘비명이 이렇습니다. '미쳐서 살다가 정신 차려 죽다.' 그러니까 삶은 광기고 정신 차린 순간 바로 죽은 것이지요. 이것은 현대를 사는 사람들의 삶에 대해 많은 걸 시사합니다. 이 작품이 유럽 문화권에서 가장 영향력 있다고 손꼽히는 작품,『돈키호테』입니다.

『허클베리핀의 모험』은 어린 꼬마가 미시시피 강을 따라서 뗏목을 타고 유랑을 하는 건데, 이것은 미국 문화의 최고봉입니다.『돈키호테』는 50대 중년 남자가 길을 떠나는 것이고, 집을 가출해서 나가는 거예요.『허클베리핀의 모험』은 나이는 명확하지 않지만 톰소여와 같은 연배이니까 15살 전후쯤 된 것 같습니다. 그 나이인데, 허클베리핀의 아버지가 술주정뱅이예요. 그래서 공부하라 이런 잔소리 안 하는 건 참 좋아요. 그런데 술만 마시면 애를 때려요. 그래서 아버지의 폭력으로부터 보호받기 위해서 더글래스 과부댁에 가서 머무는데, 허클베리핀은 그걸 견딜 수가 없는 거예요. 너무 규칙적이고, 교회에 가야 하고, 학교에도 가야 하고, 예의를 지켜야 하고, 이런 것들이 지겹도록 싫은 거예요.

허클베리핀은 이 지나친 배려와 가정 폭력, 그 두 가지로부터 결국 탈주하게 됩니다. 굉장히 시사적이지 않습니까? 우리는 과잉보호 속에서 지나친 배려로 신체가 삭아 가는 그런 청년들을 보거나 끝도 없이 벌어지는 가정 폭력, 이 두 가지를 지금도 체험하는데, 허클베리핀은 그것으로부터 과감하게 도주를 합니다. 그래서 뗏목을 타고 가는데, 여기에 흑인 노예 짐이 일행으로 들어옵니다. 짐은 노예로부터 벗어나고 싶어서 탈출을 한 것이지요. 백인이면서 꼬마인 불량아, 그리고 노예인 흑인 어른, 이렇게 둘이서 우정을 나누면서 자유를 향해 가는 과정을 그린 작품이 『허클베리핀의 모험』입니다. 이 과정 속에서 노예 해방 전쟁 이전의 미국 문화의 속내, 그 위선과 속물근성, 잔혹함 이런 것들이 여지없이 까발려지는 게 이제 이 작품입니다. 헤밍웨이는 이 작품을 전무후무한 작품이라고까지 격찬을 했습니다. 정말 집을 나와야 하는구나, 길 위에 있어야 정말 성장하고, 그래야 자기의 힘으로 당당하게 살아갈 수 있구나 하는 것을 보여 주는 모험담이지요.

『걸리버 여행기』는 누구나 다 알고 있고 또 사랑하는 작품인데, 이 작품 또한 정말 기가 막힙니다. 소인국, 대인국, 그다음에 라퓨타라는 허공에 떠 있는 섬, 그리고 달리는 말이 다스리는 후이늠의 나라 같은 아주 신기한 나라들을 여행하는데, 걸리버라는 사람이 죽을 고생을 하고 돌아와서 잠깐 집에서 쉰 다음에 또 여행을 가고, 또 여행을 가고 해서 십 몇 년 동안을 떠도는 이야기이거든요. 이 작품을 읽다 보면 인간은 원초적으로 여행하고 싶어 태어났구나 하는 생각이 듭니다. 그러니까 우리는 머무르기 위해 세상에 온 건 아닌 것이지요. 끊임없이 어디론가 가고자 하는데 그것을 가장 리얼하게 보여 주는 것이 바로 이 로드클래식인 듯합니다.

『걸리버여행기』에도 통찰력이 뛰어난 대목이 참 많습니다. 예를 들면, 천공의 성 라퓨타 같은 것을 보면 라퓨타는 자석의 힘으로 허공에 떠 있는 것인데요, 거기 가면 사람들이 눈이 하나 쑥 들어가고, 한쪽 눈은 허공을 보고 있어서 길 가다가 대화를 하려면 옆에서 누가 따귀를 때려 줘야 합니다. 그렇지 않음 못 듣는 거예요. 소위 지나치게 과학적인 사색을 하느라 그렇게 됐다고 하는데, 그건 요즘의 우리 모습하고도 정확히 일치합니다. 스마트폰 보고 다니느라 길 가다가 전봇대에 부딪히고 그러잖아요? 또 대화를 하기도 어렵습니다. 이어폰을 끼고 있기 때문에요. 작품 가운데 영생하는 사람들 얘기가 나오는 부분이 있어요. 절대로 안 죽는 사람이지요. 그럼 너무 행복할 것 같은데, 영생이 얼마나 비극적인가가 리얼하게 나타나 있어요. 80세가 넘으면 그 다음부터는 기억력이 떨어져서 400년, 500년을 살아도 옛날 언어를 하나도 모르고, 대화도 안 돼요. 그냥 잉여인간으로 사는 거예요. 이런 통찰력을 몇 백 년 전에 깨달았다는 것이 굉장히 놀랍습니다.

"나는 자유다"

아무튼 길 위의 인생, 그 안에 생로병사와 인간의 희노애락, 그리고 온갖 갈등과 모순이 다 펼쳐지는 이런 이야기들이 로드클래식에는 흘러 넘칩니다. 그 가운데 제가 가장 좋아하는 『그리스인 조르바』 얘기를 들려드리겠습니다. 이건 특히 중년 남자들이 아주 좋아하는 작품입니다. 조르바처럼 살고 싶다, 조르바처럼 사랑하고 싶다 이런 의미이겠지요. 그런데 이게 그렇게 쉬운 일이 아닙니다. 조르바는 60대 중반의 노인이고 산토르라는 악기 외에는 아무것도 가진 게 없어요. 맨주먹뿐이지요. 그렇게 거리를 떠돌면서 크레타 섬까지 온 것이에요. 거기까지 온 이유는 이 작품의 화자인 두목, 즉 30대 중반의 엘리트가 갈탄광 사업을 하는데, 그 현장 감독으로 취업이 되어서 오게 된 것이지요. 조르바와 두목이 크레타 섬에서 벌이는 인간에 대한 탐사, 이것이 이 작품의 핵심입니다.

조르바는 살아 있는 가슴과 커다랗고 푸짐한 언어를 쏟아 내는 입, 위대한 야성의 영혼을 가진 사나이라고 나와 있습니다. 가슴이 살아 있다는 것은 어떤 사건, 어떤 사물하고도 교감하는 능력이 뛰어나다는 것이지요. 그리고 커다랗고 푸짐한 언어를 쏟아 내는 입, 조르바는 무엇을 먹어도 정말 맛있게 먹습니다. 식욕의 향연인데, 그렇더라도 절대 과식은 안 합니다. 또 유머와 해학이 쏟아져 나오는 입, 그리고 누구도 범접할 수 없는 위대한 야성. 그래서 조르바가 말한 대전제가 있지요. 인간은 자유다. 인간이 자유를 누린다. 자유를 소유한다가 아닙니다. 인간은 그 자체로 자유다. 인간의 몸 자체가 자유라고 하는 의지와 벡터, 그런 힘의 방향성을 가지고 있다고 보면 되겠는데, 그것을 구현하고 있는 존재인 것이지요.

조르바는 천지만물과 교감하는데, 특히 여성과 교감을 아주 잘합니다. 그래서 조르바는 돈 한 푼도 가진 것이 없지만 절대로 숙식을 고민하지 않습니다. 왜냐하면 어느 마을에 가도 그곳에 과부가 있기 때문에요. 과부를 사랑할 수 있는 능력이 있는 거예요. 이것은 정말로 대단한 겁니다. 중년 남성들은 '조르바처럼 마음껏 바람을 필 수 있다면…' 하면서 조르바를 부러워하는데, 그런 식의 심리로는 절대 조르바의 이런 능력을 터득할 수가 없습니다. 조르바의 사랑은 소유와 쾌락을 탐하는 것이 아닙니다. 물론 조르바도 에로스의 대향연을 즐깁니다. 하지만 절대 여성을 구속하거나 여성을 소유하려고 하지 않아요. 이 이야기를 하면 다들 뜨악해합니다. 그게 무슨 사랑이냐고 묻습니다. 그만큼 우리 시대는 '사랑은 곧 소유'라고 생각하는 겁니다. 소유라고 생각하는 이유는 상대가 나에게 줄 쾌락을 계산하기 때문입니다. 사실 그것 말고는 아무것도 없어요. 하지만 조르바는 자신이 자유이기 때문에, 자신은 스스로 자유를 향해서 가기 때문에, 내가 사랑하는 사람도 당연히 자유라고 생각합니다.

조르바도 아름답고 젊은 여성을 좋아하지만, 조르바가 사랑하는 과부들은 젊거나 나이가 들었거나 예쁘거나 못 생겼거나 하는 것이 없습니다. 그냥 그 사람 자체를 사랑하는 거예요. 그리고 그 사람이 자신의 본래 모습을 활짝 펼치도록 해 주는 것이 조르바의 사랑법입니다. '조르바가 사랑을 나누는 순간 그 과부의 쭈글쭈글한 주름살이 펴졌다.' 이런 대목, 이런 것이 굉장히 감동적이지요.

조르바는 절대 구속하지 않습니다. 그러면서 여성을 계속 탐구합니다.

정말 신기한 거예요. 끝도 없이 신기한 거예요. 왜 이렇게 가슴이 설렐까, 어떻게 계속 나를 이렇게 매혹시킬까, 이런 것이 조르바 식의 사랑법입니다. 이러한 교감 능력이 조르바가 갈탄광에 가면 갈탄광과 한 맥이 됩니다. 갈탄광의 진동 같은 걸 느낄 수가 있는 것입니다. 조르바가 밥을 먹을 때는 그 밥과 일치가 됩니다. 아침에 눈을 뜨면, '아, 해가 또 떴다니…….' 이러면서 놀랄 수 있는 어린아이 같은 정신세계를 갖고 있는 것이지요. 어떤 점에서는 장자와 비슷합니다. 마주치는 순간마다 꽃이 피어나는 그런 순간으로 바꿀 수 있는 능력, 하지만 조르바는 책을 읽거나 학교를 다니면서 배운 사람이 아닙니다. 조르바는 자기 삶의 현장, 자기가 만나는 대자연 속에서 배웁니다.

삶의 일상과 자연의 변화무쌍함을 터득한 지혜, 그 원리가 바로 고전의 지위입니다. 우리가 고전을 책으로 읽고 암기하는 건 아무 의미가 없습니다. 신체와 교감을 해야 하지요. 그 능력을 터득하는 것이 고전을 읽는 목적입니다. 동양에서도 자연이 곧 텍스트라고 말합니다. 천지만물이 가진 비밀스런 어떤 뜻을 글로 옮긴 것이 바로 주역이고 여러 가지 고전이지요.

조르바는 바로 그렇게 한 거예요. 그래서 두목이라고 하는 니코스 카잔차키스는 조르바를 자기 인생의 스승, 니체나 베르그송 같은 대철학자의 반열에 올려놓습니다. 조르바의 영향을 받아서인지 카잔차키스의 묘지명은 이렇게 되어 있습니다. '나는 아무것도 두려워하지 않는다. 나는 아무것도 바라지 않는다. 나는 자유다.' 두려움과 충동으로부터의 해방. 그것이 자유고, 그것이 인간이 걸어가야 할 길이라는 것을 조르바에게서 배운 겁니다.

4강 •

고전과 구도
-『서유기』를 중심으로

오늘은 고전과 구도에 대해 이야기를 나눠 보겠습니다. 지난 시간에 이어 로드클래식 가운데 『서유기』를 중심으로 어떻게 인간이 자기 구원에 이를 수 있는지 살펴보겠습니다. 『서유기』는 너무나 유명한 고전이고, 〈날아라 슈퍼보드〉라고 하는 만화영화 때문에 범국민적인 고전이 됐습니다.

잘 아시다시피 이 작품은 삼장법사와 그의 제자들, 즉 세 명의 요괴들이 서천(西天)으로 가는 여행기입니다. 요괴 출신의 제자들은 손오공, 저팔계, 사오정, 그리고 또 한 명이 있습니다. 죄를 지어서 백마가 된 용왕의 아들입니다. 이들이 백마를 타고 서천으로 가는데, 서천에 가면 부처님을 만나고, 부처님한테 대승경전(大乘經典)에 해당하는 경전을 받아 당나라로 돌아오는 것이 이들의 미션입니다. 총 여행 시간은 14년이고, 거리는 무려 10만 8천 리입니다. 엄청난 여행이지요. 스케일이 큰 중국인들이 부풀린 것 아니냐고 생각할 수도 있지만, 실제로 현장법사라는 분은 그보다 더 먼 길을 실제로 다녀왔습니다. 그것을 바탕으로 해서 이러한 모험의 판타지가 만들어진 것이지요. 따라서 절대 황당한 이야기라고만 볼 수는 없습니다.

왜 떠나는가?

이들은 도대체 왜 이런 여행을 하는 걸까요? 삼장법사가 여행을 하게 된 이유는 이렇습니다. 그 당시에 중국에 들어온 불교 경전은 다 섭렵했어요. 그런데 질문이 다 해소가 안 된 것이지요. 그래서 이 질문을 풀기 위해서는 직접 서천에 가서 부처님을 만나는 수밖에 없다는 염원이 생긴 것입니다. 이것이 공부의 가장 기본인 질문, 그 질문의 크기가 둥지의 크기를 결정한 다는 바로 그것입니다. 또 쉬운 말로는 걸으면서 질문하기라고도 볼 수 있 습니다. 질문을 하려면 반드시 걷게 되어 있다는 것이지요. 그리고 걸으면 다시 질문이 생기는 이런 이치입니다. 삼장법사에게는 굉장히 큰 질문이 생 겨서 이 여행단이 꾸려지게 된 겁니다. 떠날 때만 해도 황제가 엄청나게 챙 겨 준 것들을 바리바리 짊어지고 있었습니다. 하지만 국경을 넘어 지금의 실크로드쯤에 해당되는 지점을 지나는 동안 요괴들한테 다 뺏기고 수행원 들은 요괴들에게 다 잡아먹히고 말지요. 이것은 무엇을 말하는 것일까요? 진짜 구도자가 되려면 다 비우고 떠나야 된다는 것입니다.

삼장법사에게는 초능력이 있는 것도 아니고, 변신술이 있는 것도 아니 고, 무술도 못하고 재능이라고 할 만한 것이 하나도 없습니다. 그런데 어떻 게 그 먼 길을 갈 수 있을까요? 삼장법사는 제자들을 하나씩 영입하게 되는 데, 한마디로 꼴이 말이 아닌 제자들입니다. 원수가 따로 없습니다. 가장 먼 저 손오공을 만나죠. 손오공은 정말 대단한 놈입니다. 72가지 변신술을 갖 고 있는데, 그러면 모든 것을 다 마스터한 거예요. 염라대왕한테 가서 장부 를 지웠기 때문에 안 죽습니다. 근두운을 타면 하루에 10만 8천리를 몇 번 씩 왔다 갔다 합니다. 여의봉은 지금으로 치면 스쿼드 미사일이나 핵폭탄을 갖고 다니는 거나 마찬가집니다. 이 정도의 힘을 가지고 있으면 세상에 부 러울 게 없겠죠.

그런데 문제는 손오공이 분노조절 장애자라는 것입니다. 그저 하는 일이 때려 부수는 일밖에 없어요. 하늘나라까지 다 뒤집어 놓으니 옥황상제도 도 저히 손오공을 어떻게 할 수가 없습니다. 또 힘이 있으면 교만해지지 않습 니까? 옥황상제 앞에서도 "노인장, 이제 고만 해먹지?" 이런 식으로 거들먹 거리니 하늘나라에서 최고 내공을 가진 무사들을 다 동원했지만 손오공을 이길 수가 없습니다. 결국 석가모니가 나타나서 손오공이 가진 힘을 무력화 해서 오행산에 가둬 놓습니다.

이것은 굉장히 의미심장합니다. 힘이 있는데 힘을 제대로 쓸 수 있는 지 혜가 없을 때 무엇을 하는가. 폭력밖에는 할 게 없습니다. 이것은 우리 주변 에서 너무나 흔히 볼 수 있어요. 이것이 인간입니다. 힘에는 반드시 그 힘을 쓰는 지혜가 있어야 합니다. 힘이 넘치는데 지혜까지 주어지지는 않아요. 그래서 동양에서는 오히려 힘을 비우는 쪽으로 가는 겁니다. 석가모니를 못 이기는 것이 석가모니가 힘이 더 세서가 아닙니다. 힘을 완벽하게 비워 버 리니까 비워 버린 존재를 이길 수가 없는 겁니다.

손오공은 분노조절 장애자가 되어 500년을 오행산에 갇혀 있다가 삼장법 사를 만나 자기 구원의 길을 가게 됩니다. 그런데 500년 동안 생고생을 했 는데도 성질을 하나도 못 고쳤어요. 그래서 삼장법사와 동행하는 동안 엄청 나게 싸웁니다. 손오공은 요괴나 요괴로 가장한 장애물을 만나면 힘 조절이 안 돼 박살을 내버립니다. 삼장법사에게는 살생을 하지 말라는 것이 가장 중요한 계율인데, 이 손오공이라는 제자와 같이 가다가는 살생을 수도 없이 하게 될 것이 뻔합니다. 그래서 손오공은 몇 번이나 쫓겨날 위기에 처합니 다. 힘 조절이 안 된다는 거, 이거야말로 정말 치명적인 질병입니다.

그 다음에 만난 제자가 저팔계입니다. 저팔계도 36가지 변신술을 익히고 은하수를 관장하던 천봉원수(天蓬元帥)였습니다. 아주 대단한 내공의 소유자였지요. 그런데 하늘나라의 파티에서 월궁항아를 보고 성욕을 못 이겨 희롱을 하다가 지상으로 쫓겨나 요괴가 됐습니다. 요괴가 될 때 돼지의 태에 들어갔기 때문에 외모가 돼지와 비슷해졌어요. 이 외모 때문에 변신술을 갖고 있어 봤자 무용지물입니다. 아무리 예쁜 여자로 변신을 해도 저팔계인지 다 알게 돼 버리니까요. 그래서 저팔계는 이 여행에서 별로 활약을 하는 게 없습니다. 손오공이 북 치고 장구 치고 다 하지요.

저팔계는 꼼수와 온갖 모략, 잔머리 굴리는 것으로 손오공과의 극도로 사이가 안 좋아지는데, 삼장법사는 저팔계를 아주 편애합니다. 왜? 애교가 넘치거든요. 삼장법사도 인간성이 그다지 대단하지는 않은 듯합니다. 저팔계가 의미하는 것은 식욕과 성욕에 매달려 사는 존재성이거든요. 현대인은 다 먹방의 노예 아닙니까? 치맥에 빠져 살고, 먹어도, 먹어도 끝나지 않는 허기에 시달립니다. 저팔계도 채식주의자입니다. 그래서 고기는 안 먹습니다. 그러면 뭐 합니까. 떡을 간식으로 100개씩 먹는데요. 그래서 저팔계가 한 번 지나가면 음식이 남아나지 않습니다. 저팔계는 여자를 보면 일단 침이 나옵니다. 침을 질질 흘립니다. 성욕이 제어가 안 되는 상태인 거예요. 그런 존재도 자기를 구원하는 길 위에 나섭니다.

누구나 한심스럽게 생각하고 경멸하는 저팔계가 제 생각에는 모든 중생의 희망이에요. 왜? 어떤 중생도 저팔계를 보면 위로가 되니까요. 나는 저보다는 나을 것 같아, 저 지경까지는 아니다라고 보는 것이지요. 이거야말로 힐링 아니겠습니까? 처음에는 비웃고 한심하다고 느끼는 저팔계 같은 존재도 끝까지 간다는 것에 큰 감동을 받았습니다. 저팔계도 가는데, 자기를 구원하기 위해 10만 8천 리를 가는데 누군들 못 가겠습니까? 아니, 누군들 갈 수 없다는 핑계가 가능하겠습니까? 그래서 내가 저팔계보다 조금이라도 낫다고 생각한다면, 누구든 자기 구원의 길에 나서야 됩니다. 그리고 이것은 팁인데요. 저팔계가 끝까지 갈 수 있었던 것은 외모가 흉했기 때문입니다. 저팔계는 맛있는 것을 주고, 여인이 자신을 유혹하기만 한다면 어디든지 머무를 수 있는 만반의 준비를 갖추고 있었습니다. '나를 제발 유혹해다오.'라고 하는데도 그 먼 길을 가도록 어떤 여인도 저팔계를 유혹하지 않습니다. 너무 흉악하게 생겼으니까요. 그래서 가다 보니까 성욕이 많이 잦아들었어요. 결국 외모가 저팔계를 구원한 것입니다. 만약 저팔계에게 매력 포인트가 한 군데라도 있었더라면 유혹이 들어왔을 것이고 그 유혹을 이겨내지 못했겠죠. 이것이 또한 인생의 대반전입니다. 나의 장점, 나를 돋보이게 하는 면이 나를 쓰러트리고, 나를 한없이 초라하게 만든다는 것이 나의 구원 포인트가 될 수 있다는 것, 그것을 저팔계를 통해서 깨닫게 되는 것이지요.

또 한 명의 제자가 사오정인데, 〈날아라 슈퍼보드〉에서는 사오정이 참 개성 있는 캐릭터로 나옵니다. 개성 있다고 해서 멋있다는 얘기가 아니라 귀가 잘 안 들리고 목소리가 이상하고 해서 굉장히 떴죠. 사실 원작에서 사오정은 정말 어리석음의 원조입니다. 하늘나라에서 쫓겨난 것도 방심하다가 접시를 깨트렸기 때문이에요. 접시 하나 깬 것 가지고 지상으로 쫓아내다니 심한 것 아니냐고 생각할 수도 있지만, 한 순간의 방심이 인생 전체를 나락으로 떨어뜨리는 일은 수도 없이 많습니다. 그걸 사오정이라는 캐릭터가 보여 주는 것이에요. 지상으로 떨어진 다음에도 멍 때리고 있기는 마찬가지예요. 심지어 자기가 무슨 짓을 하는지도 모르지요. 지나가는 행인을 잡아먹고는 돌아와서 자책을 하고, 또 멍하니 있다가 갑자기 폭력을 휘두르고는 하지요. 그래서 사오정이 치심(癡心), 즉 어리석음의 대명사가 된 건데, 그 마음 한군데 남은 "여기서 벗어나야 돼." 하는 생각 때문에 삼장법사 일행에 동참을 하게 됩니다.

멍청하고 어리석으니까 주로 삼장법사를 호위하는 역할만 합니다. 나가서 싸우는 일을 잘 못합니다. 그렇기 때문에 또 장점이 있습니다. 손오공하고 저팔계가 수도 없이 싸우고, 지지고 볶고, 서로 골려 먹고 난리를 치는데 그러다가 갈 때까지 가면 우리 헤어지자 하고는 짐을 나누지요. 지금부터 우리 각자의 길을 가자, 이렇게 해서 팀이 깨질 때쯤 되면 사오정의 존재감이 부각됩니다. 그때 사오정이 뭐라고 하느냐 하면 "우리가 이렇게 스승님을 모시고 서천에 갈 수 있는 이런 행운을 누리고도 이것을 내팽개친다면 사람들이 우리를 얼마나 비웃겠는가?"라고 합니다. 이런 식으로 두 형의 자존심에 호소해서 팀이 끝까지 유지됩니다. 사오정이 매니저 역할을 하는 셈이지요. 평소에는 전혀 존재감이 없다가 팀이 깨질 때 나타나서 계속 팀을 유지시켜 주는 것이 매니저의 역할입니다. 매니저가 평소에 존재감이 강하면 오히려 부자연스럽습니다. 그래서 멍청하다는 게 꼭 나쁜 건 아니라는 생각이 들게 합니다. 만약에 사오정마저 개성이 뚜렷했다면, 그래서 셋이 싸웠다면 결국 팀이 깨지고 말았을 것입니다.

결론적으로 손오공과 저팔계, 사오정은 인간의 원초적 질곡인 탐욕, 분노, 어리석음, 이 세 가지를 상징한다고 보면 됩니다. 이 셋으로부터 벗어나지 않는 한 인간은 절대로 자유로울 수 없습니다. 인간의 문명 초기부터 종교가 발전을 해 왔지요? 종교는 어느 문명권이든 사실 구원의 문제입니다. 구원은 죽음이 있고 유한하기 때문이겠지요? 죽음을 넘어서는 자유, 즉 죽음의 한계를 넘어서려면 살아서 무엇을 해야 되는가 하는 질문이 종교입니다. 지금은 종교가 너무 비대해지고 제도화돼서 이 초심을 잃어버렸어요. 어떤 점에서 현대인들은 내가 스스로 나를 구원하는 길을 가야 한다는 생각을 하기보다 교회에 다니든 절에 다니든 어떤 종교를 가지면 된다고 생각하는 경향이 있습니다. 하지만 공자나 노자, 부처나 마호메트 같은 창시자 가운데 교회만 나오면 된다, 절에 오기만 하면 된다는 식으로 종교적 예식을 행하면 구원이 된다고 한 경우는 없습니다. 종교적 진리가 시대에 따라 바뀌면서 시대에 맞는 지혜로 변주된 게 바로 고전입니다.

탐욕과 분노, 어리석음으로부터의 자유

고전이 담고 있는 궁극적인 것이 무엇이냐 하면 죽음으로부터의 자유, 살아서 해야 하는 구원의 길입니다. 고전에서는 공통적으로 이렇게 말하고 있습니다. 자신을 구하는 것은 자신밖에는 없다. 오직 자신뿐이라고 말입니다. 내가 그토록 기다리던 나의 구원자는 바로 나 자신이라는 것이지요. 스스로 자신을 구하지 못하는데 부처님이나 공자님이 그걸 대신 구해 줄 수 없는 것이지요. 그런 자기 구원을 향해서 가는 일상의 공부가 바로 수행입니다. 그러니까 동양에서 공부는 곧 수행이었던 것입니다. 그럼 수행은 뭐냐? 탐(貪), 진(瞋), 치(癡), 즉 탐욕, 분노, 어리석음으로부터의 자유입니다. 우리가 탐욕에 빠지면 재능이나 능력은 아무 의미가 없습니다. 손오공이 그 증거입니다. 그렇게 난다 긴다 하는데 분노조절이 안 되니까 삶이 너무 황폐한 거예요. 자기만 괴로운 게 아니라 주변의 모든 걸 파괴해 버려야 그 분노가 풀립니다. 얼마나 괴롭습니까. 그래서 힘을 많이 갖는 것은 절대로 구원의 길이 될 수 없습니다. 수행, 분노로부터의 자유, 내가 남을 두려워하지 않되 남도 나를 두려워하지 않는 것, 이것이 아주 중요한 것이지요.

그다음으로는 충동입니다. 충동이란 것이 얼마나 괴롭습니까. 담배 하나를 끊기 위해서는 거의 도의 경지에 이르러야 가능하지 않습니까. 알콜중독, 일중독, 쇼핑중독……. 현대는 중독의 시대입니다. 저는 이렇다 하게 중독이 된 것은 없는데 자판기 커피를 하루에 2~3잔 먹는 것이 몸에 뱄습니다. 그래서 담배를 못 끊는 분들을 이해하게 됐습니다. 예전에는 세상에 저렇게 쉬운 일을 못할 수가 있냐고 생각했는데, 제가 자판기 앞에 가면 저도

분노조절 장애자 손오공은
5백 년간 오행산에 갇혀 있다가 삼장법사를 만나
자기 구원의 길을 가게 된다.

모르게 동전을 집어넣거든요. 이게 중독인 것이지요. 내가 나를 컨트롤하지 못하는 것은 다 중독입니다. 중독이 되는 순간, 내 신체는 억압되고, 이제 지옥의 구속을 감내해야 합니다.

현대인은 너무나 많은 충동 속에 놓여 있습니다. 저팔계가 겪은 것은 아무것도 아닙니다. 우리 주변에는 맛있는 게 넘쳐흐르고, 눈에 보기 좋은 게 너무나 많고, 귀에 들리는 것 또한 좋은 것이 너무나 많습니다. 남성들에게는 아름다운 여인도 많고, 여성들한테는 너무나 멋진 연하남이 많습니다. 이게 지옥입니다. 그래서 누구나 다 중독이 됩니다. 사랑도, 연애도 중독된 상태로 하게 돼요. 그러니 나를 억압하고 상대를 구속하게 되지요. 그것은 결국 폭력으로 이어질 수밖에 없습니다. 그래서 종속 폭력, 데이트 폭력 같은 말이 유행을 하게 된 것입니다.

분노도 없고, 충동도 없으면 사람은 자유로우냐? 그냥 멍 때리고 있지요. 사오정처럼요. 하루 종일 리모컨만 돌리고 있습니다. 돈이 많으면 비싼 아파트에서 스마트TV 보면서 치매에 걸리고, 돈이 없으면 가난한 집에서 치매에 걸립니다. 이 차이 말고 도대체 뭐가 있습니까? 그냥 미디어에 노출되어 사는 것이지요. 이 치심(癡心)의 늪에 빠지면 우울해지고 점점 자신을 파괴하고 싶어집니다. 소멸되어 가는 과정인 것이지요. 그래서 탐(貪), 진(瞋), 치(癡)는 사람마다 성향에 따라 다르게 나타나고, 적당히 알아서 해야 하는 도덕 같은 것이 아닙니다. 근본적으로 나를, 나의 길을 가로막고, 내가 한 걸음도 나아갈 수 없게 하고, 길을 잃게 만듭니다. 동서남북을 가늠할 수 없게 하지요. 어디로 가야 될지를 몰라요. 그 결과, 거꾸로 가거나 낭떠러지로 가거나 가시밭길을 비단길이라 여기면서 가는 겁니다. 그렇게 되면 우리의 몸은 소통이라는 걸 할 수가 없습니다. 가족과 단절되고, 친구는 당연히 없고, 직장은 사방에 나의 적들밖에는 없고……. 그럴 때 느끼는 군중 속의 고립과 소외, 이것은 생명이 가장 두려워하고 싫어하는 것입니다. 열심히 일하고 공부도 많이 하고, 결국은 고립되는 이런 운명을 면할 수 없게 되는 것입니다. 그래서 『서유기』를 읽을 때마다 저 자신을 포함해서, 현대인의 삶을 어쩌면 이렇듯 투명한 거울처럼 비춰 줄까 하는 느낌이 듭니다.

세 명의 요괴 출신 제자들도 공감이 많이 됩니다. 제 안에 있는 욕망이기도 하고, 영화 같은 것을 볼 때도 분노조절이 안 되는 경우가 종종 있지 않습니까? 또 식탐, 성욕에 사로잡힌 것, 중독된 신체, 이런 것들을 끊임없이 확인하게 됩니다. 그걸 벗어나는 길은 뭐일까요? 백팔요괴를 만나는 겁니다. 81난을 겪는 겁니다. 이것 또한 반전 포인트입니다. 그렇기 때문에 나를, 내길을 가로 막고, 나로 하여금 끝없이 싸우게 하는 존재가 바로 나의 스승이에요. 백팔요괴가 없었다면 삼장법사 일행은 길에 나서자마자 해체됐을 겁니다. 끊임없이 요괴와 싸우면서 자신을 단련했고 81난을 반드시 겪어야 서역에 도달하도록 관음보살이 그렇게 맞춰 놓았습니다.

마지막에 삼장법사 일행이 경전을 가지고 돌아오는데, 관음보살이 나타나서 장부책을 들여다봅니다. 계산해 보니, 80난밖에 안 겪은 겁니다. 하나가 모자라는 것이지요. 관음보살은 남은 하나를 기어코 겪게 만듭니다. 그래서 81난을 겪게 하지요. 내가 지금 힘든 것, 나를 힘들게 하는 것, 내가 겪는 온갖 고난, 이것이 바로 나의 수행이라고 생각하면 아주 다른 길이 보일거라고 생각합니다. 저 자신도 그렇게 길을 열어 가고 있고요. 『서유기』에 나오는 세 명의 요괴들을 통해서, 이들을 스승으로 삼아 앎이 곧 수행이고, 이 수행을 통해서만이 인간은 스스로를 구원할 수 있다고 하는 고전의 지혜를 닦아 가면 좋겠습니다.

시간의 소중함

한상덕(경상대학교 중어중문학과 교수)

1강 •

젊었을 때 허송세월 말고
늙었다고 배움의 끈 포기하지 말라

이런 질문을 던져 보겠습니다. 우리는 왜 사는가? 그리고 왜 태어났는가? 무엇을 위해 살고 있는가? 여러분은 왜 삽니까? 태어났으니 사는 것이겠지요. 그런데 무엇을 위해 살고 있는가? 하는 세 번째 물음에는 대답이 다양할 것이라 생각합니다. 그렇지만 이것을 종합하면 '행복'이라는 두 글자로 귀결될 것입니다. 행복은 어떻게 만들어지는가? 역시 수만 가지 방법이 있겠지만 그중 한 가지는 지금이라는 시간을 어떻게 잘 보내는지에 따라서 그 결과가 아주 행복할 수도 있고 덜 행복할 수도 있을 것입니다. '오늘'이라는 시간을 잘 활용하면서 헛되지 않게 보낸다면 우리의 미래는 더욱 행복하겠지요. 이번 강의는 '시간'이라는 주제를 중심으로 배움, 세월, 노력, 신명, 기회 등의 키워드와 연관 지어 진행해 나가도록 하겠습니다.

저는 최근에 의미 있는 일을 했으면 해서 무성영화 〈검사와 여선생〉이라는 작품으로 변사 공연 활동을 하고 있습니다. 〈검사와 여선생〉이라는 영화는 소년 가장인 장손이 초등학교 여선생이 베푼 사랑에 힘입어 검사가 되고, 훗날 그 여선생이 무고한 살인죄로 사형을 당하게 되었을 때 검사가 된 장손이 그 여선생을 구해 내는 내용입니다. 영화에 시간과 연관된 장면이 있는데 오늘 주제와 연관시켜서 그 내용을 살펴보겠습니다.

세월이라는 것은 누구에게나 공평한 것이요, 그 세월은 붙잡을 수 없다고 했던가! 참으로 어린것이 감내하기 어려운 시간이었으나 흘러가는 세월은 장손을 하루하루 성장시켜 주었으니, 그날도 선생은 그런 장손에게 속삭였습니다. "힘들어도 참아 내고 눈물이 나도 참아 내라. 매서운 겨울이지만 그 뒤에는 반드시 따스한 봄날이 기다리고 있다."고 말입니다.

본론으로 들어가면 시간하면 배움이라는 단어가 가장 먼저 떠오릅니다. 중국 속담에 이런 말이 있습니다.

봄이 되었는데 만약 경작을 하지 아니하면 가을에 소망할 바가 없고,
어릴 때 배우지 아니하면 늙었을 때 아는 바가 없느니라.
춘약불경(春若不耕)이면 추무소망(秋無所望)이요
유이불학(幼而不學)이면 노무소지(老無所知)라.

가능하면 젊었을 때, 배울 시기에 열심히 공부하고 배우라는 말입니다. 한시(漢詩) 중에 〈장가행〉(長歌行)이라는 시가 있습니다. 그 시의 일부를 소개해 보겠습니다.

모든 냇물은 흘러흘러 동쪽 바다로 가건만 그 어느 때 다시 서쪽으로 돌아오리오. 젊고 씩씩할 때 노력하지 아니하면 나이가 들어서 그저 슬프고 슬퍼질지어다.
백천동도해(百川東到海)면 하시부서귀(何時復西歸)리요

소장불노력(少壯不努力)하면 노대도상비(老大徒傷悲)니라.

역시 젊어서 노력하라는 말입니다. 물론 젊어서 배울 기회를 놓쳤다고 만회할 가능성이 전혀 없는 것은 아닙니다. 시간적으로 좀 늦어도 오늘날은 옛날과 달리 평생교육 시대를 살고 있는 우리는 마음만 먹으면 나이가 많아도 공부할 수 있고 배울 수 있는 세상이 되었습니다. 그렇지만 가능하면 젊었을 때, 배울 수 있는 기회가 많을 때 배워 두는 것이 좋다고 생각합니다.

사무엘 울만(Samuel Ullman)은 〈청춘〉이라는 시에서 이렇게 말합니다. '그대가 기개를 잃고 냉소와 비관에 덮이게 되면 스무 살이라도 늙은이가 되고 기개를 가지고 희망의 파도를 잡고 있으면 그대는 여든 살이어도 청춘의 소유자가 될 것'이라고 말입니다. 우리는 세월만으로 늙어 가는 것이 아니라 이상을 버릴 때 늙어 간다고 강조하기도 했습니다.

당나라 때 왕발(王勃, 649~676)이라는 작가는 〈등왕각서(滕王閣序)〉에서 '늙었지만 건장하니 어찌 백발이 되었다고 사람 마음 바꿀 수 있겠는가. 궁핍하나 의지 더욱 견고하니 청운의 뜻 무너질 리 없도다.'라고 노래했습니다. 그런데 노익장(老益壯)이라는 말의 반대말인 미로선쇠(未老先衰)는 아직 늙지도 않았는데 먼저 쇠한다, 아직 늙지도 않았는데 먼저 약해진다는 뜻입니다. 이래서 되겠는가 하는 의미가 되겠지요. 오늘따라 더욱 절실하게 와 닿는 말이 아닐 수 없습니다.

손톱이 손바닥을 뚫다

조갑천장(爪甲穿掌)이라는 말이 있습니다. 손톱 조(爪), 갑옷 갑(鉀), 뚫을 천(穿), 손바닥 장(掌), 즉 손톱이 손바닥을 뚫는다는 뜻입니다. 조선 중종 때 양연(梁淵, 1485~1542)이라는 사람 이야기입니다. 양연은 젊어서 공부보다는 말이나 타고 활이나 쏘는 것을 좋아했습니다. 그러다가 마흔 살이 되어서야 학문의 필요성을 느끼고 절에 들어가서 학업에 정진했는데, 공부를 시작하던 날 그는 왼손 주먹을 꼭 쥐면서 학문을 이루기 전까지는 이 주먹을 펴지 않을 것이라고 결심을 하고 공부를 시작했습니다. 어떻게 되었을까요? 그런 각오로 시작한 일이라면 세상에 못 해낼 일이 없을 것이라고 봅니다. 훗날 양연은 과거에 급제하였는데 급제 후에 손을 펴 보았더니 주먹을 쥔 후 긴 세월 동안 손톱이 길어져서 그 긴 손톱이 손바닥을 뚫고 들어가 있었습니다. 우리는 이 일화에서 무엇을 배울 수 있는가? 한 번 결심하면 하늘이 무너져도 그것을 이루고야 말겠다는 강한 신념, 의지, 실천이겠지요. 이 이야기는 중요한 교훈을 줍니다. 뭔가 꿈이 있으면 결심을 해야 한다는 것입니다. 결심을 했다면 결사적으로 실천을 해야 한다는 것입니다.

우리는 일상을 살면서 삶 전체를 쉴 새도 없이 계속 정진하면서 살아갈 수는 없습니다. 때로는 쉬어 가고 때로는 힐링을 위해 충전을 해야 할 시간이 반드시 있어야 합니다. 적절하게 놀고 즐기는 여유 속에서 삶을 충전하는 그 시간도 필요하기 때문입니다. 그렇지만 반드시 필요한 시기에 해야 할 일이 있다면 양연의 예에서 보듯 독종 같은 정신, 결심, 실천도 꼭 필요하다고 봅니다. 술에 술 탄 듯, 물에 물 탄 듯 살아가서는 안 되는 것이지요.

우리 인생을 춘하추동으로 나누어 100년을 사는 지금을 계절로 구분해 본다면 25세까지는 봄, 50세까지는 여름, 75세까지는 가을, 100세까지는 겨울에 해당할 것입니다. 그렇다면 여러분은 지금 이 순간 어느 계절을 보내고 있는지요? 지금 나눈 인생의 춘하추동은 지나간 세월까지 고려해서 나눈 것인데, 앞으로 살아갈 세월만 놓고 본다면 지금 이 시간은 봄일까요, 여름일까요, 가을일까요, 아니면 겨울일까요? 당연히 우리는 모두 봄인 상태입니다. 20대도, 50대도, 80대도 모두 봄날을 살고 있는 것이지요. 봄이면 무엇을 해야 할 때입니까? 경작해야 합니다. '춘약불경 추무소망(春若不耕 秋無所望)'이라, 봄에 경작하지 아니하면 가을에 거두어들일 것이 없고, '유이불학 노무소지(幼而不學 老無所知)'라, 젊었을 때 배우지 아니하면 늙어서 아는 바가 없다고 했습니다.

방송통신대학에서 일흔이 넘은 어르신을 만났는데, 벌써 세 번째 전공을 바꿔 가면서 공부를 계속하고 있는 분이었습니다. 그분은 배움 그 자체에 즐거움을 느끼면서 사는 분이었습니다. 시간을 초월하여 인생을 설계하는 분이었습니다. 앞으로 더 시간이 지나 70살, 80살, 90살이 되어도 저는 그분과 같은 인생관과 실천력으로 세상을 살아야겠다고 결심했습니다.

오늘을 사는 남녀노소 모두가 실제 나이에 관계없이 씨를 뿌리고 경작을 하면서 물을 주고 가꾸어야 하는 봄날의 주인공이라 생각하면서 최선을 다해 살아가면 좋겠습니다. 젊어서도 노력, 늙어서도 노력, 남자도 노력, 여자도 노력, 그렇습니다. 오늘 내 앞에 놓인 시간에 감사하며 하루를 사는 우리가 되었으면 좋겠습니다.

2강 •
부부여, 함께하는 시간을 소중하게 여겨라

    인생에는 정해진 답이 없습니다. 자기 삶에 대한 정답은 자신이 만들기 때문입니다. 결혼도 마찬가지입니다. 남녀가 서로 사랑해서 결혼을 할 수도 있고, 또 독신으로 살 수도 있습니다. 이혼을 할 수도 있고, 재혼을 할 수도 있습니다. 모두가 자기의 인생관, 자기의 철학에 근거해서 결정하고, 실천하게 됩니다. 그런데 모든 결정의 방점은 어디에 있는가? 나의 행복에 있습니다. 만일에 우리가 결혼해서 부부로 산다면 서로 사랑하면서 행복한 가정을 이루고 살았으면 참 좋겠습니다. 연애도 동일한 시간을 공유하면서 그 시간을 통해서 사랑이 무르익어 가게 됩니다. 부부의 인연이란 달덩어리만 한 쇳덩어리를 백년에 한 번 날아오는 참새가 그것을 콕콕 찍어서 닳아 없어졌을 때 만날 수 있는 인연이라고 합니다.

    중국 당나라 때 위고라는 사람이 여행을 하다가 어느 마을에 다다랐습니다. 숙소에 짐을 풀고 밤거리를 산책하다가 달빛 아래서 붉은 끈이 든 주머니를 차고 아주 두꺼운 책을 읽고 있는 한 노인을 만나게 되었습니다. 호기심이 발동한 위고가 노인에게 다가가 물었습니다.

    "초면에 실례입니다만 지금 읽고 계신 책이 무슨 책인지요?"

"이 책은 세상 모든 남녀의 혼인에 대해 기록한 책이라네."

"그러면 그 주머니에 든 붉은 끈은 무엇인지요?"

"이 끈은 남녀를 연결해 주는 끈인데, 아무리 원수 같은 사이라도 내가 이 끈으로 묶어 주면, 금방 사이가 좋아져서 혼인을 하게 되지."

위고는 노인의 말이 실없이 느껴졌지만, 호기심이 일어 노인을 따라 걸었습니다. 그런데 멀리서 앞을 못 보는 여인이 여자아이를 품에 안고 오고 있었습니다. 그때 노인이 말했습니다.

"저기 저 여자아이가 나중에 당신 배필이 될 것이오."

위고는 노인의 말이 믿기지 않았고, 한편으로는 몹시 기분이 나빴습니다. 그래서 하인을 시켜 그 여자아이를 죽이라고 했습니다. 위고는 하인이 칼을 들고 여자아이를 공격하는 것을 보고 다시 노인을 찾았지만, 노인은 이미 자취를 감추고 난 뒤였습니다.

세월은 유수같이 흘러 14년이 금방 지나가 버렸습니다. 위고는 14년 전 일은 까맣게 잊고 살다가 신붓감을 구하게 되었으니, 신붓감은 다름 아닌 상주 자사 왕태의 딸이었습니다. 대단히 아름다운 신붓감을 본 위고는 망설임도 없이 곧바로 결혼을 했습니다. 그런데 아름다운 신부에게 단 한 가지 흠이 있었으니, 그것은 미간에 있는 칼자국이었습니다. 위고는 장인에게 물었습니다.

"장인 어르신, 따님 미간의 칼자국은 어인 일로 그렇게 된 것인지요?"

"어휴, 말도 말게. 저 애가 3살 때니까 벌써 14년 전이구만. 보모가 애를 안고 길을 가는데, 아, 글쎄 웬 미친놈이 칼을 휘두르면서 달려들어 아이 얼굴을 찌르고 달아났다네. 다행히 목숨은 살릴 수 있었지만 정말 큰일 날 뻔했지."

순간 위고는 달빛 아래서 만났던 노인이 떠올랐습니다. 한참을 망설이다가 장인에게 다시 물었습니다.

"혹시 그때 그 따님을 안고 가던 보모가 눈먼 장님 아니었습니까?"

"오호, 그걸 자네가 어찌 아는가?"

위고는 식은땀을 흘리며 자초지종을 설명했습니다. 월하(月下) 노인과 붉은 끈, 그리고 그 두꺼운 책. 그제야 위고는 당시 노인의 말이 농담이 아니었음을 깨닫게 된 것이었습니다. 위고는 신부와의 인연이 하늘이 맺어 준 것임을 알고 평생 아내를 아끼고 사랑하면서 행복하게 살아갔다고 합니다.

지금도 중국에서는 중매쟁이를 달 월(月), 아래 하(下), 늙을 노(老), 사람 인(人) 해서 위에시아라오런(月下老人 yuèxiào rénl)이라고 부르고 있으니, 만약 여러분이 지금 결혼을 한 상태라면 오늘 저녁 배우자의 손을 가만히 잡아 보면 어떨까 합니다. 보이지 않는 인연의 끈이 분명 두 사람의 마음을 묶어 주고 있음을 확인할 수 있을 테니까요.

백대(百代)의 인연을 거친 부부

'백년을 수양해야 같은 배로 강을 건널 수 있고, 천년을 수양해야 같은 베개로 잠을 잘 수 있다.'고 합니다. 천년의 수양을 통해서 부부가 될 수 있다고 하는 이 말, 그리고 하루를 살아도 부부는 부부이기 때문에 그 인연 역시 쉽게 만들어 진 것이 아니라고 강조하고 있습니다.『인생필독』이라는 말에 나오는 이야기입니다. 이어서 이런 내용도 있습니다. '하루살이 부부라고 할지라도 백대의 인연에 따르는 것'이라는 얘기입니다. 두 사람이 마음을 맞춰서 오순도순 살아갈 때 그 모습은 참으로 아름다울 뿐만 아니라 그 결과도 대단히 좋을 수밖에 없을 것입니다. 그래서 같은 책에서는 '두 사람이 하나로 마음을 합치면 능히 황금을 살 수 있는 돈도 소유하게 된다.'고 얘기하고 있습니다. 물론 이것은 비유입니다.

윙크에 대한 색다른 해석이 있더군요. 결혼을 하기 전에 하는 윙크는 상대방의 단점을 보지 않고 상대방의 좋은 점만 보려고 하는 윙크라고 합니다. 또 결혼 후에 하는 윙크는 뜬 눈으로는 상대방의 안 좋은 모습만 보고, 감은 눈으로는 상대방의 좋은 점을 보지 않으려고 하는 윙크라고 합니다. 결혼 전과 후의 행복과 불행이 나뉘는 것을 윙크로 이렇게 해석해 놓았더군요. 아무리 시간이 가도 연애 때와 같은 그런 사랑이 유지되면 참 좋겠습니다. 진성이 부른 노래 중에 〈님의 등불〉이라는 노래가 있습니다. 가사는 이렇습니다.

동쪽에서 부는 바람 님의 옷깃 스칠까
서쪽에서 부는 바람 님의 살갗 스칠까
하나밖에 없는 내 님을 누가 볼까 두렵소

동쪽에서 부는 바람, 님의 옷깃 스칠까. 서쪽에서 부는 바람, 님의 살갗 스칠까. 행여 님이 다칠까 봐 이렇게 노심초사하던 그 사랑은 2절에 가면 더 애절하게 바뀝니다.

세월 따라 변하는 게 님의 얼굴이더냐
강물처럼 흘러가는 가는 세월 야속하오
내 영혼을 심어 사랑한 임 누가 볼까 두렵소

이런 모습, 저런 모습이라도 관계없이, 세월 가서 내 아내, 내 남편에게 주름이 만들어진다 해도 아무런 관계없이, 이래도 사랑, 저래도 사랑할 것을 이 노래는 강조하고 있습니다. 우리 모두가 '님의 등불'인 상태로 살면 참 좋겠습니다.

아무리 사랑해도 부부는 언젠가 이별하게 되어 있습니다. 부부가 아니라 모든 사람들이 다 그렇습니다. 헤어지게 되어 있습니다. 헤어진다는 것은 누군가가 먼저 이 세상을 떠나고 한 사람이 뒤에 가게 된다는 것이지요. 중국 속담에 '인생이란 마치 새와 같이 숲에서 함께 잠을 자다가, 떠날 때가 되면 각자 따로따로 날아간다.'는 말이 있습니다. 인생, 부부 모두 마찬가지 이치입니다. 같은 숲속에서 어깨 나란히 하고 잠을 자다가 가야 할 때가 되었을 때 남편이 먼저, 아내가 먼저 떠나게 되는 것이지요.

만났다가 헤어지는 인간사 이야기입니다. 우리의 인생이 그렇고, 부부가 그렇습니다. 새들이 하룻밤 같이 묵었다가 다음 날 각기 자기 길을 떠나는 것과 같다는 비유! 저는 시골에서 자라서 누군가가 세상을 떠나면 꽃가마 만들어서 상여로 망자를 북망산천으로 보내는 모습을 많이 보면서 살았습니다. 그러면 남은 가족들은 상복을 입은 채 지팡이 짚고 그 상여를 따라갑니다. 그럴 때 마을에서 가장 노래를 잘하는 사람이 상여가를 부르며 그 상여를 인도합니다.

> 어허 어허 어허어허야 어이 가리 넘자 어화넘
> 이 세상을 하직하고 북망산천 떠나간다
> 어허 어허 어허어허야 어이 가리 넘자 어화넘
> 이제 가면 언제 와요 오실 날 그날을 일러주오
> 어허 어허 어허어허야 어이 가리 넘자 어화넘
> 당신과 나와 첨 만나 백년 살자고 언약할 때
> 당신이 날더러 뭐라고 했노

어허 어허 어허어허야 어이 가리 넘자 어화넘

죽어도 같이 죽고 살아도 같이 살자던 당신이

날 두고 왜 먼저 갔노

어허 어허 어허어허야 어이 가리 넘자 어화넘

세상천지 만물 중에 사랑밖에 또 있더냐

부부가 만났을 때 백 년, 천 년 같이 살자고 하다가 한 명 떠나면 남은 사람은 이렇게 노래할 수밖에 없습니다. 우리나라 사람들이 가장 많이 듣고 보았던 한문 다섯 글자 혹시 생각나십니까? 가화만사성(家和萬事成)이지요. 가정이 화목해야 만사가 잘 이루어진다, 성공적으로 이루어진다는 뜻입니다. 가정이 화목해야 만사가 잘 이루어진다고 했는데, 그 가정의 화목에서 가장 중요한 두 사람을 꼽으라면 바로 부부라고 생각됩니다. 가정에서 부부 관계가 깨지고 불화가 있을 때 가정의 평화는 존재할 수가 없습니다. 그래서 유교문화뿐만이 아니라 세상 그 어디에서도 가정의 화목이 곧 모든 일을 성공적으로 이루게 하는 기본이 된다고 생각됩니다. 그 만사(萬事)는 가정 안에서나 가정 밖에서나 모두를 통틀어 얘기할 수 있을 것입니다.

배우자, 배우자

가화(家和)에서 가장 중요한 역할을 하는 것이 부부라고 했는데, 부부를 세 글자로 뭐라고 할까요? 배우자라고 하지요. 우리는 부부가 되기 이전에 한 여성, 한 남성으로 살아왔습니다. 각자의 환경과 처지가 다르기 때문에 부부로 살아갈 때 서로 맞지 않는 습관이 있을 수 있습니다. 이 배우자는 한자어지요. 그런데 한자어가 아닌 순한글로 받아들여서 해석을 하면 '배우자'가 됩니다. 환경이 다르고 습관이 달랐던 두 청춘 남녀가 부부가 되고 난 이후에 지녀야 할 마음가짐의 첫 번째는 '서로 배우자'라고 하는 이 세 글자라고 생각됩니다.

저는 올해 결혼한 지 25년이 됐는데, 처음에 5년 동안은 서로 습관의 차이 때문에 많이 힘들었습니다. 저는 34년 동안 자취 생활만 해 와서 혼자 살면서 몸에 익힌 좋지 못한 습관이 하나 있습니다. 결벽증 비슷하기도 하고 강박증, 강박관념 같은 것이 있거든요. 결혼하기 전까지 제 방 안에 있는 물건의 위치는 눈 감고도 다 찾을 수 있을 정도였습니다. 책 한 권도 뒤집혀 꽂혀 있는 것 하나 없이 33년을 살다가 결혼을 하고 보니 머리가 돌아 버릴 지경이었습니다. 저희 집에 손톱깎이가 한 10개 정도 될 겁니다. 방 안에 숨어 있는 것까지 합하면 그렇습니다. 저는 총각으로 살 때 손톱깎이 한 개면 됐는데 결혼하고 나서는 쓰고 나서 분명히 같은 자리에 놓았는데 찾으면 없습니다. 손톱깎이뿐만이 아닙니다. 저는 아침 신문을 보면 주머니칼을 들고 있다가 중요한 기사는 스크랩을 합니다. 쓰고 나서 그 칼은 항상 책꽂이 위에 올려 두는데, 그 다음 날 보면 없습니다. 아무리 찾아도 없습니다. 다시 사 옵니다. 며칠 후에 찾으면 또 없습니다. 그래서 생각 끝에 주머니칼에 줄에 달고 책꽂이에 매달아 놓았습니다. 헌데 그 다음 날 보니 누가 그 줄을 끊고 가져갔습니다.

그렇게 한 5년을 지내고 나니 서로 조율이 잘 되어서 이제는 부딪히는 것 없이 '서로 배우자'라는 마음가짐으로 살고 있습니다. 『명심보감』에는 가화만사성(家和萬事成)이라는 다섯 글자 뒤에 다섯 글자가 더 있습니다. 바로 자효쌍친락(子孝雙親樂)입니다. 자식이 효도를 하면 두 어버이가 즐거워한다는 내용입니다. 가정이 화목해야 만사가 잘 이루어지고, 자식이 효도하게 되면 두 어버이가 즐거워한다는 이 열 글자를 마음에 새기고 지금 남자 친구 혹은 여자 친구로 살아가든, 부부로 살아가든, 항상 마음을 잘 맞추어서 '서로에게 배우자' 하는 태도로 서로를 배려하며 살아갔으면 좋겠습니다. 함께할 수 있는 이 시간에 감사하고, 내 옆에 누군가 손 내밀어 잡아 줄 수 있음을 감사하는 우리들이 되었으면 좋겠습니다. 아무도 모르는 둘만의 세월. 공유의 시간입니다. 추억입니다. 소중한 시간입니다. 행복 덩어리입니다. 무병을 바랍니다. 소망합니다. 부부가 시간을 따로 가질 때 공유의 시간이 얼마나 소중한지를 알 수 있게 될 것입니다.

부부로 살아가고 있다면, 아내에게 최고의 남편, 최고의 남편에게 최고의 아내가 될 수 있도록 노력하는 우리들이 되었으면 좋겠습니다. 아직 결혼을 하지 않은 남자 친구, 여자 친구와 같이 있다면 항상 이 순간이 소중한 추억이 될 수 있도록 노력하는 우리들이 되면 좋겠습니다. 아무리 사랑해도 언젠가는 아쉬운 이별을 해야 하는 것이 모든 인간관계, 또 부부관계입니다. 지금의 이 시간을 소중히 생각하는 우리들이 되면 좋겠습니다.

3강 •
잠시 잠깐의 가치는 얼마나 될까

우리 조상들은 짧은 시간을 정서적으로 표현해서 '광음(光陰)'이라고 했습니다. 빛 광(光) 자에 그늘 음(陰) 자입니다. 또는 일촌광음(一寸光陰)이라고도 했습니다. 한 일(一) 자에 마디 촌(寸) 자입니다. 일촌광음, 광음이라는 것은 아주 짧은 시간을 이야기하지요. 좀 더 구체적으로 말해 일촌(一寸)이라고 하면 손가락 한 마디만한 정도의 크기를 말합니다. 우리가 잘 아는 주자의 〈권학문〉을 한 번 살펴보겠습니다.

소년은 늙기 쉽고 학문은 이루기 어렵나니
한 마디만한 짧은 시간이라도 가벼이 여기지 말라.
연못 옆에 있는 그 봄 풀은 아직도 꿈에서 깨어나지 않고 있는데
계단 앞에 오동나무 잎사귀는 이미 가을 소리를 내더라.
소년이로학난성(少年易老學難成)이니
일촌광음불가경(一寸光陰不可輕)이라
미각지당춘초몽(未覺池塘春草夢)인데
계전오엽이추성(階前梧葉已秋聲)이라

시간, 곧 세월의 빠름을 노래하고 있습니다. 세월이 빠르다는 것을 어떻게 표현했는가. 장자는 〈지북유편(知北遊篇)〉이라는 글에서 백구과극(白駒過隙)이라는 말로 표현했습니다.

> 사람이 천지 사이에서 사는 것은 마치 흰 망아지가 문 틈새를 달려 지나가는 것과 같은 것이다.
> 인생천지지간(人生天地間) 약백구지과극(若白駒之過隙) 홀연이이(忽然而已)

인생과 세월의 덧없고 짧음을 비유적으로 얘기한 말입니다. 그렇다면 일촌광음, 이 짧은 시간의 가치는 얼마일까. 중국 속담에 이런 말이 있습니다. '짧은 시간으로 한 치나 되는 금덩어리를 살 수는 있지만, 한 치 되는 금덩어리로는 짧은 시간을 살 수 없다.'라는 표현입니다. 이런 정신을 살려서 중국에 예빈이라는 가수가 〈일촌광음 일촌금〉이라는 제목으로 노래를 불렀는데, 가사는 이렇습니다.

> 한 치의 금이지만, 한 치 금으로
> 한 치 시간을 살 수는 없지요.
> 청춘은 한 번 가면 흔적도 없잖아요.
> 언제나 제 사랑은 마음속에 있어요.
> 아가씨, 아가씨 저에게 그대가 필요해요.
> 더 이상 저에게 탄식하지 말아 주세요.
> 사랑과 시간, 아끼고 사랑하면서
> 이 좋은 시절, 그냥 흘러가게 하지 말아요.
> 사람이라면 뜻과 기개를 가져야

남보다 더 훌륭하게 될 수 있답니다.

괜찮은 가사이지요? 일각천금(一刻千)이라는 말이 있습니다. 여기서 각 자
는 새길 각(刻) 자입니다. 옛날에 물시계로 시간을 잴 때 하루를 100각으로
나누어서 시간을 쟀는데, 각이란 말은 여기에서 비롯되었다고 합니다. 중국
에서는 1각이라고 하면 15분을 뜻하지만, 아주 짧은 시간을 의미하기도 합
니다. 우리말에도 이런 속담이 있습니다. '일각은 천금의 가치가 있다.'라는
것입니다. 시간을 아주 아껴 쓰라고 하는 말이지요.

여기, 시계가 있습니다. 시계 속에서 시간을 나타내는 단위는 세 가지입
니다. 시, 분, 초이지요. 이 가운데 어떤 것이 가장 중요할까요? 시계를 잘
만드는 아버지를 둔 아들이 있었습니다. 아버지는 아들이 성인이 된 것을
기념하기 위해 최고의 공을 들여 시계를 만들었습니다. 시침은 동으로, 분
침은 은으로, 초침은 금으로 만들었지요. 시계 선물을 받아든 아들은 의아
했습니다. 그래서 아버지한테 물어보았습니다.

"아버지, 가장 긴 시간인 시침이 가장 중요하니 금으로 하고, 그 다음으로
중요한 분침은 은으로, 가장 짧고도 덜 중요한 초침은 동으로 해야 하지 않
습니까? 그런데 아버지께서는 왜 거꾸로 만드셨는지요?"

아버지는 이렇게 대답했습니다.

"시침, 분침도 중요하지만, 시를 이루고, 분을 이루는 첫 출발은 바로 초
침이다. 시간이란 초침으로 시작이 되니 셋 중 가장 중요하지 않겠느냐? 네
가 그 시계의 초침이 금으로 만들어진 까닭을 평생토록 잊지 않고 살았으면
싶구나."

과연 시계를 만드는 장인(匠人)답습니다. 가장 짧은 시간을 가장 소중하게
여기라는 아버지의 깊은 메시지를 생각하는 하루였으면 좋겠습니다.

그렇다면 1초라는 시간에 우리가 할 수 있는 일이 있을까요? 없을까요? 있다면 무슨 일을 할 수 있을까요? 숨을 쉴 수 있습니다. 눈을 깜빡일 수도 있습니다. 그 외에도 더 할 수 있는 일이 많을 것입니다. 지난 2001년 런던 올림픽 때 신아람 선수의 펜싱경기 생각나십니까? 오심에 의해서 신아람 선수가 패배를 했지요. 그때 유행한 표현이 '멈추지 않은 1초'였습니다. 그 사건이 있고 난 뒤 인터넷 커뮤니티 게시판에 누리꾼들이 올려놓은 얘기들은 '1초면 못할 게 없다.', '1초에 4번 찌르기도 가능하다.', '1초면 세계 정복도 가능하다.' 등등의 이야기였습니다. 외국의 모 시계 광고는 1초의 중요성을 강조하면서 1초 동안에 할 수 있는 소중한 말 몇 개를 소개하고 있습니다. "고마워요.", "힘내세요.", "축하해요.", "용서하세요." 1초 동안에 이 짧은 말 한마디가 누군가의 인생을 좌지우지할 수도 있다는 메시지를 전달하고 있습니다. 시간의 존재 가치는 실천으로 완성이 된다고 생각합니다.

미치지(狂) 못하면 미치지(扱) 못한다

『장자(莊子)』〈천도편(天道篇)〉에 나오는 윤편(輪扁)의 일화를 소개합니다.

어느 날, 제나라 환공이 책을 읽고 있는데, 대청마루 아래서 장인 한 사람이 무언가를 만들고 있기에 환공이 그에게 물었습니다.

"무엇을 만드는 게냐."

"수레바퀴를 만들고 있사옵니다. 환공께서는 무슨 책을 읽고 계신지요?"

"옛 성인의 책을 읽고 있구나."

"그 성인은 아직 살아 계신지요?"

"이미 돌아가셨지."

"그렇다면 지금 읽고 계신 책은 옛 사람의 찌꺼기에 불과한 것 아닙니까?"

환공은 크게 노했습니다.

"네 이놈, 미천한 것이 불손하도다."

그러자 장인이 엎드려 말했습니다.

"태황이시여, 잠시 고정하시옵소서. 비록 제가 수레바퀴 만드는 미천한 놈이오나 연유가 있사옵니다. 수레바퀴를 만들 때 칼을 너무 빨리 사용하게 되면 힘은 덜 들지만 바퀴가 울퉁불퉁하게 됩니다. 반대로 칼을 너무 느리게 사용하면 바퀴는 둥글게 되지만 힘이 더 들어갑니다. 그래서 바퀴를 만들 때는 칼이 너무 빠르지도, 느리지도 않게 해서 스스로 속도를 터득하고 자유자재로 손을 움직이는 것이 최상의 기술이지요. 소인이 평생에 걸쳐 터득한 이 기술을 제 자식 놈에게 여러 번 물려주려 노력했지만, 아직까지도 어떻게 전해 줄 방법이 없습니다. 그래서 나이 일흔이 되도록 아직도 제 손으로 바퀴를 만들고 있습니다. 이것으로 보아 옛 성인이 깨우친 도(道) 역시 말이나 글만으로는 전할 수 없음이 분명하지 않겠습니까. 그래서 소인이 감히 그 책은 옛 사람의 찌꺼기에 불과하다고 말씀드린 것이옵니다."

이 말을 들은 환공은 크게 깨달은 바가 있어 잡았던 책을 놓고 그 늙은 장인에게 후한 상을 내려 주었던 것입니다. 이 이야기와 비슷한 고사성어가 하나 있으니, 일백 백(百), 단련할 련(練), 스스로 자(自), 얻을 득(得), 곧 '백련자득(百鍊自得)'이라는 성어입니다. 백련은 옛날 중국에 전해졌다는 명금을 가리키는 말이오, 백번을 거듭 단련해야만 좋은 금을 얻는다는 뜻입니다. 또 다른 말로 숙능생교(熟能生巧)가 있습니다. 익을 숙(熟), 능할 능(能), 날 생(生), 공교할 교(巧). 능숙해지면 기교가 생긴다는 뜻으로 오랜 기간 수련을 거쳐야만 뛰어난 기교를 발휘할 수 있게 된다는 의미입니다.

북송 시대 강숙공(康肅公) 진요자는 멀리서도 동전 구멍을 맞출 정도로 활쏘기가 뛰어났습니다. 자타가 인정하는 당대 최고의 궁수였지요. 어느 날, 진요자가 자기 집 뜰에서 활을 쏘고 있을 때 기름장수 노인이 짐을 내려놓고 한참을 서서 구경을 하고 있었습니다. 진요자가 쏜 화살은 백발백중 과녁에 명중하고 있었습니다. 그런데도 노인은 그저 가볍게 고개만 끄덕일 뿐 아무런 감탄도 하지 않았던 것입니다. 진요자는 언짢은 기분이 들어 물었습니다.

　"그대도 활 쏠 줄 아시오? 내 활 솜씨 대단하지 않소이까?"

　노인이 대답했습니다.

　"음, 특별하달 것도 없지요. 그저 손에 익었을 뿐이지요."

　진요자는 화가 나서 말했습니다.

　"감히 내 활솜씨를 무시하는 것이오?"

　"내가 기름 따르는 것을 보시면 알 수 있을 것입니다."

　노인은 땅바닥에 호리병을 내려놓더니 병 주둥이에 엽전 하나를 올려놓고 국자로 기름을 떠서 천천히 엽전 구멍 속으로 부어 넣기 시작했습니다. 기름이 엽전 구멍을 통해 들어가는데, 엽전에는 기름 한 방울 묻지 않았습니다. 노인이 말했습니다.

　"저 역시 특별한 솜씨라고 할 것도 없습니다. 단지 손에 익었을 뿐이지요."

　진요자는 마침내 노인을 통해 큰 깨달음을 얻을 수 있었으니 이 노인과 같이 숙달된 기술을 얻기 위해서는 하루도 거르지 않고 반복되는 노력이 필요하다는 교훈입니다. 이것이 우리가 배워야 할 정신입니다. '각자의 분야에서 전문가가 되기를 꿈꾸는 자가 있단 말인가. 있다면 매일같이 반복되는 따분한 훈련 속에서도 혼을 잃지 않고 집중하고 실력을 닦아 간다면 못 이룰 일이 그 어디 있겠는가. 오르지 못할 곳이 그 어디에 있겠는가.'

얼마 전에 인터넷에서 읽은 글 가운데 이런 내용이 있었습니다. '시간은 저축할 수가 없다.'라는 요지의 이야기였습니다. 어느 은행에서 행사를 하는데, 모든 주민들에게 새로운 통장을 하나 만들게 하고, 사람들 통장에 하루에 정확하게 86,400원씩을 공짜로 입금을 시켜 주는데, 조건은 단 하나, 그날그날 86,400원을 찾아 써야지, 찾아 쓰지 않으면 다음 날까지 저축이 되어 있지 않고 다시 0으로 돌아간다는 이벤트가 있다고 가정을 하는 것입니다. 만약 그런 일이 일어난다면 우리 모두는 하루가 가기 전에 86,400원이라는 돈을 어떻게든 찾아 쓰기 위해 그 어떤 중요한 일도 뒤로 미루고 그 일부터 할 것이라는 이야기였습니다. 이것을 시간의 중요성과 연결시켜 보면 이러한 시나리오가 가능합니다. 우리가 평범하게 살고 있는 하루를 초로 계산하면 86,400초인데, 이 86,400초는 금싸라기와도 같은 시간임에도 불구하고, 돈으로 환산되지 않기 때문에 헛되게 보내는 경우가 많다는 것입니다. 그래서 86,400초라는 귀중한 시간을 그날그날 다 찾아 쓸 수 있도록 노력하자는 것이 그 글의 요지였습니다. 우리에게 똑같이 안배된 하루의 일과, 이 일과를 훗날 후회하는 일 없이 보내기 위해 항상 열심을 다하는 우리들이 되었으면 좋겠습니다.

　불광불급(不狂不扱). 직역하면, 미치지 아니하면 미치지 못한다는 것입니다. 다시 말해 어떤 일에 미치도록 집중하지 아니하면 우리가 목표로 하는 것에 도달할 수 없다고 하는 이야기입니다. 오늘도 우리가 하는 모든 일에 신명을 바치는 하루가 되기를 바랍니다.

4강 •
무슨 일이든 때를 놓치지 말라

세상에는 시간의 흐름이나 세월의 흐름에 상관없이 사는 분들도 많습니다. 몸이 불편해서, 또는 그냥 자연이 좋아서, 좋은 직장, 부귀영화 다 버리고 농촌으로 가서 살고 있는 분들이 많아지고 있다고 합니다. 전기도 없고 전화도 없는 산 속에서 생활을 하는 분들도 막상 이야기를 나눠 보면 '불편한 것 별로 없이 행복하다.'라고 얘기하는 경우가 많습니다. 옛날에도 이런 삶을 살았던 사람이 많았고, 어쩌면 지금보다 훨씬 못 살았던 옛날에는 이런 것이 일상이었을 수도 있습니다. 그래서 옛날에 한 시인은 이런 시조를 남겼습니다.

> 산 속에 달력 없으니 철 가는 줄 모르노라
>
> 꽃 피면 봄이요 잎 지면 가을이라
>
> 아이들 헌 옷 찾으면 겨울인가 하노라

어떻게 이렇게 살 수 있을까요? 산 속에 달력도 없습니다. 꽃이 피면 '아, 이제 봄이구나.' 하고 생각하고, 꽃이 지고 잎이 지면 '가을이구나.' 생각하게 되는 것이지요. 그러다가 날씨가 쌀쌀해서 애들이 '추워요. 두꺼운 옷 주세요.'라고 하면, '아, 이제 곧 겨울이구나.' 하고 생각하는 이런 삶이 과연 행복할까 싶지만 그때는 행복했던 듯합니다. 어쩌면 생각보다 많은 사람들이 선망하는 삶의 모습일 수도 있겠다 생각됩니다. 그러나 막상 현실은 그렇지가 않습니다. 그런 모습들을 보고 대리만족하는 것으로 끝나는 경우도 많습니다. 갖은 문명의 혜택을 다 누리고 사는 우리들의 삶은 불편한 것 하나 없이 거의 완벽하게 편합니다. 그렇지만 행복지수는 옛날만 못하다고 하지요. 어쩌면 '반드시 몸이 편하고 물질적으로 풍족해야만 행복한 것은 아니다.'라는 것을 역설적으로 말하고 있는 게 아닌가 싶습니다.

중국 동진 시대에 도연명이라는 시인이 살았습니다. 그도 한때는 관직에 나갔었습니다. 그런데 세상의 부귀영화를 누리고 사는 삶이 아닌 다른 삶을 추구하기 위해서 농촌으로 돌아갔습니다. 그래서 도연명은 대표적인 전원 시인으로 꼽히지요. 자연과 전원을 벗 삼아 살았던 도연명의 시 가운데 대표적인 시 한 편을 소개합니다.

> 인생은 뿌리도 꼭지도 없이 밭두렁에 날리는 먼지와 같네.
> 바람 따라 이리저리 뒤집히나니 이에 인생의 무상함을 알겠도다.
> 땅에 태어난 우리 모두가 형제이니 어찌 반드시 골육만이 육친인가.
> 기쁨을 얻었거든 마땅히 즐기고 말술 있으면 이웃과 모여 마셔라.
> 젊은 시절은 다시 오지 않고 하루에 새벽이 두 번 오지는 않는다.
> 때를 놓치지 말고 부지런히 애써라. 세월은 사람을 기다려주지 않는다.
> 인생무근체(人生無根蔕) 표여맥상진(飄如陌上塵)
> 분산축풍전(分散逐風轉) 차이비상신(此已非常身)
> 낙지위형제(落地爲兄弟) 하필골육친(何必骨肉親)
> 득환당작락(得歡當作樂) 두주취비린(斗酒聚比隣)

성년부중래(盛年不重來) 일일난재신(一日難再晨)

급시당면려(及時當勉勵) 세월부대인(歲月不待人)

특히 마지막 네 구절은 우리가 시간을 아끼면서 늘 최선을 다하라는 말로 인구에 회자되고 있는 구절이지요.

나의 세월은 어디로 갔는가

때는 바야흐로 따스한 봄날, 중국 하북과 산서라는 고장 중간에 산이 두 개 있었으니, 하나는 패왕이요, 하나는 왕옥이었습니다. 이 두 산 중간에 나이 아흔이 된 노인이 살고 있었으니, 어리석을 우(愚) 자에 공변될 공(公), 우공이라는 사람이었습니다. 우공이 시장이라도 한 번 가려고 하면 두 개의 산을 돌고 돌아야만 했습니다. 그 두 개의 산만 없으면 바로 갈 수가 있었건만 산이 가로막혀 시간도 너무 오래 걸리고, 산길을 걷는 것도 너무 힘들었습니다. 그래서 하루는 가족들을 모아 놓고 말했습니다.

"우리가 저 두 산을 옮기면 장터에 가기가 훨씬 수월하니, 우리 모두 힘을 합쳐서 산을 옮겨 보도록 하자꾸나."

온 가족이 찬성을 했지만 우공의 아내가 걱정을 합니다.

"산을 파면 흙과 돌이 나올 텐데 그 많은 흙과 돌은 어쩌시려우?"

그러자 아들이 말합니다.

"어머님, 참 걱정도 팔자십니다. 그거야 바다에 갖다 버리면 되지요."

여기서 바다란 먼 발해를 말하는데, 바다 역시 900리 길이었습니다. 그랬음에도 불구하고 두 산을 삽으로 퍼서 옮기고 흙과 돌을 나르는 지난한 작업이 다음 날부터 시작되었습니다. 우공과 그의 가족들은 온종일 허리 한 번 펼 새도 없이 산을 파고, 파고, 파고 또 팠습니다. 이 소문을 듣고 우공의 친구가 찾아와서 물었습니다.

"자네 나이가 90인데 이 산을 언제 다 파서 옮기려고 이러나? 이만하면 됐으니 그만 하시게."

하지만 여기서 물러설 우공이 아니었지요.

"내가 못하면 내 자식이 하고, 내 자식이 못하면 내 손주가 하고, 대대손손 하다 보면 언젠가는 산이 옮겨지지 않겠는가?"

참으로 대단한 고집입니다. 이를 멀리서 지켜보던 산신령도 걱정이 되어 옥황상제께 고하였습니다.

"상제께 아뢰옵나니 지상의 우공이라는 자가 산을 옮기려 하고 있사옵니다."

산신령의 보고를 받은 옥황상제가 깜짝 놀라 묻습니다.

"아니, 나약한 인간이 어찌 산을 옮길 수 있단 말인가?"

"허나 우공은 다르옵니다. 하루 밤낮 먹고 자는 시간을 제외하고는 온종일 땅을 파고 흙을 나르고 있습니다. 저 기세라면 필시 산을 옮기고도 남음이 있사올 것입니다."

"아니, 그럼 무엇이 걱정이더냐. 맡겨 두면 될 것을."

"우공의 나이 올해 90이옵니다. 본인의 몸도 쇠약한데 산을 옮기려 하니 저러다 산에서 몸져 누울 것이 심히 우려되옵니다."

"우공의 뜻이 참으로 가상하도다. 내 너의 걱정을 덜어 주겠노라."

그리하여 옥황상제가 산 하나는 고비사막으로 옮겨 주고, 또 다른 하나는 섬서 지방으로 옮겨 주어, 중국 하북과 산서의 땅이 평평해졌다는 이야기입니다. 어리석을 우(愚), 공변될 공(公), 옮길 이(移), 산 산(山). '우공이산(愚公移山)'이라는 말은 바로 여기에서 생겨나게 됩니다. 풀이하자면, 어리석은 자

공자와 그의 제자들은
효도하고자 하나 부모가
기다려 주지 않는다는 고어의
한탄을 교훈으로 삼았다.

가 산을 옮긴다는 뜻이요, 굳은 의지와 투지로 하고자 하는 일에 정진하면
못할 일도 없다는 의미입니다.

　여러분은 지금 어떤 꿈을 꾸고 있는지요? 꿈을 꾸고 있다면 현실의 벽에
부딪쳐 지레 겁을 먹고 포기하기보다는 꿈을 위해 도전하는 시간을 가져 보
십시오. 내일로 미루지 말고 오늘 나에게 주어진 일을 열심히 하라는 의미
에서 문가라는 시인은 〈명일가(明日歌)〉라는 시를 지어서 그 중요성을 강조
했습니다.

　　　내일이 있으면 또 내일이 있으니
　　　내일이 어찌 그렇게도 많은가.
　　　내 삶이 오직 내일만 기다리다가는

모든 일이 실패로 끝나고 말리라.

명일부명일(明日復明日)

명일하기다(明日何其多)

아생대명일(我生待明日)

만사성차타(萬事成蹉跎)

    때를 놓치지 말라, 지나고 난 뒤에 후에 후회한다는 교훈을 주는 시입니다. 지난 후에 후회한다는 대목에서 떠오르는 단어 하나가 있다면 바로 '효도'입니다. 고사성어 중에 풍수지탄(風樹之嘆)이라고 하는 말이 있습니다. 중국 고전『한시외전(漢詩外傳)』에 나오는 얘기이지요.

    어느 날 공자가 제자들과 함께 길을 가는데, 어떤 사람이 크게 울부짖는 곡소리가 들렸다고 합니다. 가까이 가서 보니 고어라는 사람이 거친 베옷을 입고 울고 있었습니다. 공자가 물었습니다. "상을 당했나 보구려." 고어가 대답했습니다. "나무는 가만히 있고자 하는데 바람이 그치질 않고, 자식이 봉양을 하려고 하는데 부모님께서 기다려 주지를 않는군요. 한 번 지나가 버리면 다시 따라갈 수 없는 것이 세월이요, 돌아서고 나면 다시 만나 볼 수 없는 분이 부모님입니다."라고 대답했답니다. 얼마 뒤 그 사람은 선 채로 말라죽었고, 공자와 제자들은 그런 모습을 보고 교훈으로 삼았다는 이야기입니다. 중국에서는 풍수지비(風水之悲)라고 표현하기도 합니다. 이 고사의 유래가 되는 원문은 다음과 같습니다.

나무는 고요하고자 하나 바람이 그쳐 주지를 아니하고,

자식이 효도하고자 하나 어버이가 기다려 주지 아니한다.

수욕정이풍부지(樹欲靜而風不止)요

자욕양이친부대(子欲養而親不待)라

현대 산문가로서 주자청이라고 하는 작가가 있습니다. 그는 〈총총〉이라는 산문으로 사람들에게 시간을 아끼면서 최선을 다하라는 의미에서 이렇게 노래했습니다.

제비가 가면 다시 올 때가 있습니다. 수양버들이 마르면 다시 푸르를 때가 있습니다. 복사꽃이 시들면 다시 필 때가 있습니다. 그러나 똑똑한 그대여, 저희에게 가르쳐 주세요. 우리들의 세월은 왜 한 번 가면 다시 돌아오지 않는 건가요? 그들 스스로 도망갔나요? 도망갔다면 어디에 가 있을까요? 누가 훔쳐 갔나요? 훔쳐 갔다면 어디에 숨겨 놓았을까요? 가만히 계산해 보면 8천여 일의 세월이 이미 나의 수중으로부터 빠져나가 버렸습니다. 마치 바늘 끝에 한 방울 물이 큰 바다에 뚝 떨어진 것과 같이, 나의 세월은 시간의 흐름 속으로 빠져 버렸습니다. 소리도 없이, 그림자도 없이. 나는 눈물이 흐르고 땀이 흐름을 금치 못합니다. 그러나 새로 오는 세월의 그림자는 아무런 후회됨이 없이, 오고 가는 세월의 그림자는 아무런 후회됨이 없이 가 버렸는데 어쩌면 가고 오는 사이 이렇게도 빠른지요.

지식인으로
산다는 것

조법종(우석대학교 역사교육과 교수)

1강 •
유형원이 보여 주는 국가와 지식인의 책임

    같이 산다는 것이 무엇인가를 심각하게 고민하게 되는 이 시점에서, 저는 국가는 과연 우리에게 무엇을 해 주어야 하는가, 우리는 국가를 위해서 무엇을 해야 하는가? 그런 고민을 나누고 함께 풀어 볼까 합니다. 어떤 맥락에서 보면 조선 시대 유학자들은 같이 사는 문제에 대해서 가장 치열하게 고민한 사람들입니다. 유학이라는 것이 인간의 본성에서 어떤 참된 것을 이끌어내서 함께 잘살아 보자는 것인데 이것이 현실적으로는 참 어렵지요. 개인적인 욕심, 당파적 욕망들이 얽히고 권력에 의해 그런 것들이 다 쓰러져 가는 것을 목격한 두 지식인들은 이러한 문제를 놓고 적극적인 자기 입장을 다양한 방법으로 피력한 분들입니다.

    먼저 소개할 분은 허균 선생입니다. 『홍길동전』을 지은 작가이지요. 아버지를 아버지라 부르지 못하고 형을 형이라 부르지 못하는 조선 사회의 신분제적 문제를 심각하게 고민하면서 대안을 모색했던 인물이 허균이었습니다. 허균은 〈광해〉라는 영화에도 등장합니다. 상당히 파격적인 정치 개혁을 시도해 보려고 했던 그런 모습이었습니다. 그래서 그랬는지 그 말로가 참으로 비참해서 광해군 시기 막판에 반란죄로 능지처참당하는 인물이었습니다. 그래서 그분의 기록이 많이 남아 있진 않습니다. 그러나 다행히 몇 몇 기록, 특히『홍길동전』에 대해 새로운 입장에서 들여다볼 수 있는 흔적이 일부 남아 있습니다.

『홍길동전』하면 무엇이 떠오르십니까? 대부분 활빈당이니 둔갑술이니 하는 것들이 생각날 텐데 그건 나중에 갖다 붙인 것도 있습니다. 실제로는 조선 사회의 근본적인 어떤 문제점, 즉 신분제로 나뉘어 인간을 계층화하고 그것을 넘을 수 없는 철벽같은 울타리로 만들어 놓은 데 대한 근본적인 회의입니다. 왜 같은 인간인데 누구는 양반이고 누구는 평민이고 누구는 노비여서 그것이 평생, 그리고 자손 대대로 이어져야 하는가. 지금 생각하면 황당무계하지만 백여 년 전까지는 엄연히 존재했던 사회입니다. 여기에 대한 근본적인 반론 내지는 대안을 제시한 인물이 허균이었습니다.

홍길동은 서얼, 즉 첩의 자식으로 태어나서 관직의 진출이 제한됩니다. 어찌 보면 조선 사회가 진출할 수 있는 관직의 폭이 좁다 보니까 그런 엄격한 제한을 둔 것 같기도 합니다. 자신들만의 리그를 만들겠다는 것이지요. 그런 불합리한 상황을 일단은 견딜 수 없었던 홍길동이 가출을 합니다. 가출을 해서 어둠의 그늘, 도둑놈들의 소굴로 들어가게 됩니다. 그야말로 무법의 세계로 들어간 겁니다. 거기서 홍길동은 '아, 이건 아닌데' 하는 문제의식을 갖게 되고 인간성 회복을 위한 무언가를 기획합니다. 우리가 한평생을 살면서 남의 것을 빼앗으면서 사는 게 아니라 함께 나누고 살아야 되는 거 아니냐는 문제를 제기하면서 비록 우리가 남의 것을 빼앗았지만 나눠 먹자고 합니다. 의적이라는 표현이 좀 역설적이지요. 옳을 의(義) 자와 도둑 적(賊) 자가 결합해 반어적 표현을 만들어 냅니다. 불합리하게 돈을 착복한 부자들의 것을 빼앗아 가난한 자에게 나눠 주는 역할을 하는데 사실 그건 불법이고 무법인 것이지요.

사회적으로 큰 혼란이 야기되니까 국가는 이들을 토벌하려 하고 홍길동은 어쩔 수 없이 국가와 대결합니다. 대립 구도가 형성된 상태에서 국가가 파격적인 방법으로 홍길동을 병조판서에 제수하니까 홍길동은 내가 그런 벼슬에 욕심이 있었던 것은 아니다 하면서 자기 무리, 활빈당(活貧黨)을 이끌고 율도국이라는 새로운 세계로 떠납니다. 조선 사회를 떠나 이상향의 섬으로 떠나는 이야기로 마무리 짓습니다.

유토피아를 찾아가는 얘기를 픽션이라는 입장에서 보면 그럴 수도 있다고 여겨지지만 조선 시대로 보면 이것은 무서운 얘기입니다. 국가가 백성을 포용하지 못하므로 결국 백성은 떠난다는 이야기거든요. 국가 선택권이 백성에게 있다는 반어법적이면서도 무서운, 그리고 허균의 입장에서 보면 이것은 거의 혁명이나 다름없습니다. 혁명 얘기를 꺼냈다가는 목 잘려 나갈 것 같으니까 그냥 백성들이 떠나갈 것이라는 경고성 이야기로 끝을 맺었습니다.

허균이 『홍길동전』을 썼다고 전해지는 시점은 공주(公州) 목사(牧使)에서 파직당해서 지금의 전라북도 부안에 내려와 있던 시기라고 얘기합니다. 여기서 몇 달 머물면서 『홍길동전』이라는 불세출의 작품을 남겼는데, 재미있는 것은 이 부안이라는 공간이 상당히 편벽해서 조선 시대에 유랑민들이 가장 많이 숨어 들어간 곳이라는 것입니다. 쉽게 얘기하면 백성들이 정상적인 삶을 살다가 세금을 뜯기고 소작인들이 지주에게 소작료를 못 내고 그러다 보면 결국은 유랑 걸식을 하게 됩니다. 그러다가 방법이 없으니까 도적이 되는 것이지요. 도적들은 관의 통제를 피할 수 있는 아주 험한 곳으로 가는데 변산반도 일대가 그런 곳으로 알려져 있습니다. 『조선왕조실록』에 '변산적(邊山賊)'이라고 할 정도로 도적 떼들이 많았던 것 같습니다. 허균은 그곳에 머물면서 이런 도적 떼들을 본 것 같습니다. 그래서 저 도적떼들을 소재로 하는 소설을 써야겠다고 생각해서 저들을 우리 사회가 어떻게 껴안을 것인가를 지식인의 책무감으로 피력한 것이 『홍길동전』인 듯합니다.

허균, 그리고 유형원

시대의 모순과 아픔을 온몸으로 껴안은 허균. 그가 『홍길동전』이라는 소설을 통해 국가의 의무에 대해 얘기했다면 구체적인 제도 개혁으로 시대정신을 보여 준 또 한 명의 지식인이 있습니다. 사회 개혁을 위한 그 나름의 대안을 허균 선생이 제시했는데, 같은 곳에서 바로 뒤이어 같은 생각을 구체적으로 피력한 또 한 분이 반계 유형원입니다. 『반계수록』을 지은 분이지요. 우반동이라는 곳에 내려와서 살던 유형원 선생이 자기의 호를 반계라고 지으면서 그가 쓴 글이 『반계수록』이 되었습니다. 이 분 또한 조선 지식인의 전형적인 모습, 말 그대로 과거를 통해서 출세지향으로 나가는 그런 모습을 하다가 조선 사회가 갖고 있는 한계와 문제를 깨닫고 그것을 과감하게 접고 지금의 부안 변산으로 내려옵니다. 아프고 힘들어 하는 사람이 있는 그 공간에서 그들을 우리 사회가 어떻게 다시 품어 안을 것인가를 고민했던 분이 반계 유형원 선생입니다.

반계 선생은 안타깝게도 조선 시대 당쟁 과정에서 두 살 때 아버님을 잃습니다. 그러다 보니 친척 분들이 교육도 시키고 성장을 도와주게 되는데요, 조선 사회가 두 번째로 겪었던 큰 아픔이었던 병자호란을 15세에 겪으면서 힘들고 어려운 세상을 살았습니다. 앞서 허균은 임진왜란을 겪으면서 어떻게 하면 힘들게 사는 백성들을 보듬을 것인가를 고민했다면, 병자호란을 겪은 반계 유형원 선생은 힘들게 사는 백성들을 위해서 어떻게 해야 좋을까를 고민하면서 전국을 떠돌게 됩니다.

이분은 과거라는 현실주의적인 출세에는 크게 관심이 없었는지 공부는 열심히 했음에도 과거를 계속 거부했습니다. 그러다가 자신을 키워 준 할아버지의 마지막 부탁으로 과거에 응시하지만 낙방하고 맙니다. 더 안타까운 것은 과거 시험에 부정적인 방법이 끼어든다는 것을 깨닫고는 비판적인 문제의식을 갖게 되는 점입니다. 그래서 더 이상 이런 식으로 살 것이 아니라 뭔가 새로운 대안을 찾고 목표를 가져야겠다고 마음먹고 서른둘의 나이에 지금의 부안군에 은거하면서 20여 년 가까운 칩거 생활을 계속합니다. 그때 불세출의 거작인『반계수록』을 쓰지요.

우리나라 실학의 출발을 반계 유형원 선생으로 봅니다. 이분이 만들어 놓은 이론이 한 100여 년 뒤인 영·정조 시기에 빛을 발하게 됩니다. 모든 실학자들이 나는 반계의 이런 입장을 수용했다고 할 정도로 실학의 시조, 비조 역할을 합니다. 우반동에 내려와서 처음부터 저술 활동을 한 것 같지는 않습니다. 일단 백성들의 삶을 면밀히 살핍니다. 백성들의 삶을 어떻게 하면 더 낫게 할 것인가. 그것이 가장 큰 문제였는데, 당시 이앙법이니 견종법이니 해서 새로운 농법이 들어옵니다. 이앙법이라는 것은 땅 하나를 놓고 벼농사와 보리농사를 두 번 지을 수 있는, 그야말로 두 배 소득을 얻을 수 있는 농사법입니다. 견종법 같은 새로운 농법도 들어오다 보니 생산량이 엄청나게 늘어납니다. 그러니 어떻게 되겠습니까? 기존에 땅이 많은 사람들은 엄청 많은 소득을 얻게 되니까 땅을 더 늘리겠지요? 상대적으로 소작농이나 땅을 조금 갖고 있는 사람들은 빈익빈부익부 현상에 의해 오히려 자기 농토를 잃고 유리걸식하게 되는 문제가 심각하게 대두됩니다. 그 현상이 아주 노골적으로 나타나는 시기였습니다.

유형원은 백성들이 유리걸식하는 가장 큰 문제가 토지에 있다고 봤습니다. 그리고 이 소유관계 문제를 어떻게 풀 것인가 고민하다가 결국은 백성들이 잘 살고 부유하게 되면 나라가 부강해질 텐데 백성들을 부유하게 하는 방법은 땅 문제를 해결해 주는 것이라는 결론에 도달합니다. 자영농민을 늘리는 것이 문제 해결책이라고 본 것입니다.

유형원은 결국 땅은 농사짓는 사람에게 있어야 한다고 보고 처음에는 국가가 그것을 도와줘야 한다고 주장합니다. 전국의 토지를 다 몰수해서 농사짓는 사람들에게 나눠 주자, 이것이 균전제(均田制)입니다. 이것은 거의 혁명적인 겁니다. 요즘 사회에 바로 적용하기는 힘들지만 이것도 동양 사회, 중국 사회에 있었던 이상적인 개념입니다. 토지 균전을 바로 시행하기는 어려우니까 신분제적인 질서 체계는 유지해 보자며 반계 유형원 선생이 제안했던 현실적인 방법은 균분입니다. 똑같이 나누는 것이 아니라 신분을 완전히 극복하기는 힘드니까 신분은 인정해 주되 그들에게 먹고 살 수 있을 만큼의 양을 그 순차적으로 나눠 주자는 신분제적 균전제입니다. 이것은 비교적 현실적인 방법이지요.

그 다음으로는 세금을 복잡하게 걷지 말고 단순화시키자고 하여 대동법을 주장합니다. 모든 것을 쌀로 통일하자는 것입니다. 그 당시 세금은 토지세하고 특산물세, 사람 몸에 붙는 인두세, 이렇게 세 가지 종류가 있었습니다. 그러니 많이 힘들지요. 특히 이 특산물세는 전주 같으면 한지 많이 내놔, 그다음에 어디는 바닷가니까 소금 내놔, 하는 식으로 생산되는 곳에서 내면 되는데, 이것을 엉뚱한 품목으로 갑자기 부과해 버리면 그걸 마련하기 위해 몇 배의 돈을 주고 사서 나라에 내줘야 합니다. 법을 어길 수는 없으니까요. 이 특산물세로 관리들이 농간들을 많이 일으켰기 때문에 똑같이 쌀 한두어 말 더 내라든지 하는 식으로 하자는 혁신적인 제안을 내기도 합니다. 이렇듯 토지 문제와 세금 문제를 제안하면서 조선 사회가 합리적으로 나갈 수 있는 중요한 방안을 제시했습니다.

또 하나 가장 중요한 혁신적인 문제를 제기한 것이 앞서 허균도 제기한 바 있는 신분제 문제인데요, 노비종모법(奴婢從母法)을 근본적으로 비판합니다. 우리가 성을 따를 때 아버지 성을 따르게 되지요. 그래서 아버지의 피를 잇는다는 것이 세습이라든지 상식적인 계승 관계였는데, 조선 시대는 역설적으로 어머니가 노비면 자식이 노비가 됐습니다. 아버지가 왕이 됐건 제사장이 됐건 어머니가 노비이면 노비라는 것은 말이 안 되지요. 아버지 위주의 계승 관계라면 아버지가 양반이면 양반이 되는 거 아니냐면서 서얼이니 노비 출신이니 하는 것들을 근본적으로 부정하는 겁니다. 합리적으로 봐야 할 문제에서 하필 노비 문제에서만 어머니를 갖다 붙이고, 첩의 자식에게도 그런 식으로 불이익을 주느냐고 따집니다. 이건 상당히 파격적이면서 현실적인 대안입니다. 그런데 이런 것들이 조선 사회를 유지했던 중요한 기본 축이기 때문에 기득권자들은 쉽게 포기 안 하려고 하겠지요. 그러나 유형원은 토지 문제나 신분제 문제를 제기하면서 조선 사회가 갖고 있는 한계점들을 이제 해결할 시점이 됐다는 것을 정확하게 제시했습니다.

반계 유형원 선생은 또 관리를 선발하는 과거제가 갖고 있는 한계점이나 문제점들을 제기하면서 모범답안을 미리 쓰거나 배경을 이용해서 합격하는 등 부정적인 방법으로 관리를 선발할 것이 아니라 천거하는 방식으로 가자고 주장합니다. 만인이 다 공감할 수 있는 객관적 기준을 가지고 관리를 뽑자, 또한 부정한 방법으로 과거에 응하는 것을 철저히 막자고 했습니다. 중요한 것은 농업을 중심으로, 유교적인 관점에서 국가 사회가 어떤 방향으로 개혁을 시도하고 변혁할 수 있는지 현실적인 대안을 제시한 점입니다.

안타깝게도 반계 유형원 선생은 부안에서 생을 마칩니다. 이 분의 사상이라든가 개혁의지가 충분히 피력이 되어야 했는데, 천거는 받았지만 그에 걸맞는 역할이나 관직이 쉽게 주어지지 않다 보니까 하무하게 생을 마치고 맙니다. 유형원 선생의 저작들은 많은 사람들이 돌려 보기도 하고 몇몇 사람들을 중심으로 좋은 개혁 정책안이 있으니 활용해 보자는 제안도 조정에 올려 보지만 100여 년 뒤에 가서야 영조 시기에 채택이 되고 그제야 저작들이 인쇄가 되어서 많은 사람들에게 퍼집니다. 이 한 사람의 혁신적인 사고가 얼마나 큰 변화를 야기했는가. 우리가 얘기하는 실학이 이렇게 해서 본격적으로 꽃을 피우기 시작합니다.

역사가 내게 준 책무

조선의 지식인들에게 가장 중요한 것은 함께 살 수 있는 사회를 만들자는 것이었습니다. 유교적인 관점에서 보면 대동 사회라고 합니다. 모두가 다 하나 되어 같이 나눠 먹는, 같이 잘살 수 있는 사회를 만들자는 것인데 그러려면 신분은 없어져야겠죠. 또한 서로 먹고 살 수 있는 최소한의 토대가 마련되어야 할 것입니다. 어찌 보면 아주 단순한 명제입니다. 결국은 같이 살기 위한 모임체가 국가이고, 그 나라의 살림을 책임지고 있는 것이 정부입니다. 국가가 안전하게 또는 잘 굴러가기 위해선 정부가 잘해야 되겠지요.

그런데 정부에 문제가 있거나 정부가 살림을 제대로 하지 못할 때는 정부 담당자들에게 준엄한 비판과 경고도 해야 합니다. 그 역할들을 지식인들이 담당했습니다. 허균이나 유형원, 박지원 같은 인물로 대변되는 조선의 지식인들은 국가를 구성하는 정부에 책임을 맡을 수 있던, 또는 맡았던 사람들입니다. 그러다 보니 정부가 이렇게 가야 국가가 제대로 돌아갈 수 있다는 대안 내지는 비전을 제시할 수 있었습니다. 국가를 책임지고 있는 정부에서 중요한 역할을 하는 사람들이라면 그 내용을 아주 유심히, 준엄하게 살펴야 합니다. 그래야 역사가 나에게 준 책무가 무엇인가를 자각하고 그에 맞는 행동들을 할 수 있으니까요. 다음 시간에는 이규보의 일생을 통해 천재적 재능을 타고 났지만 마땅한 기회를 얻지 못한 이규보가 택하는 삶의 방식을 함께 들여다보는 시간을 갖도록 하겠습니다.

2강 •
우리 시대의 이규보

"청년 서생들의 취업이 갈수록 심각한 사회 문제로 떠오르고 있습니다. 어려운 과거시험에 합격했다 해도 관직에 나가기가 하늘에 별 따기 만큼이나 어려운 현실인데요. 오늘 이 시간엔 과거에 합격한 지 10년 만에 처음으로 관직에 나가게 된 이규보 전주목(全州牧) 서기를 만나보겠습니다. 안녕하십니까, 첫 부임을 축하드립니다."

"하하하하. 네 감사합니다. 아휴, 좀 늦은 감이 없잖아 있지만 이렇게 전주 땅과 인연을 맺게 되어 기쁨을 감출 수가 없습니다. 하하하하."

"이번에 사록이자 서기로 전주목에 부임하셨는데요, 우선 어떤 일을 하시는지 소개를 좀 해 주시죠."

"아, 네. 사록이자 서기라는 건 지역의 행정 관청에서 문서 정리를 하거나 행정 사무를 맡아보는 이른바 중앙파견 행정 공무원이라고 할 수 있죠. 또 호랑이 사냥, 도적 체포까지 뭐, 지역의 안녕과 질서 유지를 위해 아주 폭 넓은 일을 하고 있습니다. 하하하"

"아, 네. 그런데 과거에 합격하고도 부임을 하지 못해서 마음고생을 많이 하셨을 것 같습니다. 그 10년간 어떻게 지내셨나요?"

"아후, 그 세월을 어찌 다 말로 하겠습니까. 시와 술과 거문고만이 제 쓰라린 맘을 달래 주었을 따름이지요. 하~."

"시와 술과 거문고를 좋아해서 삼혹호 선생이라고 불린다더니 과연 듣던 대로네요."

"아, 제가 1189년 사마시(司馬試)에서 수석으로 합격했을 때만 해도 제 앞은 탄탄대로만이 있을 줄 알았습니다. 생각해 보십시오. 그렇지 않습니까? 시험에 당당히 합격하고도 일자리가 없어 백수생활을 할 줄 누가 알았겠습니까?"

"하지만 『동명왕편』이라는 걸출한 작품을 쓰기도 하셨잖습니까?"

"아, 그렇죠. 그 10년은 결코 헛된 것이 아니었습니다. 우리 민족의 정체성을 다시 한 번 생각하고 고민했던 시기들이었죠. 바랑 하나 매고 전국을 유람하면서 이 고려 사회 현실을 직시했습니다. 백성들의 삶, 청년 서생의 취업난. 이 두 눈으로 똑똑히 보며 비분강개했죠."

"그렇다면 묻겠습니다. 요즘 고려 사회에 청년 서생들의 취업난 문제는 뭐라고 생각하십니까? 일각에선 뇌물과 청탁으로 얼룩진 관직사회 부조리를 비판하기도 합니다만은."

"저, 제가 부임한 지 이제 보름 됐습니다. 입 함부로 놀리다간 무슨 화를 당할지 모릅니다."

"아, 네 네 네 네. 알겠습니다. 말씀 잘 들었습니다. 청년 서생들의 심각한 취업 문제, 과연 이대로 괜찮은 걸까요? 앞으로 우리 후손들이 사는 세상에서는 이런 문제가 없길 바라며 오늘 고려 뉴스를 마칩니다."

고려 시대 최고 천재 문인이라고도 할 수 있는 이규보의 젊은 시절 이야기를 간단히 들으셨습니다. 약간 놀라셨을 겁니다. 이규보란 사람은 아주 대단한 사람인데 과거에 합격하고도 10년 동안이나 관직에 못 나갔다는 사실이 조금 당황스럽기도 했을 겁니다. 하지만 사실입니다. 오늘 이 시간에는 우리 시대의 이규보로 상징되는 젊은이들, 많은 좌절과 고민에 놓여 있는 그분들에게 800여 년 전 이규보 시기에 고려의 젊은이들이 겪었던 좌절과 고민에 대해 이야기를 나누려 합니다. 그 시대 청년 백수의 세태는 어땠는지, 우리와는 어떤 차이가 있는지, 어떤 의미를 찾을 수 있을지 미래지향적인 측면에서 교훈을 찾아볼까 합니다.

이규보 선생은 고려 시대 대표적인 문인입니다. 『동명왕편』을 통해 사라질 뻔한 고구려 역사를 기록으로 남긴 역할을 한 분이기도 하지요. 또한 8천여 편에 달하는 엄청난 시를 남긴 대시인으로 평가되기도 합니다. 하지만 막상 이규보와 관련된 내용을 인터넷에서 찾아보면 깜짝 놀랄 얘기도 나옵니다. 아부꾼이다, 기회주의자다 하는 얘기들입니다. 그야말로 철저히 권력에 순응한 지식인으로 매도되는 듯한 느낌도 드는 내용입니다. 과연 이러한 양면의 모습을 갖고 있는 이규보는 대체 어떤 삶을 살았으며, 어떤 면에서 오늘날 우리와 연결이 될 수 있을지 생각을 해 봤으면 합니다.

천재 이규보의 삶

이규보란 분은 어렵고 힘든 고려 시기를 살았던 분입니다. 고려는 전반기에 북방 민족의 침입을 많이 받았습니다. 후반기에는 왜구들의 침략이 끊이지 않아 전반기와 후반기를 통틀어 참 피곤했던 시기였습니다. 내부적으로는 문신 통치가 무신들에 의해서 완전히 뒤집히는 정변이 일어나기도 하지요. 그 모든 상황을 이규보는 다 겪었습니다. 이규보가 태어난 지 2년 만에 정중부로 상징되는 무신 난이 일어납니다. 이규보의 집안이 그렇게 대단한 집안은 아니었지만 문신 집안이기는 했습니다. 또한 고려 중·후반기는 거란, 몽골의 침입을 받아 국가가 존망의 위기에 처하면서 그것을 어떻게든 외교력으로 혹은 여러 가지 방법으로 탈피하고자 하는 책무를 가졌던 시기였습니다.

이러한 시기를 살았던 이규보의 젊은 시절은 과연 어땠을까요? 이규보는 한마디로 얘기하면 천재였습니다. 보통 글 한 편 쓰려면 고민스럽기 짝이 없는데, 이규보는 8천여 편의 시를 썼습니다. 그것도 고르고 골라서 좋은 것들만 챙긴 것이 그 정도입니다. 또 어려서부터 뛰어나다는 얘기를 많이 듣다 보니 약간 기고만장했는지 자신이 가진 재능을 더 많이 표현하려고 했던 것 같습니다. 예컨대 그 당시 사립학교로선 최고의 학교인 문헌공도(文憲公徒)라는 곳에 들어가서 나름대로 뛰어난 실력을 드러내기도 했는데요, 말 그대로 수재들이 모인 그곳에서 서로 뛰어나다는 것을 표현하기 위해서 초에다 눈금을 그려서는 눈금 하나 끝날 때까지 운격에 맞춰 시를 짓는 그런 시험이 있었습니다. 재기발랄한 사람들이 겨루는 시험에서 이규보는 항상 일등을 했습니다. 또 특별 시험을 볼 때마다 이규보는 일등을 합니다. 그러하니 과거는 따 놓은 당상이다 했는데, 막상 과거 시험에서는 낙방, 낙방, 낙방해서 삼수를 거쳐서 사수에 가까스로 합격을 합니다. 합격을 했을 때는 우수한 성적을 거두긴 했습니다만 스물두 살에 합격을 했으니 남들보다 한 4년 정도 늦은 셈이었지요.

이러한 과정을 겪고 나서 이규보는 그 전과는 사람이 좀 달라집니다. '아, 세상이라는 것이 나 혼자만 잘났다고 해서 되는 게 아니라 모든 것을 다 고려해야겠구나.' 하는 자기반성을 한 것 같습니다. 그런데 예부시(禮部試)에 수석합격을 하긴 했는데 막상 본시에서는 턱걸이를 합니다. 그래서 갑을병과의 마지막에 동진사과라고 있는데, 갑과, 을과, 병과에서 다 떨어지고 마지막에 턱걸이로 동진사과에 합격을 합니다. 한마디로 창피한 일인 것이지요. 그래서 이걸 어떡하나 하다가 합격한 것을 물리고 나중에 다시 한 번 시험을 치르려고 하는데, 지금까지 온 것도 쉽지 않았거든요. 자신이 걸어온 길을 되돌아보니까 그것도 안 되겠다 싶어 그대로 받아들이기로 합니다. 잇따른 주위 사람들의 권유도 있었지요.

국가에서 관직을 내려 주는데 예비과 국자감시에서 수석을 했다 하더라도 본과에서는 거의 낙제 점수를 받은 것이나 다름없으니 관직이 금방 주어지질 않는 겁니다. 대기발령 상태인 것이지요. 그래도 평균적으로 한 2, 3년 정도 기다리면 관직이 주어졌는데, 이규보는 설마, 설마 하면서 기다린 세월이 무려 7년이 된 겁니다. 그 심정이 어땠을까요? 미치기 일보 직전까지 가지 않았을까요? 어떤 면에서 이규보는 그 과정에서 또다시 자신을 되돌아보게 됩니다. 날카롭고 예민한 것들이 좀 깎이는 것이지요.

그 기간 동안 이규보는 여러분이 잘 아는 『동명왕편』을 씁니다. 그 서문을 보면 아주 재미있습니다. 내가 젊었을 때 우연히 『구삼국사』를 봤더니 아주 황당한 역사서더라. 그래서 이게 무슨 역사서냐 하고서는 그냥 휙 던져 버렸다는 겁니다. 그러다가 중국의 옛 고전이나 성현들 이야기를 보니까 『구삼국사』에서 봤던 그 황당한 얘기들이 또 똑같이 나오더라는 것입니다. 발자국 사이에서 사람이 태어나고 붉은 알을 먹고 성인이 태어나고……. 그래서 그런 얘기들이 막연히 황당하고 기괴한 것이 아니라 신성하고 아주 성스러운 것이구나 하면서 그렇다면 우리 역사에도 그런 기록들이 남아 있어야 하지 않는가 생각했다는 것입니다. 그 당시는 김부식의 『삼국사기』가 사람들 사이에 퍼져 나가고 있던 시기입니다. 이규보는 사람들이 『삼국사기』에 사로잡혀 이러한 내용들에 대해서는 모르고 지나가다 결국은 이런 역사가 다 사라질지 모른다, 안 되겠다, 내가 그 일부라도 남겨야겠다고 해서 『동명왕편』을 쓰게 됐다고 밝히고 있습니다. 그 부분만 발췌, 요약한 것이 지금 우리에게 남아 있는 것입니다.

이규보는 또한 청년 특유의 날카로운 비판의식으로 의미 있는 시들을 남기면서 이 대기 기간을 보냅니다. 그런데 이런 글들이 나온 것은 대기 발령 3년차쯤 되는 시기였습니다. 4년이 지나고부터는 제정신을 차리고 살기조차 힘들었으리라 봅니다.

> "제 말이 바로 그겁니다. 기다리는 것도 일 년이지요. 겨우겨우 시험에 합격했는데 발령은 안 되고 정말 제정신으로 살 수 없더군요. 언제 발령이 난다는 보장도 없고요. 하지만 제가 뭘 할 수 있겠습니까. 제가 가진 재주라곤 시 짓는 일뿐이지 않습니까."

> 골짝에서 나온 꾀꼬리
> 아직 그대로 나직이 돌며
> 차츰 큰 나무에 내립니다.
> 금님에 버드래 의탁하고자 하니
> 원컨대 긴 가지 하나 빌려 주소서.

> "저는 당시 시험 총 감독관이었던 유공권 공에게 이 시를 지어 보냈습니다. 한마디로 저를 임용해 달라 이 말이었죠. 하지만 미치광이네, 뭐네 하는 주위의 모함 때문에 결국 실패했습니다. 그래서 포기했냐고요? 포기할 것 같았으면 애당초 시작도 안 했을 겁니다. 현실이 저를 밀어내면 밀어낼수록 저는 더욱 더 악착같이 거기에 맞추기로 결심했습니다. 설령 남들이 비굴하다 욕을 할지라도요."

친구들은 번듯하게 벼슬에 나가서 혼인도 하고 자식들 낳고 사는데, 자신은 허구한 날 술 먹고 비판하는 일도 한두 번이지, 이제는 사람들이 자신을 보는 시선조차 부담스럽고 조바심이 난 것입니다. 여러분 같으면 어떻게 대응을 하겠습니까? 누구에게나 고민스러운 일이 아닐 수 없지요. 이규보는 현실적인 방법을 택합니다. 내가 사실은 상당히 뛰어난 능력을 가진 사람인데 나를 좀 써 줬으면 좋겠다는 식으로 곳곳에 이력서를 뿌린 겁니다. 그런데 그 이력서를 약간 아부형으로 적어 냅니다. 어쨌든 권력자들 눈에 띄어야 관리가 되지 않겠습니까? 그 당시 권력자가 누구냐 하면 바로 최충헌이었습니다. 고려 무신정권에서 가장 강력한 정권을 잡은 사람이지요. 최충헌에게 말 그대로 아부하는 글을 쓰고 나를 좀 써 줬으면 좋겠다고 몇 번씩 글을 써 보내니까 10년 만에 처음으로 보직이 주어집니다. 이것이 앞서 나온 대로 전주에 오게 되는 계기입니다. 전주 사록 겸 서기라고 해서 말 그대로 지방 파견 행정관입니다. 지방에는 향리들도 있고 그보다 낮은 관리들도 있는데 중간급 관리로서 나름대로 중요한 역할을 하는 관직이었습니다.

이규보는 전주에 부임해서 한 1년 6개월을 지내는 동안 이 주변 지역을 돌아다니면서 좋은 글들을 많이 남겨 놓았습니다. 800여 년 전 전라북도의 역사를 생생하게 알아볼 수 있을 정도로 중요한 기록들을 남겨 놓습니다. 우리나라 고고학의 첫 봇물을 튼 분이 이규보 선생입니다. 이규보 선생은 지금의 익산 금마 지역을 지나면서 그곳에 있는 고인돌을 발견합니다. 그러고는 예로부터 성인들이 세워 놨다고 하는데 한번 가 봤더니 참 특이하고도 희한하더라, 과연 이것은 우리 성인들이 만들어 놓은 아주 중요한 유물인 것 같다는 기록을 남깁니다. 지석묘에 대한 고고학적인 기록으로서는 우리나라에서 가장 빠른 것이 이규보 선생의 기록입니다. 고고학 해설서에 보면 이규보의 이 지석묘에 관한 글이 항상 등장합니다. 이 정도로 독특한 안목을 갖고 있었던 것이 이규보 선생이었습니다.

꿈의 의미

이규보 선생은 꿈을 많이 꿉니다. 이규보의 기록들에서는 꿈꾼 이야기가 도처에 나옵니다. 한번은 하도 과거에 급제가 안 되니까 한이 맺혀서 그랬는지 꿈을 꾸었는데, 꿈에 별 규(奎) 자에 별 성(星) 자, 즉 규성이라는 존재가 나타나서 이번에는, 그러니까 네 번째 과거 시험에서는 네가 잘 될 것 같다고 한 겁니다. 그런데 시험에 장원을 하니까 너무 기뻐서 '아, 별신이 나에게 보은을 해 준 것 같다.'고 해서 별 규(奎) 자에 갚을 보(報) 자 해서 이름을 이규보로 바꿉니다. 원래 이름은 이인재였지요. 꿈에는 두 가지 의미가 있습니다. 뭔가를 간절히 바라는 사람들이 꿈에서라도 그 일을 이루고자 하는 희망사항이 꿈에 나오는 것, 그리고 현실에서 뭔가 이루지 못한 것을 꿈을 통해서 해결하는 것. 이규보는 과거 합격이라는 자신의 간절한 희망사항을 꿈을 통해서 이뤘다고도 볼 수 있습니다. 여러분들도 꿈을 많이 꿨으면 좋겠습니다. 망상을 하라는 것이 아니라 자신의 비전을 실현할 수 있는 여러 가지 방법론적인 꿈을 꿨으면 좋겠다는 것입니다. 이규보는 꿈속에서 아름다운 여인과 연분을 나누기도 합니다. 또 이규보는 꿈 이야기를 통해 우리 역사라든지 그가 이루고자 하는 내용들도 표현했습니다. 꿈꾸는 자가 긍정적인 결과도 얻을 수 있다는 하나의 예가 될 수도 있을 것 같습니다.

이규보는 자신은 권력자에게 아부를 해서 관직을 얻게 됐지만 농민들을 많이 배려했던 것 같습니다. 농민들을 볼 때마다 그들이 힘들어하는 모습을 보면서 걱정을 많이 합니다. 가뭄이 계속되었을 때 이규보가 기우제를 지내는 기록을 보면 간절함이 묻어납니다. 결국은 농민들에 의해서 온 나라 백성들이 먹고 사는데 비가 안 오면 어떡하느냐, 제발 좀 비를 내려 달라는 시를 쓰면서 농민들의 애환을 대변하는 모습도 볼 수 있습니다. 어떻게 보면 농민들의 삶을 목격하는 과정을 글로 적으면서 결국 나라의 근간은 백성들이라는 것을 계속 강조한 것 같습니다.

고려의 천재 소년 이규보가 젊은 혈기를 지녔으면서도 세상과 타협해 가는 과정, 그 과정에서 말 그대로 평범한 인생으로 마무리 짓는 모습 속에서 우리는 과연 무엇을 얻을까를 되돌아봐야 할 것 같습니다. 젊은이들에게 이규보는 썩 교훈적인 인물은 아닙니다. 그러나 전형적인 삶의 한 단면을 적나라하게 보여 주고 있습니다. 이규보의 삶을 자신의 모습과 비교해 보는 것도 좋겠지요. 천재도 시험에서 계속 떨어져 4수까지 하고 아주 잘 나갈 것 같지만 결국 자신의 의지와는 상관없이 사회가 만들어 놓은 틀 안에 안착할 수밖에 없었습니다. 이규보가 기회주의적인 편법을 쓰긴 했지만 그 삶의 면면을 들여다보면 꽤 진지한 모습도 발견할 수 있습니다. 그런 맥락에서 저는 경쟁으로 치닫는 사회 구조 속에서 우리 젊은이들이 그 틀에서 벗어날 생각을 못하고 거기에 매몰되거나 좌절하거나 하는 두 가지 모습을 보이는 상황이 안타깝습니다. 두 가지 선택 이외의 모습은 보이지 않는 듯한 상황에서 이제는 진지한 고민들이 이루어져야 할 시기가 아닌가 합니다.

"하하하하하. 최충헌에게 시를 올리고 그 대가로 관직을 얻은 저 이규보를 두고 시대의 아첨꾼이라고 많이 비난하더군요. 후회하지 않느냐고요? 현실과 타협한 제 선택을? 글쎄요. 하하하하하. 그런 어려운 질문을. 그런데 이것 하나는 말할 수 있습니다. 그게 저에겐 최선이었다는 거예요. 어차피 그 결과는 제가 감당하는 거니까요. 아마도 먼 훗날 제가 했던 고민을 똑같이 하는 젊은이들이 있을지 모르겠습니다. 그들은 또 어떤 선택을 할지도 궁금하고요. 꿈과 이상을 지키며 살아갈 것인지, 아니면 현실과 타협하며 순응하고 맞춰 살 것인지. 이제는 제가 물어보겠습니다. 제 얘길 듣는 당신은 어떠신가요? 하하하하하."

2장
관계와 소통

조선 시대
부부애

정창권(고려대학교 교양교직부 교수)

1강 •
퇴계 이황의 사랑법

　우리는 일정한 나이가 되면 결혼에 대해 생각합니다. 결혼을 해서 부부가 함께 이 거친 세상을 살아가려고 합니다. 경제적인 이유나 사회적인 이유 때문에 날이 갈수록 독신으로 살아가는 사람들이 늘어나고 있긴 합니다. 하지만 여전히 일정한 나이가 되면 다들 결혼해서 부부가 되어 세상을 살아가지요. 인생이라는 거친 현실에서 혼자 살아가기는 힘들기 때문에 두 사람이 함께 힘을 합쳐서 세상을 헤쳐 나가려 부부가 되는 것 같습니다.

　그런데 지금까지 여러분은 부부란 무엇이고, 어떻게 더불어 살아가야 하는지 들어본 적이 있나요? 아마 없을 거라고 생각합니다. 저 역시도 막연히 나이가 차니까 결혼해야 되고, 결혼해서 아이를 낳으니까 가족을 부양하면서 살아가야 된다고 생각하면서 살아왔습니다. 그러면서 결혼이 무엇이고 부부가 무엇이며 어떻게 살아야 잘사는 것인가에 대한 경험담을 들었더라면 훨씬 더 지혜롭게 살지 않았을까 하는 생각을 해 봤습니다. 우리 옛 선인들의 부부 생활 원리를 알게 된다면 현대 사람들도 훨씬 더 지혜롭게 부부 생활을 하지 않을까 생각합니다. 부부 생활에 대한 원리만 잘 깨달아도 성인이 되지 않겠습니까? 그래서 옛 사람들의 부부 생활에 대해서, 삶과 사랑에 대해서 이야기를 나누어 볼까 합니다.

먼저 퇴계 이황 선생 이야기입니다. 퇴계 이황 하면 천 원짜리 화폐 인물 또는 조선의 성리학을 정립시키신 분으로 알고 있습니다. 엄숙한 유학자로 이해하고 있지요. 하지만 퇴계는 의외로 개방적이고 인간적인 분이었습니다. 재혼할 때 상대방에게 정신장애, 지적 장애가 있는 것을 알면서도 받아들였지요. 결혼한 후에도 퇴계는 부인에게 아주 끔찍했습니다. 애처가라고 소문이 날 정도였습니다. 한마디로 퇴계는 높은 학문에다 어진 인품까지 갖춘 군자(君子)였던 것입니다.

군자라고 하면 잘 실감이 안 날 겁니다. 군자는 굉장히 높은 정신적 단계를 말합니다. 우리나라 사람들 대부분이 가장 좋아하고 또 되고 싶은 사람은 아마도 똑똑한 사람일 것입니다. 명문대 들어갔다 하면 똑똑하다 하면서 똑똑함을 최고로 여기지요. 똑똑하다는 사람을 한마디로 얘기하면 지자(知者)라고 표현할 수 있습니다. 그런데 그 지자보다 위에 있는 것은 무엇이겠습니까? 모든 것의 원리에 통달한 사람, 즉 지혜로운 사람, 현명한 사람, 현자(賢者)입니다. 그리고 현자보다도 위에 있는 사람이 군자(君子)입니다. 군자는 모든 것의 원리뿐만 아니라 지혜로움, 동시에 완벽한 성품 또는 인품을 가진 사람을 말합니다. 그렇다면 군자보다 위에 있는 것은 무엇이겠습니까? 바로 성인(聖人)입니다. 성인은 공자처럼 온 세상 사람들에게 존경을 받지요. 성인보다 더 위에 있는 것이 신(神)입니다. 온 우주를 주관하는 존재이지요.

퇴계와 부인 안동 권씨

퇴계는 군자, 곧 학문과 인품까지 두루 갖춘 사람입니다. 그러면 퇴계의 부부 생활은 어떠했을까요? 퇴계는 두 번 장가를 갔습니다. 첫 번째 부인은 김해 허씨였습니다. 김해 허씨는 아들 둘을 낳고 산후조리를 잘못했던 것 같습니다. 그래서 일찍 죽고 말죠.

퇴계의 나이 서른한 살에 둘째 부인 안동 권씨하고 재혼을 하게 되는데 권씨는 아까 얘기했듯이 정신이 좀 혼미한 지적 장애를 갖고 있었습니다. 전해 오는 말로는 안동으로 귀향한 권씨의 아버지 권질이 하루는 퇴계를 찾아왔다고 합니다. 찾아와서 "내 딸이 나이가 찼고 결혼할 시기를 넘었는데 정신이 혼미해서 아직까지 출가하지 못하고 있으니 자네가 좀 받아 줄 수 있겠는가." 했다고 합니다. 그랬더니 퇴계가 아무런 거리낌 없이 "예. 당연히 받아들여야지요. 제가 더불어 함께 잘살아보겠습니다." 하면서 흔쾌히 받아들였다고 합니다. 그 정도로 퇴계는 생각보다 군량이 컸고 장애에 대한 편견이나 차별의식이 별로 없었습니다. 사실 조선 시대 때는 장애에 대한 편견이 별로 없었습니다. 그래서 국무총리나 장관급 장애인들이 생각보다 많았습니다. 지금처럼 이분법적인 논리로 장애냐, 비장애냐를 따지는 것이 조선 시대에는 그다지 중요하지 않았습니다. 그래서 퇴계도 지적 장애를 아무렇지 않게 받아들였던 것 같습니다. 퇴계뿐만이 아니라 그 당시 사람들은 그런 생각을 갖고 있었습니다.

이렇게 해서 안동 권씨하고 혼인을 했는데 부인이 지적 장애를 갖고 있으니 당연히 여러 가지 실수가 있었겠지요. 어린아이 같은 행동도 할 수 있었겠고요. 실제로 권씨는 여러 가지 실수를 범했습니다. 그럼에도 불구하고 퇴계는 때로는 사랑으로, 때로는 인내심으로 포용하면서 부부의 도리를 다했습니다.

그 일화들이 상당히 많이 나와 있는데요, 대표적인 일화 하나를 소개하겠습니다. 제사상에서 떨어진 배를 권씨가 치마 속에 숨겨서 먹으려고 하자 큰형수가 옆에서 보고, "이보게, 동서. 제사상에서 제물이 떨어지는 것은 우리 정성이 부족해서 그러는 것인데, 그것을 치마 속에 숨겨서 먹으려고 하면 되겠는가?" 이렇게 야단을 쳤지요. 그러니까 퇴계가 나와서 "형수님, 제가 잘 가르치지 못한 탓입니다. 제가 잘 가르쳐서 다시는 이런 일이 없도록 하겠습니다." 하면서 아내를 데리고 나갔습니다. 그리고 아내에게 "왜 제사상에서 떨어진 것을 먹으려고 했는가." 하고 물었습니다. 아내는 먹고 싶어서 그랬다고 대답했지요. 퇴계는 그 말을 듣고서 아내에게 직접 배를 깎아 주었다는 이야기가 있습니다. 이 이야기를 드라마로 만들어 봤습니다. 잠시 들어보겠습니다.

형수 : 동서, 제사상에서 제물이 떨어지는 것은 우리들의 정성이 부족해서 그러는 건데, 그것을 냉큼 치마 속에 감추면 어떻게 한단 말인가?

권씨 : 형님, 눈으로 보셨습니까? 배를 감추는 것을 보셨느냔 말입니다. 배 도둑 취급을 하니 정말 원망스럽습니다. 형님, 흑흑.

형수 : 옳아, 동서는 진정 감춘 게 없다? 허면 상에서 떨어진 배가 다리가 달려서 어디로 도망쳐 갔다 그 말인가?

권씨 : 그, 그거야 모르죠. 저는 종일 제사 음식 거드느라 고생만 했는데 그걸 어찌 알겠어요.

형수 : 알겠네. 그럼, 자네가 감춘 게 아니라면 하나만 확인해 주게나. 자네, 그 치마 그것 좀 들어 보시게나.

권씨 : 네? 제 치마를요?

형수 : 그래, 자네 치마. 그 안에 배가 없다면 자네를 의심한 내 잘못을 사과하고 용서를 빌지.

권씨 : 망측하게 이게 무슨 일입니까? 아무리 형님이라도 이럴 수는 없습니다. 명문 사대부가 아녀자의 치마를 들추다니요?

형수 : 안 되겠어. 내가 직접 자네의 치마를 들춰서 확인을 해 봐야겠어.

권씨 : 아, 서방님, 서방님.

퇴계 : 죄송합니다, 형수님. 앞으로 더욱 잘 가르치겠습니다.

형수 : 서방님께서 사죄할 일은 아니지요. 전 그저 조상님들께 정성스런 제사상을 올리려고 한 것뿐인데 동서 일로 노여워하실까 그게 걱정인 겝니다.

퇴계 : 그럼요. 왜 아니 그러시겠어요, 형수님. 하지만 손자며느리의 잘못이니 조상님께서도 귀엽게 보시고 화를 내지 않으실 겁니다. 그만 화를 푸세요.

형수 : 으흠.

퇴계 : 아, 부인도 어서 형수님께 잘못했다고 하세요.

권씨 : 형님, 용서하세요. 배가 먹고 싶은 마음에 그만. 하지만 앞으로는 다시는 제사상에서 떨어진 과일은 넘보지 않겠습니다.

형수 : 아휴, 참. 동서는 참으로 행복한 사람일세. 서방님 같은 좋은 분을 만났으니 말이야. 다른 사대부집 같았으면 벌써 친정으로 쫓겨 갔을 텐데. 에유, 참.

(부엉이 소리)

권씨 : 서방님, 부르셨습니까?

퇴계 : 아, 들어오시오, 부인. 자, 이리 와 앉으시오.

권씨 : 무슨 일이시옵니까?

퇴계 : 허허, 내가 부인을 위해 준비한 것이 있어서 불렀소.

권씨 : 서, 서방님. 이건 배가 아니옵니까?

퇴계 : 네, 맞습니다. 아까 전에 제사 마치고 하나를 얼른 챙겼습니다. 허허.

권씨 : 네.

퇴계 : 아, 배가 먹고 싶어서 치마 속에 배를 숨겼다고 하지 않았습니까? 그런 부인한테 내가 직접 배를 깎아 주고 싶어서 그리 했습니다.

권씨 : 아유, 서, 서방님.

퇴계 : 잠시만 기다리세요, 부인. 냉큼 깎아서 한쪽을 입안에 넣어드리리다. 자, 배가 시원하니 맛있어 보입니다.

권씨 : 호호호, 서방님. 역시 저에게는 서방님뿐입니다.

퇴계 : 허허허.

어떠십니까? 퇴계는 권씨의 잘못을 사랑으로, 인내심으로 포용해서 재미있게 살아가지 않습니까? 여기에서 인상 깊었던 것은 배를 직접 깎아 주고 맛있게 먹는 부인의 모습을 보고 흐뭇해하는 퇴계의 모습입니다. 과연 군자다운 남편이구나, 역시 군자다 하는 생각이 들게 합니다.

부인 사후 시묘살이 나선 퇴계

또 다른 일화가 있습니다. 하루는 권씨가 흰 두루마기를 다림질하고 있었습니다. 퇴계가 상가 집에 조문을 가야 했거든요. 그런데 권씨가 다림질을 하다가 두루마기를 조금 태웠어요. 권씨는 하얀 두루마기에 붉은 천을 대고 탄 부분을 기워 버렸습니다. 그래도 퇴계는 급하기도 했지만 아무렇지도 않게 그 옷을 입고 외출을 했습니다. 상가 집에 가니 사람들이 어떠했겠습니까? 퇴계를 보고 경망스럽다고 탓하기도 하고 심지어 어떤 사람은 대놓고 빨간 천으로 기운 옷을 입고 상가집에 왔다고 막말을 했습니다. 그 말을 듣고 퇴계는 이렇게 말했다고 합니다. "모르는 소리 말게. 붉은색은 잡귀를 좇고 복을 부르는 색이라네. 우리 부인이 내게 좋은 일이 생기라고 이렇게 해 주었는데 뭐가 이상하다는 것인가?" 이렇게 부인의 잘못을 탓하지 않고 오히려 사랑하고 배려하는 마음으로 감싸 주었습니다. 생각보다 퇴계는 참 멋진 사람 같지요?

제가 보기에 퇴계의 가장 위대한 면은 권씨가 세상을 떠난 다음이 아닐까 생각합니다. 퇴계의 나이 마흔여덟쯤이었을 겁니다. 권씨가 먼저 세상을 떠나지요. 퇴계는 전처 소생의 두 아들, 즉 김해 허씨가 낳은 두 아들에게 친어머니와 같이 시묘살이를 시켰습니다. 그리고 퇴계도 시묘살이를 했습니다. 부모가 돌아가셨을 때 자식이 3년 동안 시묘살이를 하는 것은 다 아실 겁니다. 그런데 아내가 죽자 남편이 시묘살이를 했다는 소리를 들어본 적 있습니까? 없을 겁니다. 그런데도 퇴계는 그렇게 했습니다. 두 자식들에게는 1년 동안 무덤 옆에서 시묘살이를 하도록 하고 본인은 무덤 건너편에 양진암이라는 암자를 짓고 1년 넘게 머무르면서 시묘살이를 하며 아내의 넋을 위로해 주었다고 합니다. 부모도 아닌 아내의 시묘살이를 할 정도로 퇴계는 아내에게 최선을 다했고 끝까지 도리를 다했습니다. 이렇게 퇴계는 엄숙한 유학자라기보다 오히려 상당히 인간적인 사람에 가까웠다는 것을 알 수 있습니다. 위인이라고 하는 것은 겉의 문제가 아니라 마음의 문제, 곧 마음의 공량이 크고 포용력이 강하고 크기 때문에 위인이라고 하지 않는가 하는 생각을 해 봅니다.

퇴계는 어떻게 하여 아내에 대한 도리를 다할 정도의 그런 부부관을 갖게 되었을까요? 도대체 퇴계의 부부관은 무엇이었을까요? 제 나름대로 조사를 해 보았더니 퇴계의 부부관은 퇴계가 손자인 안도에게 보낸 편지에 잘 나타나 있었습니다. 이 편지는 굉장히 유명합니다. 손자 안도가 혼례를 치르기 전 퇴계가 안도에게 보낸 편지인데, 그 속에 보면 퇴계의 부부관이 잘 드러나 있습니다.

'부부란 인류의 시작이요, 만복의 근원이란다. 지극히 친근한 사이이긴 하지만 또한 지극히 바르고 조심해야 하지. 그래서 군자의 도는 부부에서 시작되는 거라고 하는 거란다. 허나 세상 사람들은 부부간에 서로 존중하고 예를 갖춰야 하는 것은 싹 잊어버리고 너무 가깝게만 지내다가 마침내는 서로 깔보고 업신여기는 지경에 이르고 말지. 이 모두 서로 손님처럼 공경하지 않았기 때문에 생긴 거란다. 그 집안을 바르게 하려면 마땅히 시작부터 조심해야 하는 것이니 거듭 경계하기 바란다.'

여기에서 우리가 주목해야 될 것은 '서로 손님처럼 공경하면서 살아라.' 하는 부분입니다. 퇴계는 부부란 모름지기 예를 갖추어서 대해야 하고 마치 손님처럼 공경해야 한다고 얘기합니다. 여기서 예라고 하는 것은 제사를 잘 모시거나 인사를 잘하거나 하는 외적인 공경의 뜻이 아니라 상대방의 입장을 잘 헤아리고 상대방의 마음이 흡족할 때까지 최선을 다하는 것입니다. 쉽게 얘기하면 진심, 즉 마음을 다하라는 것입니다. 유교적인 예도 그렇지만 퇴계가 말한 예는 정말 심오한 것입니다. 마음속에 있는 모든 것을 다해서 상대방의 마음이 흡족할 때까지 해야 하는 것이기 때문에 쉽지가 않습니다.

퇴계는 왜 이렇듯 예를 강조했을까요? 왜 손님처럼 공경하며 살라 했을까요? 부부 사이가 너무 힘들어지는 것은 아닐까 이렇게 생각할 수도 있을 텐데요, 꼭 그렇지만은 않습니다. 부부라고 하는 것은 적게는 삼사십 년, 많게는 오십 년, 심지어는 칠팔십 년 이상을 함께 살아야 하는, 백년해로해야 할 사람들입니다. 그러면 어떻게 할까요? 우리가 먼 길을 떠날 때에는 준비를 철저히 하고 기본에 충실해서 가야 아무 탈 없이 먼 길을 갈 수 있습니다. 그런 것처럼 퇴계도 백년해로해야 할 사람은 기본에 충실해야 한다고 했던 것입니다. 서로에게 예를 다해서 항상 서로 손님처럼 공경해야 한다고 강조했던 것입니다.

하지만 서로 예만 지키고 살다 보면 어떻습니까? 너무 재미가 없지 않을까요? 퇴계의 위대한 면은 겉모습만이 아닙니다. 퇴계 선생이 말씀하시기를, 예라고 하는 것, 서로 손님처럼 공경하라고 하는 것은 일종의 공적인 자리, 즉 만인들 앞에서 하는 것이고, 내외간에 특히 잠자리에 있을 때는 적극적으로 사랑을 표현하라고 합니다. 그래서 다정다감하게 살라고 했거든요. 적극적으로 사랑을 표현하라는 것은 스킨십을 한다거나 말로써 사랑에 대해 표현한다거나 상대방이 따뜻함을 느낄 수 있을 정도로 다가가는 것입니다. 두 사람이 있을 때는 아주 다정다감하라고 했는데요, 그래서 그런지는 몰라도 민간에서는 지금까지 역대 위인들 가운데 퇴계를 주인공으로 하는 성적인 얘기가 상당히 많이 나와 있습니다. 참 재미있지요? 퇴계와 관련된 성적 비화가 굉장히 많다는 것이요. 대표적인 예를 하나 들어보겠습니다.

『한국구비문학대계』에 보면 '퇴계선생과 그의 부인'이라는 것이 있습니다. 그 이야기는 이렇습니다. '퇴계 선생은 낮에는 의관을 차리고 제자들을 가르쳤지만 밤이면 부인에게는 꼭 토끼와 같이 굴어서 낮토끼, 밤토끼란 말이 있었다.' 낮토끼, 밤토끼가 무슨 뜻인지 아시겠습니까? 낮에는 퇴계의 모습이었다면 밤에는 토끼가 된다는 것인데, 토끼는 성적인 것을 상징하거든요. '퇴계는 낮과 밤이 다르게 생활했다. 밤에 사랑을 할 때는 정말 애절하게 사랑을 했다.' 이런 표현을 말하는 겁니다. 퇴계는 그만큼 성에 대해서 개방적인 생각을 갖고 있었고 그래서 아내와의 사랑에 대해서는 최선을 다하라고 강조한 게 아닌가 생각합니다.

퇴계의 결혼 생활과 부부관에 대해서 살펴보았는데요, 생각보다는 옛사람들도 부부 생활을 깊이 있게, 마음을 다해서 사랑을 했구나, 겉으로 들리는 사랑이 아니라 마음속 울림이 있는 깊은 사랑을 했구나, 이런 것을 알게 됐을 것입니다.

요즘 사람들은 어떻습니까. 아주 쉽게 사랑합니다. 그만큼 또 쉽게 사랑을 포기합니다. 사랑을 포기하는 것에는 여러 가지 이유가 있습니다. 성격이 맞지 않는다든가, 사회적인 자격이 서로 맞지 않는다든가. 그렇게 해서 헤어지기도 하지만 제가 보기에는 상대방에 대한 이해라든가 배려심이 부족해서가 아닌가 하는 생각도 해 보게 됩니다. 지나치게 내 입장만 생각하고 상대방이 나한테 맞춰 주기만을 바라는 그런 것이지요.

퇴계는 어떻습니까. 상대방의 부족한 부분, 지적 장애를 갖고 있는 아내마저도 최대한 포용하고 예를 지켰고 심지어는 죽어서까지도 최선을 다하려고 했습니다. 살아서나 죽어서나 늘 예를 지키면서 손님처럼 공경하면서 퇴계는 소중한 인연을 이어 간 것입니다.

이런 퇴계의 모습은 스스로의 수양에 따른 것도 있겠지만 제가 보기에는 조선 중기라는 시대적인 상황도 있었던 것 같습니다. 조선 중기만 하더라도 남녀가 평등하게 살던 시기이거든요. 당시 여성들은 지위가 높았고 또 그 당시 남성들은 여성에 대한 배려심이 많았기 때문에 퇴계의 행동, 부부관, 사랑 얘기가 나왔던 것이 아닌가 합니다. 그리고 앞에서도 얘기했지만 장애에 대한 편견이 없었기 때문에 둘째 부인과 무리 없이 살아갔던 것 아닌가 하는 생각을 합니다.

여러분들도 상대방이 좀 부족하다고 해서 처음부터 단정 짓고 함부로 대하지 마시고 내가 이해를 하려 하고 좀 참은 다음에 최후의 선택을 해도 늦지 않습니다. 우선은 내 마음을 다듬고 상대를 이해하려 하고 최선을 다하려는 마음을 가진 다음에 그래도 안 맞으면 그때 가서는 최후의 선택을 하는 것이 지혜로운 부부 생활이 아닌가 합니다. 퇴계에서 우리가 배울 수 있는 사랑법은 바로 그것이라고 봅니다.

2강 •
조선의 매 맞는 남자

　조선 시대에도 부부 싸움을 했을까요? 조선 시대에 매 맞는 남자들이 과연 있었을까요? 실제로 조선 시대 때에도 지금처럼 부부 싸움을 많이 했습니다. 특히나 16세기 이전까지만 해도 남녀가 비등한 삶을 살았습니다. 그래서 그런지는 몰라도 부부 사랑도 애절하게 했지만 상대적으로 부부 싸움도 치열하게 했습니다. 그만큼 재미있는 조선 시대 부부들의 이야기가 많이 있는데, 이것을 통해서 현대를 사는 우리들은 어떻게 부부 싸움을 해야 하고, 부부 싸움에 대해서 어떤 생각을 가져야 하는지 생각해 보겠습니다.

　먼저 현재 시점부터 살펴볼까요? 요즘 부부들은 무엇 때문에 싸웁니까? 대부분 성격 차이 때문에 부부 싸움을 할 겁니다. 부부간에 서로 가치관이 다르다 보니 싸우게 되는 것이지요. 경제적인 문제로도 많이 싸우게 됩니다. 경제관념이 다르고 씀씀이가 다르다 보니 그러겠죠. 성적인 문제도 부부간에 중요한 문제입니다. 부부라고 하는 것은 함께하는 삶이다 보니 성적인 부분이 강하죠. 때로는 집안 문제도 부부 싸움의 요인이 됩니다. 집안의 풍토라든가 집안에 문제가 있을 때 해결 방법이 다르다 보니 부부 싸움을 하게 됩니다.

　그러면 조선 시대에는 부부간에 어떤 문제로 싸웠을까요? 개인적인 문제보다는 조선 시대는 가족공동체 사회이다 보니 가족 문제로 많이 싸웠을 겁니다. 특히 집안일에 대한 문제, 즉 가사를 소홀히 했을 때 많이 싸웠습니다. 제가 일기를 하나 읽어드리겠습니다. 16세기 오희문의 『쇄미록(瑣尾錄)』에 보면 남자가 가사에 소홀하다고, 집안일에 소홀하다고 해서 부인과 크게 싸운 적이 있다고 나와 있습니다.

> 1596년 10월 4일이었다. 아침에 아내가 나보고 집안일을 돌보지 않는다고 해서 한참 동안 입씨름을 벌였다. 가히 한심스럽다.

이렇게 쓰여 있습니다. 그만큼 조선 시대에서는 가족공동체의 삶이 아주 중요했습니다.

조선 시대 두 번째 부부 싸움의 가장 큰 원인은 성 문제입니다. 지금도 그럴 텐데 조선 시대 때에도 역시 이 문제로 인해 치열하게 싸웠습니다. 역시나 외도를 했을 때 부부간에 크게 싸움이 났습니다. 조선 시대 남자들은 첩을 두거나 기녀를 상대하면서 외도를 했습니다. 우리는 지금까지 조선 시대 양반들이 첩을 두거나 기녀를 대하는 것이 당연하다고 알고 있었을 것입니다. 그런데 뭐 그런 일 가지고 부부 싸움을 했겠어? 그렇게 생각할 수 있지만 아닙니다. 조선 시대 여성들도 그로 인한 배신감이나 실망감 때문에 강력하게 저항하면서 남편과 크게 싸웠습니다. 대표적인 예를 보겠습니다. 치열하게 부부 싸움을 한 이야기입니다.

> 아내가 지난밤 해인사 숙소에서 있었던 일을 자세히 물었다. 기녀가 곁에 있었다고 대답하니 크게 화를 내고 욕하며 꾸짖었다. 아침에도 방석과 베개 등을 칼로 찢고 불에 태워 버렸다. 두 끼나 밥을 먹지 않고 종일 투기하며

욕하니 지겹다.

- 이문건,『묵재일기』, 16세기

이렇게 부부 싸움한 것을 일기에 기록할 정도로 엄청나게 싸웠던 겁니다. 그만큼 조선 중기 이전에는 성 문제 혹은 외도로 인해 부부간에 크게 다투었다는 것을 알 수 있습니다. 아울러 조선 중기 이전에는 매 맞는 남자들, 부인이 무서워하는 외처가, 부인을 두려워하는 공처가들이 많았습니다. 여자들이 매를 맞았다고 하는 기록은 거의 없는 데 반해 매 맞는 남자라든가 아내에게 호되게 혼나는 남자들에 관한 기록은 조선 중기 이전 기록에 정말 많이 나옵니다.

아내가 두려운 조선 남자들

아내를 굉장히 두려워하는 남자 대장이 있었습니다. 흔히 말하는 공처가였지요. 하루는 넓은 공터에 부대에 있는 군사들을 불러 놓고 청색 깃발과 홍색 깃발을 꽂아 놓고 군사들한테 명령을 내립니다.

"아내를 두려워하는 자는 홍색 깃발 아래로 가고 아내를 두려워 않는 자는 청색 깃발 아래로 가라."

그랬더니 모든 군사들이 아내를 두려워하는 홍색 깃발 아래로 가는 거예요. 유독 한 군사만 청색 깃발 아래로 갔지요. 대장이 청색 깃발 아래 서 있는 군사에게 물었습니다.

"너는 진정한 대장부로구나. 천하의 사람들은 다 아내를 두려워하는데 너만 아내를 두려워하지 않는다. 나도 전쟁터에서는 화살이 빗발쳐도 사력을 다해 싸우지만 집에만 들어가면 항상 아내한테 당하고만 만다. 도대체 너는 어떻게 처신을 했기에 아내가 두렵지 않다고 생각하느냐."

이에 청색 깃발 아래 서 있던 군사가 말했습니다.

"우리 아내가요, 남자들이 셋만 모이면 반드시 여색을 밝힌다고 하니까 셋 이상 모이는 곳에는 절대 가지 말라고 했거든요. 그래서 청색 깃발 아래로 혼자 왔던 것입니다."

그 말을 듣고 대장이 이렇게 말했습니다.

"이 세상에 아내를 두려워하지 않는 사람이 단 한 명도 없단 말이냐."

- 서거정,『태평한화골계전(太平閑話滑稽傳)』, 조선 전기

이 정도로 조선 중기 이전만 해도 아내를 두려워하거나 무서워하는 남자들이 정말 많았습니다. 그럼, 언제부터 매 맞는 여자들이 나왔을까요? 아마도 18세기 후반 이후였던 것 같습니다. 이때 우리가 말하는 판소리라든가 세태소설 같은 것을 보면 매 맞는 여자들이 정말 많습니다. 가정 폭력이라고 하는 것은 힘 있는 자가 힘없는 자를 때리는 것입니다. 그런데 또 재미있는 것은 조선 후기에 가면 매 맞는 여성들이 많지만 조선 중기 이전의 가정 폭력은 사실은 여성들이 주도했습니다. 여성들의 지위가 높다 보니 가정 폭력을 당하는 매 맞는 남자들이 많았던 것이지요. 이 같은 사실은 야담이 아니라『조선왕조실록』에 엄연히 전해져 오는 이야기입니다.

중종 12년 때 일입니다. 1517년 한 해 동안 매 맞는 남자에 관련된 사건이 6건이나 발생합니다. 그것도 평민들이 아니라 조정에서 일하는 양반 사대부 집에서 일어납니다. 6건 중에서 한 사람은 죽기까지 합니다. 조정에서도 이 같은 일을 위기로 여겨 진지한 논의가 벌어집니다.『조선왕조실록』을 살펴보면 조선 중기 이전에는 매 맞는 남자의 형태라든가 왜 그들이 매를 맞았는지, 그리고 심지어 죽기까지 했는지, 당시 부부 생활이 어땠기에 이런 일들이 일어났는지 자세히 알 수 있습니다. 그리고 우리는 그것을 통

해 현명한 부부 살이에 대한 지혜도 얻을 수 있지 않을까 합니다.

중종 12년에 일어난 6건의 매 맞는 남자 관련 사건 중 첫 번째는 이형간 사건입니다. 이형간은 덕산 현감이었었습니다. 하루는 기녀들과 함께 고을 앞 정자에 가서 밤새도록 술을 마시고 새벽녘에 집에 들어갑니다. 그런데 아내가 문을 딱 닫고 안 열어 주는 겁니다. 계속 열어 달라고 해도 안 열어 주니까 어쩔 수 없이 밖에서 잠을 자는데 그러다가 병이 나서 죽어 버린 겁니다. 굉장히 큰 사건이 벌어진 것이지요. 조정에서도 임금이 그 같은 사실을 직접 듣고는 잘잘못을 따져야 하는 단계가 되었습니다. 일단은 "왜 죽었느냐?" 하고 물어봤습니다. 그랬더니 "이형간이 외도를 했었다."는 대답에 돌아왔습니다. 그래서 문을 안 열어 줬다는 얘기까지 듣고 임금이 말합니다. "외도를 한 것은 잘못이다. 그러니 그의 아내 송씨에게 죄를 물을 수는 없겠구나." 그러면서 그냥 넘어가 버렸습니다. 남자가 잘못을 했으니 어쩔 수 없다고 판단을 했던 겁니다. 만약 조선 후기였으면 어땠을까요? 가부장적인 성격이 아주 강했기 때문에 아내에게 큰 벌을 내렸을 겁니다. 하지만 중기 이전까지만 해도 잘잘못을 따져서 그에 대한 판단을 내리다 보니 이런 경우가 나왔던 것입니다.

임금 : 이 무슨 회괴망측한 사건입니까? 매 맞는 남편이라니요? 금년만 해도 벌써 이런 일이 여섯 차례나 발생했다고 하니 대체 나라꼴이 어찌되려고 이런 망측한 사건이 계속된단 말입니까?

신하 : 통촉드리옵니다, 전하.

임금 : 유교가 지엄한 조선입니다. 칠거지악에서조차도 찾아볼 수 없는 악행이 아닙니까? 그런 이 나라에서 조선의 가장들이 아내들한테 매를 맞아 죽었다니요? 경들께서는 나라가 이렇게 될 때까지 구경만 하고 계셨습니까?

영의정 : 전하, 매 맞는 조선 남자들에 대한 문제는 그 가정과 부부 사이에 있을 수 있는 사사로운 개인 사정이오니 전하께서는 염려치 마시고 저와 사헌부에 맡겨 두심이 옳은 줄로 아옵니다.

좌의정 : 신 좌의정, 영의정 대감 의견과 다른 의견이 있어 올리옵니다, 전하. 매 맞는 남편에 대한 조선의 문제는 비단 어제오늘의 일이 아닌 아주 오래된 고질적인 문제이옵기에 그 사태가 심각하다 그리 보셔야 할 것이옵니다. 허니 전하, 이번 기회에 전하께서 직접 관여하시어 백성들의 가정과 나라의 기강을 제대로 잡는 것이 합당한 줄로 아옵니다.

여자 : 전하, 살려 주시옵소서. 남편 이형간을 죽게 한 것은 제가 아니옵니다. 믿어 주시옵소서. 흑흑.

신하 : 전하, 죽은 덕산 현감의 부인 말은 사실이 아니옵니다. 덕산 현감 이형간의 처 송씨는 원래부터 성질이 포악하여 남편을 항상 사내종처럼 대했다는 시종들의 증언이 있사옵니다.

임금 : 듣거라, 죄인에게 묻겠다. 병든 덕산 현감이 공무를 보다가 집에 돌아왔는데도 문을 열어 주지 않고 정녕 동원에서 얼어 죽게 만들었느냐?

여자 : 아니, 아니, 아니옵니다. 그것이 아니옵니다.

임금 : 허면 무엇이 진실이더냐? 때때로 남편을 때리고 덕산 현감 이형간이 죽던 날에도 이불과 의복을 좀 달라고 청했으나 그마저 내주지 않아 끝내 목숨을 잃었다 하던데, 그것도 사실이 아니란 말이냐?

여자 : 전하, 남편을 죽게 한 죄 입이 열 개라도 할 말이 없사옵니다만, 실은 남편의 병은 음주와 과로로 생긴 것이온데, 제가 문을 열어 주지 않은 것은 그날도 고을 앞 정자에서 밤새도록 기녀들을 끼고서 술을 마시며 놀다 새벽녘이 되어서야 대문을 두드리기에 잠시 화가 나서, 그래서 버릇을 고치고자 문을 열어 주지 않았던 것이옵니다.

의금부사 : 전하, 송씨의 말은 귀담아 듣지 마시옵소서. 이 여인은 성격이 극악무도할 뿐만 아니라 남편이 죽었음에도 일말에 슬퍼하는 기색도 전혀 보이지 않고 남편을 학대한 사실을 시종들에게 발설하지 말라며 입막음을 하는 등 반성의 기미는 씨눈만큼도 찾아볼 수 없는 여인입니다. 엄중하게 벌하시어 남편을 때리고 학대하며 공경하지 않는 조선의 부녀자들에게 경종을 울리게 하심이 옳을 줄로 아옵니다.

좌의정 : 전하, 의금부사의 말이 옳다고 사료되옵니다.

영의정 : 전하, 감히 말씀드리건데 신 영의정은 의금부사와 좌의정 의견에 무리가 있다고 보옵니다. 비록 부인 송씨의 과오가 인정되나 수신제가해야 할 가장이자 고을 수령이 날마다 기생을 끼고 음주에 탐닉하였다 하는 것은 어디를 보아도 바른 처신은 아닌 듯하옵니다. 더구나 갖은 음주로 인하여 병까지 얻고 게다가 백년해로할 아내의 마음조차 하나 얻지 못하고 밖에서 비명횡사한 것은 지아비로서 체통을 지키지 못한 현감 이형간의 잘못이 더 크다고 볼 수 있사옵니다. 허니 오히려 죽은 덕산 현감의 부인 송씨를 부디 석방하시어 가솔들과 고을 행정을 돌보지 않은 채 주색잡기에 빠져 나라의 녹봉이나 축내는 탐관오리들에게 경종을 울리심이 옳은 줄로 사료되옵니다. 전하, 옛 성현들께서도 말씀하시기를 "무릇 남편이라고 하는 것은 아내에게서 보면 하늘처럼 우러러 바라보며 평생을 살 사람이다. 그러하기 때문에 남편은 존경받을 만한 존재라야 하느니라." 그리 말씀하셨습니다.

임금 : 영의정께서 성현 맹자의 글로 저를 설득하시니 도리가 없군요. 아직 경들께 배울 게 많음을 느낍니다. 여봐라, 덕산 현감 이형간의 처 송씨를 당장 풀어 주어라. 동시에 전국 방방곡곡에 이 사건을 방으로 부치어 어리석은 사내의 종말을 모두가 알게 하도록 하여라.

남편 외도 바로잡기

두 번째 사건은 홍언필 사건입니다. 홍언필의 아내도 송씨입니다. 이 송씨는 어릴 때부터 굉장히 기가 셌다고 합니다. 남자들에게 절대로 지려고 하지 않는, 기센 여자로 전해져 옵니다. 야담에도 실릴 정도로 특이한 여인이었습니다. 하루는 남편이 결혼한 뒤로 첩을 두고 있다는 것을 송씨가 알게 됐습니다. 송씨는 그 여자를 찾아가 머리를 끌어당기고 머리털을 자르고 온몸이 피투성이가 되도록 때렸습니다. 그랬더니 그 첩의 가족들이 조정에서 퇴근하는 홍언필을 붙잡고 길에서 하소연을 했습니다.

"이게 도대체 양반집 부녀자가 할 짓입니까? 어찌 사람을 이렇게 호되게 죽을 지경까지 이르도록 때릴 수 있습니까?"

사실 홍언필의 잘못이니 할 말이 없는 것이었지요. 홍언필은 머리 숙여 사죄를 했습니다.

"죄송합니다. 이제는 정신을 차리고 살겠습니다."

말만으로는 부족했는지 싹싹 빌기까지 해서 어찌어찌 해결은 됐는데, 그 이후로 홍언필은 또 외도를 했을까요? 한 번도 한눈 팔지 않고 늙어서까지 근신하면서 살다가 나중에는 영의정까지 올랐습니다. 홍언필의 자식들도 아버지를 본받아 그대로 따랐다고 합니다. 아들은 홍섬이었는데 아들 역시 나중에 영의정까지 오를 정도로 자식 교육도 잘했다고 합니다. 이쯤 되면 기센 여자가 집안을 살렸다고 해야 할 것 같습니다.

세 번째는 허지와 정종보 사건입니다. 어떤 사건이냐 하면, 역시 이 사람들도 잘못을 했습니다. 허지와 정종보 둘 다 조정 관원들이었는데 외도를 했던 것 같습니다. 그래서 그 부인들이 별거 생활을 계속하면서 다른 사람들에게는 '남편이 죽었다.'고 한 겁니다. 심지어는 집안 노비들한테 상복을 입혀서 공개적으로 남편이 죽었다고 하면서 거짓 초상을 치르고 공개적으로 별거 생활을 하면서 이혼 선언을 할 정도까지 간 것입니다.

그 다음 사건은 남편과 간통한 여자를 때려죽인 신수린의 아내 사건입니다. 신수린이라는 사람이 다른 여자와 간통을 했던 모양입니다. 그 사실을 알게 된 신수린의 아내가 그 여자를 때려죽인 사건입니다.

마지막으로 홍태손의 아내 사건인데요, 홍태손은 굉장히 추하게 생긴 남자였다고 합니다. 옛날 여자들도 남자 외모를 많이 따졌습니다. 남자들 얼굴을 안 본 게 아닙니다. 헌데 홍태손은 얼굴이 아주 추하고 못생겼는데, 첫번째 결혼에서 아들을 얻지 못하자 50세가 넘어서 재혼을 했다고 합니다. 그런데 그 둘째 부인이 홍태손을 못 살게 구는 거예요. 얼굴도 그렇게 추하게 생겨 가지고 어쩌다가 둘째 부인까지 얻어서 나를 이렇게 힘들게 하느냐, 뭘 믿고 혼인은 해서 나를 이렇게 고생시키느냐 하면서 홍태손한테 계속 쓴소리를 퍼부었던 것입니다. 아예 같이 살지도 않고 오육 년이 되도록 별거 생활을 계속하면서 남편한테 반발까지 해서 조정에까지 문제가 되었던 사건이었습니다.

이 정도로 중종 12년에는 매 맞는 남자들, 특히 아내들에게 호되게 당하는 남자들의 문제가 불거졌습니다. 그래서 하루는 중종이 신하들을 불러 이렇게 묻습니다.

"이렇게 가다가는 조선 남자들의 씨가 다 마를 것 같소이다. 대체 아내들의 기가 어찌 그리 센 것입니까? 남자들을 호되게 대하는 아내들은 뭘 믿고 그러는 것입니까?"

이에 신하들이 말합니다.

"전하, 이것은 다른 것이 아닙니다. 우리나라 혼인 풍속이 여자들이 시집을 가는 게 아니라 남자들이 장가를 가서 처가살이를 하기 때문입니다. 더구나 여자들이 재산을 다 받고 제사까지 모시니 여자들이 권력을 쥐고 있어 남자들을 쉽게 생각하는 것이옵니다."

남자들이 조금만 잘못을 해도 참지 않고 호되게 혼을 내거나 심지어 매를 때릴 정도로 여자들이 기가 센 것은 혼인 제도를 바꾸지 않는 한 어쩔 수 없다는 얘기인 것이지요. 이처럼 조선 중기 이전, 장가와 친정살이 풍속은 생각했던 것보다 훨씬 강력하게 여성의 권위를 지켜 주는 강력한 기재가 되었습니다.

지금까지 조선 시대 부부 싸움이라든가 가정폭력 얘기를 살펴보았는데, 부부 싸움에 대해서 좀 더 원론적인 얘기로 들어가 보겠습니다. 저는 부부 싸움은 결코 나쁜 게 아니고 자연스러운 것이라고 생각합니다. 그리고 부부라는 것은 적어도 십 년은 싸우게 된다고 생각합니다. 왜 싸우는지 아십니까? 서로에게 적응해 가는 과정이기 때문에 싸우는 것입니다. 부부 싸움은 일종의 적응 과정이고 부부가 서로 호흡을 맞춰 가는 과정이라고 보면 되는 것이지요. 크게 싸우지 않는 한, 제가 생각할 때 부부 싸움은 필요하다고 봅니다.

또 하나, 저는 부부 싸움은 일종의 감기와 같다고 봅니다. 부부가 함께 살아가다 보면 계속 뭔가가 쌓이게 됩니다. 그러다가 그것이 탁 터져서 크게 갈등하게 되는 순간이 분명히 옵니다. 우리가 살면서 무리를 하거나 지쳐있다 보면 흔히 감기에 걸립니다. 그러면 휴식을 취하면서 재충전을 하듯이 부부 싸움도 살아가다 막히는 순간이 오면 그게 터지고, 일단 터지고 나면 서로를 이해하려 하고 다시 화해를 해서 부부간의 정이 더 돈독해지는 아주 자연스러운 과정이라는 것입니다. 그러니 부부 싸움은 무조건 막는 것이 최선이 아닙니다.

그럼, 어떻게 하면 부부 싸움을 잘할 수 있을까요? 무엇보다 남자들에게 말하고 싶은 것이 부부 싸움을 할 때 무조건 피하려고 하지 말라는 것입니다. 남자들은 여자들이 막말을 하니까 머리가 아프고 남 보기에 창피하니까 대충 넘어가려고 합니다. 선물을 한다거나 지키지도 않을 약속을 한다거나 하면서 얼렁뚱땅 넘어가려고 하는데, 부부 싸움은 회피한다고 해서 되는 것이 아닙니다. 일단 부부 싸움을 했으면 누가 잘잘못을 했는지 충분히 따져 보고 양측이 인정할 때까지 속 시원하게 풀고 끝내는 것이 좋습니다. 적절한 부부 싸움은 부부간에 정을 더 돈독하게 해 주는 아주 필요한 기재라고 생각하는 것이 좋을 것 같습니다.

부부 싸움에 대해서 다시 한 번 생각해 볼 기회가 되었는지요? 모쪼록 부부 싸움을 현명하게 해서 더 호흡이 잘 맞는 부부가 되기를 바랍니다.

3강 •
조선 후기 부부 이야기

연암 박지원을 모르는 분은 없을 겁니다. 18세기 대문호이자 실학자이지요. 『허생전』이나 『양반전』 같은 작품들을 한 번씩 읽었을 겁니다. 박지원은 『열하일기』의 작가이기도 하고 이외에도 많은 작품들을 남겼는데 의외로 연암 박지원의 성품이나 모습, 부부 생활, 자식 관계는 잘 알려져 있지 않은 듯합니다. 그래서 이번 시간에는 연암의 인간적인 측면을 통해서, 특히 연암의 부부와 자식 사랑을 통해서 연암을 다시 한 번 생각해 보는 시간을 가졌으면 합니다.

혹시 연암의 초상화를 본 적이 있나요? 연암은 키도 크고 풍채도 아주 좋습니다. 용모도 엄숙하고 단정하지요. 기록들을 보면 연암이 무릎을 꿇고 조용히 앉아 있으면 늠름해 보이는 것은 물론 사람들이 감히 범접할 수 없는 위엄을 풍겼다고 합니다. 그만큼 연암은 생각보다 곧은 사람이었죠.

연암은 스무 살 때부터 불면증에 시달렸습니다. 거의 3~4일 정도 잠 한숨 못 잘 정도로 불면증이 심했는데요, 그 불면증 때문에 여러 작품들이 나오기는 했지만 불면증이 잦아든 다음에도 연암은 새벽닭 우는 소리를 듣고 잠을 잤다가 해가 뜨자마자 일어났다고 합니다. 그러니까 연암은 평생 동안 하루 고작 두어 시간밖에 잠을 자지 않았던 것이지요. 연암은 잠도 없었지만 아침에 일어나자마자 특이하게도 방문을 활짝 열어젖히고 조용히 앉아서 생각에 잠기는 것을 아주 좋아했다고 합니다. 아무리 눈이 오거나 날씨가 차가워도 꼭 그렇게 했을 정도로 특이한 성격을 갖고 있었지요.

찢어진 치마

과연 연암의 부부 생활은 어땠을까요? 연암은 열여섯 살 때 동갑내기 전주 이씨와 혼인을 했습니다. 열여섯 살이면 조금 빠르지요. 대체로 조선 시대 결혼 연령을 보면 조선 전기와 중기에는 남자들의 경우 스물에서 스물다섯 살 정도로 지금보다 약간 빨랐던 것 같습니다. 그렇다고 해서 너무 일찍 하지는 않았습니다. 빨라도 열여덟 살 정도였지요. 그러나 조선 후기가 되면 결혼 연령이 빨라집니다. 남자나 여자나 열여섯 살에서 열여덟 살이면 혼인을 시켰습니다. 조선 후기에 결혼 연령이 빨라졌던 것은 가문의 대를 이어야 한다는 생각이 더 조급해졌기 때문이 아니었나 생각합니다.

어쨌든 연암은 열여섯 살에 결혼을 했는데요, 집안이 워낙 가난하다 보니 처가의 도움이라든가 영향을 많이 받았습니다. 우리가 기억해 두어야 할 부분인데요, 연암의 삶에서 처가의 영향은 무시할 수 없습니다. 아내를 극진히 사랑하게 되는 데는 이런 이유도 있었습니다. 연암은 결혼하기 전까지 공부도 별로 하지 않았습니다. 결혼 후에 장인 이보천에게 『맹자』를 배우면서부터 본격적으로 학문에 정진하기 시작했습니다. 장인의 아우 이양천에게는 사마천의 『사기』를 배우면서 문장 짓는 법을 터득했지요. 학문하고 문예를 그때부터 본격적으로 시작했던 것입니다. 또 처남 이재성은 평생 동안 연암의 학문에 조언자 역할을 해 주었다고 합니다.

저 역시 개인적으로 장인을 존경했습니다. 장인은 "남자는 말야, 마흔 살이 되면 바뀌어야 돼. 술이나 담배도 웬만하면 끊고 집에서도 근엄해질 줄 알고." 하는 얘기를 저한테 자주 들려주었는데, 저 역시 마흔이 되자 이 시기가 남자들에게는 상당히 중요한 기점이 되겠다, 어른스러워질 필요가 있겠다 생각해서 그때부터 자기관리라든가 술, 담배라든가 가족들에 대한 생각을 다시 해 보는 계기가 되었습니다. 연암도 처가의 영향을 받아 가족에 대한 생각이 달라졌던 게 아닌가 합니다.

연암의 집안은 워낙 가난했습니다. 연암이 노론의 명문가 출신이거든요. 그 당시에 노론은 기득권층이었습니다. 할아버지도 경기도 관찰사 같은 높은 벼슬을 지냈는데, 문제는 집안 대대로 지나치게 청렴을 추구하다 보니 집안 살림이 쪼들릴 수밖에 없었습니다. 게다가 연암의 할아버지는 높은 벼슬을 했지만 연암의 아버지와 형님은 평생 벼슬하지 않고 선비로 살았거든요. 연암은 어떻습니까? 잘 아시겠지만 과거도 제대로 안 보고 나이 오십이 돼서야 말단 벼슬로 나갔습니다. 그러니 집안이 얼마나 별 볼일 없었겠습니까? 집안이 가난하면 상대적으로 아내들의 고생은 말할 수가 없지요.

연암의 아내 전주 이씨는 가난한 집안에 시집을 와서 정말 남모를 고생을 다했습니다. 신혼 초에는 집안이 비좁아서 친정에 가서 생활할 때도 많았고 중년에는 이사도 많이 다녔습니다. 아시겠지만 연암이라는 호(號)도 연암에 가서 살면서 나온 것입니다. 그만큼 이사를 많이 다녔습니다. 그럼에도 아내 전주 이씨는 한 번도 눈살을 찌푸리거나 괴롭다는 내색을 해 본 적이 없었다고 합니다. 또 집안 살림을 맡은 연암의 형수를 잘 따라서 동서지간에도 사이가 참 좋았다고 하고요. 그래서 연암은 평소에 아내의 그런 덕행을 아주 존중했다고 합니다. 이 부분을 드라마로 꾸며 보았습니다.

(부딪치고 넘어지는 소리. 여우 소리)

연암 : 다치셨습니까, 부인?

부인 : 네. 야심한 밤인지라 돌부리를 미처 보지 못했습니다. 염려 마세요. 전 괜찮습니다.

연암 : 괜찮다니 다행입니다. 제 손을 잡고 일어서시지요, 부인. 연암골로 들어가는 길이 이리 첩첩산중인 줄 미처 몰랐습니다. 면목 없습니다.

부인 : 아닙니다, 서방님. 자책 마셔요. 한양을 떠나 연암골로 피신하는 것이 홍국영 때문이지, 서방님 탓은 아니지 않습니까? 제가 좀 더 조신하게 걸어 보겠습니다. 아이구머니나, 에구구, 어쩌나. 치마가 찢겼네.

연암 : 치마가 찢겨 나간 겁니까?

부인 : 네.

연암 : 내가 망을 볼 테니 다른 치마로 갈아입으세요.

부인 : 아니, 괜찮습니다. 서방님. 그냥 가겠습니다.

연암 : 그냥 가다니요? 명색이 명문거족 집안 아녀자인데 찢어진 치마를 입고 산길을 걸어서야 되겠습니까? 어서 다른 의복으로 갈아입으세요.

부인 : 그게 사실은…… 갈아입을 치마를 미처 마련하지 못해서…….

연암 : 예?

연암 : 부인, 이거 받으시지요.

부인 : 아니, 돈이 아니옵니까?

연암 : 스무 냥이요. 그동안 조금씩 아껴 둔 것이니 부인 치마저고리나 한 벌 지었으면 하오.

부인 : 이렇게 큰돈을 제 옷에다 사치를 하란 말씀이십니까?

연암 : 그것이 어찌 사치란 말이요? 산길에 찢기고 너덜너덜해진 부인의 의복을 새로 마련하자는 것이오. 지아비 된 도리를 하려는 것입니다, 부인.

부인 : 서방님, 집안 살림을 책임지는 형님도 늘 가난에 쪼들리십니다. 조

상님들과 부모님을 모시는 분은 당신 형수님이 아니십니까? 그런데 어찌하여 이 돈을 저에게 주실 생각을 하십니까? 제 옷은 제가 나중에 마련할 터이니 걱정 마시고 형님께 드리세요.

연암 : 형수님께는 다음 기회에 드리면 됩니다, 부인.

부인 : 마음만 받겠습니다, 서방님. 안빈낙도하며 청빈한 삶에서 기쁨을 누리자고 말씀하지 않으셨습니까?

연암 : 그야 우리 집안은 청빈이 곧 본분이기는 하지만…….

부인 : 그러니까요. 대대로 청빈한 집안에서 이깟 헤진 옷이 대수입니까? 서방님 곁이라면 저에게는 그곳이 곧 행복입니다.

연암 : 부인…….

부인 : 호호호. 서방님 표정이 섭섭해 보이시니 아무래도 오늘 점심은 평소보다 더 맛있게 지어 올려야 할 것 같습니다.

연암 : 지아비 마음을 이리도 몰라 주시니 참말로 야속합니다, 부인. 허허허.

끝까지 지조를 지킨 연암

어떻습니까? 가난함 속에서도 나름대로 최선을 다하고 행복을 찾으려는 노력들이 보이나요? 계속해서 연암의 부부살이라고 할까요, 부부 사랑에 대해서 살펴보겠습니다.

연암은 나이 오십이 되어서야 비로소 관직에 나갑니다. 요즘으로 따지면 퇴직을 해야 될 때 반대로 관직에 나가기 시작한 것입니다. 이 관직도 사실은 본인이 나가고 싶어 나간 것이 아니라 평생 친구인 유언호가 천거를 해서 종9품 선공감 감역이 된 것이었습니다. 왜 연암이 말년에 벼슬길에 나갔을까 궁금한데요, 아마도 아내가 가난한 살림에 고생하는 모습을 더 이상

연암 박지원은
아내에게 최선을 다하고
끝까지 의리와 지조를
지켰다.

두고 볼 수 없어서 그런 것이 아니었을까 생각해 봅니다. 아울러 이제 세상에 나가도 어느 것 하나 거리끼지 않아도 될 정도로 인생에 있어서는 달관을 했다고 판단했기 때문일 수도 있습니다. 어쨌든 연암은 종9품 선공감 감역에서부터 평시서 주부, 한성부 판관, 그리고 55세에 안의 현감이라든가 61세에 면천 군수, 64세엔 양양 부사까지 15년 넘게 여러 관직을 거치면서 벼슬생활을 했습니다.

안타까운 점은 오십 세에 연암이 관직에 나가자마자 반년도 안 돼 아내 전주 이씨가 세상을 떠났다는 것입니다. 실컷 고생만 하다가 살 만하니까 세상을 떠난 것입니다. 연암은 아내의 죽음 앞에서 이런 말을 했을 겁니다. "이제 좀 살 만하니까 가나요? 이 몹쓸 사람." 연암은 아내의 죽음을 참 많이 슬퍼한 듯합니다. 남자 나이 오십에 상처를 하면 재취를 하거나 첩을 두는 경우가 많았지요. 지방관들 같으면 기녀들이 많기 때문에 기녀들을 상대하기도 했습니다. 하지만 연암은 끝까지 아내에 대한 절개를 지킵니다. 재취는 물론 첩도 들이지 않고 기녀들도 상대를 안 합니다. 다들 여자로 대하는 것이 아니라 인간으로서만 대했습니다. 아들 박종채가 아버지 연암에 대해 기록한 책이 『과정록(過庭錄)』인데, 책에는 이런 내용이 나옵니다.

> 아버지는 어머니를 여읜 후 얼마 되지 않아 다시 맏며느리 상을 당하였다. 그러니 끼니를 챙겨 줄 사람이 없었다. 사람들은 첩을 얻으라고 권했지만 아버지는 우스갯소리로 대꾸할 뿐 종신토록 첩을 두지 않았다. 친한 벗들 가운데 이 일을 두고 아버지를 칭찬하는 사람들이 많았다.

연암은 끝까지 지조를 지키면서 살았습니다. 왜 연암은 아내를 여읜 후 첩조차 두지 않았을까요? 젊었을 때 곤궁한 생활 속에서도 불평 한마디 없이 아내로서의 도리를 다해 주었던 전주 이씨에 대한 의리였겠지요. 게다가 연암은 곧은 성품을 갖고 있었던 데다 기개가 아주 뛰어나 자기의 뜻을 끝까지 지키지 않았을까 생각해 봅니다. 하지만 제가 마지막으로 내린 결론은 이렇습니다. 연암이 끝까지 독신으로 살면서 아내에 대한 지조를 지킨 것은 아내를 진심으로 사랑했기 때문이었다고요. 아내를 잊을 수가 없기 때문에 혼자 아내를 기리면서 살지 않았을까 생각합니다.

표현하는 사랑

연암은 아내 전주 이씨가 죽자 아내의 죽음을 애도하며 〈도망시(悼亡詩)〉 20수를 지었습니다. 그 시절 부부간에는 한글 편지를 주고받았습니다. 아내들이 주로 한글을 썼기 때문에 한글로 편지를 주고받았는데 특이하게도 연암은 한글을 익히지 않았었어요. 그러다 보니 아내하고 한글 편지를 주고받지 못했어요. 그래서 아내가 죽자 후회를 많이 합니다. 아내가 살아 있을 때 내가 한글을 알아서 아내와 한글로 편지를 주고받았으면 더 정이 쌓였고 돈독하게 살았을 텐데 하면서요. 이것을 굉장히 한스럽게 여깁니다. 이 연암의 〈도망시〉는 남아 있는 것이 없는 줄 알았는데, 얼마 전 김명호 교수가 유만주의 일기인 『흠영』 안에 두 수가 있다는 것을 발견해서 작품을 세상에 발표한 바 있습니다. 그 중에 한 수만 살펴보겠습니다.

> 한 침상에서 지내다가 잠시 헤어진 지가 이미 천년이나 된 듯
> 눈이 다하도록 먼 하늘로 돌아가는 구름 바라보네.
> 하필이면 나중에 오작교 건너서 만나리오.
> 은하수 서쪽 가에 달이 배처럼 떠 있는데

당장에라도 만나고 싶은데 언제까지 기다려야 하느냐 하는 내용에서 사별한 아내에 대한 그리움이 절절하게 묻어납니다. 연암은 아내가 죽자 아내에게 못 다한 사랑을 다른 사람들에게 나눠 주면서 여생을 보냈습니다. 두 아들인 종의와 종채, 그리고 며느리, 또 손자들에게 그 온 정을 다 쏟아 붓습니다. 참으로 아름답다고 생각되면서도 세상에 이런 사람이 정말 있을까 싶을 정도인데요, 연암은 만년에 타관에서 벼슬 생활을 계속했습니다. 그래서 가족에게 편지와 함께 자주 물건들을 보내 줍니다. 심지어 당신이 직접 담근 고추장을 자식들에게 보내면서 "내가 만든 거다. 맛이 들었는지 안 들었는지 너희들이 평을 좀 해 달라."고 합니다. 이렇듯 극진하게 자식들을 대하는데요, 아들에게 보낸 두 통의 편지를 함께 살펴보겠습니다. 편지에는 자

식들에 대한 연암의 사랑과 연암의 성품이 그대로 묻어납니다. 우선 첫 번째 편지입니다.

> 나는 고을 일을 하는 틈틈이 글을 짓거나 혹은 글씨를 쓰기도 하거늘, 너희들은 해가 다 가도록 무슨 일을 했느냐? 나는 4년간 『자치통감강목』을 골똘히 봤다. 두어 번 읽었지만 늙어서인지 책을 덮으면 문득 잊어버리곤 한다. 그래서 작은 초록 한 권을 만들었는데, 그리 긴한 것은 아니다. 그래도 한번 재주를 펴 보고 싶어 그만둘 수가 없었다. 너희들이 하는 일 없이 날을 보내고 어영부영 해를 보내는 걸 생각하면 어찌 몹시 애석하지 않겠니? 한창 때 그러면 노년에는 장차 어쩌려고 그러느냐? 웃을 일이다, 아니 울을 일이야! 고추장 작은 단지 하나 보낸다. 사랑방에 두고서 밥 먹을 때마다 먹으면 좋을 게다. 내가 손수 담근 건데, 아직 푹 익지는 않았다.

두 번째 편지도 역시 비슷한 내용을 담고 있습니다.

> 이전에 보낸 쇠고기 장볶이는 잘 받아서 조석 반찬으로 먹고 있느냐? 어째서 좋은지 싫은지 한 번도 말이 없느냐? 무심하다, 무심해. 나는 그게 포첩이나 장조림 같은 반찬보다 더 나은 듯하더라. 고추장 또한 내가 손수 담근 것이다. 맛이 좋은지 어떤지 자세히 말해 주면 앞으로도 계속 두 가지를 인편에 보내든지 말든지 하겠다.

자식들이 고추장에 대한 품평을 안 해 줬던 듯합니다. 그러니까 연암은 편지를 통해 서운함을 표현합니다. 18세기 대문호이자 실학자가 당신이 직접 고추장을 담아서 자식들에게 보내면서 이런 편지를 썼다는 게 믿어지나요? 저는 "역시 연암답다." 이렇게 봅니다. 저도 나이 들면 꼭 하고 싶은 것 중 하나가 제가 직접 만든 반찬이라든가 과일 효소 같은 것들을 제자들이나 자식들한테 보내면서 정을 표현해 보고 싶은 것입니다. 그게 사람 사는 것 아니겠습니까? 나이 들어서 나 자신을 위해 운동을 하고 취미 활동을 하는 것도 중요하겠지만 내가 남이 좋아하는 일, 남이 행복한 일을 해 준다면 삶이 얼마나 멋지겠습니까? 연암이야말로 그렇게 멋지게 살아가는 모습을 잘 보여 주는 사례라고 봅니다.

살아 있을 때는 고생하는 아내가 안쓰럽고 미안한 마음도 들지만 나름대로 최선을 다하고, 또 아내가 죽고 나서는 지조를 지키면서 아내의 넋을 위로해 주고, 아내에게 다하지 못한 사랑을 자식들에게 표현하고, 자식들이 진정 행복해하는 것을 알아서 베푸는 그런 마음, 역시 연암은 온 마음을 다해 세상을 살았던 진정한 위인이 아니었나 생각해 봅니다. 여러분들도 연암처럼 상대방, 특히나 아내라든가 남편, 자식들이 좋아하는 일이 무엇인가를 알고 그들이 정말 마음이 뿌듯하고 행복해할 수 있는 것을 찾아서 해 보면 어떨까 싶습니다.

슬픔이여 안녕

이화경(소설가)

1강 •
그리스 비극을 통한 인간 존재 성찰하기

강연을 시작하기에 앞서 비극 작품 중 한 대목을 읽어 보겠습니다.

> "마님을 보시자 그분께서는 큰 소리로 무섭게 울부짖으시며, 마님께서 매달려 계시던 밧줄을 푸셨어요. 가련하신 마님께서 바닥에 누우시자 이번에는 보기에도 끔찍한 일이 벌어졌어요. 그분께서 마님에 옷에 꽂힌 황금브로치를 뽑아 드시더니 자신의 두 눈알을 푹 찌르셨어요. 그분께서는 한 번이 아니라 여러 번 자기 눈알을 찌르셨어요. 그리고 찌르실 때마다 피투성이가 된 눈알들이 그분의 수염을 적셨어요."

상당히 버겁고, 부담스럽고, 끔찍한 비극의 한 장면을 제가 읽었습니다. 이 비극 작품은 소포클레스라고 하는 비극 작가가 쓴 『오이디푸스 왕』입니다. 여기에 나오는 그분은 바로 오이디푸스 왕이고요, 여기에 나오는 마님은 그분의 아내이자 한 나라의 왕비입니다. 왕비는 왜 스스로 목숨을 끊어야만 했을까요? 그리고 그 모습을 본 남편인 오이디푸스의 심정은 어떠했을까요? 상상만 해도 너무 가슴이 아픈데요, 오이디푸스 왕은 그 모습을 본 다음에 황금브로치를 떼 내 자신의 두 눈을 찌르고 맙니다. 그리고 피를 철철 흘리지요. 제가 여기서 여러분에게 말씀드리고 싶은 것은 그리스 비극이 가져올 참혹함이 아닙니다. 이 그리스 비극이 당대의 우리에게 어떤 것을 가르쳐 줄 것인가 하는 것입니다. 그리스 비극을 통해 무엇을, 어떤 지혜를, 어떤 삶의 가치를 배워야 할 것인가를 말씀드리기 위해서 이 내용을 가지고 왔습니다.

오이디푸스는 한 나라의 왕입니다. 그의 아내와 함께 사랑스러운 딸 둘, 아들 둘을 낳았습니다. 그런데 나라에 안 좋은 일이 계속 발생합니다. 그래서 예언자를 찾아가지요. 우리로 하면 무당쯤 되겠지요. 찾아가서 묻습니다. "뭐가 문제냐? 무엇 때문에 이 나라에 이렇게 힘든 일이 자꾸 생기느냐?" 그러자 예언자가 말합니다. "왕이시여, 당신이 이 진실을 알면 너무나 고통스러울 것입니다. 저는 말하고 싶지 않습니다." 그래도 왕은 다시 묻습니다. "무슨 일이냐? 무엇 때문에 이 나라가 이토록 풀리지 않느냐. 나의 문제라고 빨리 말해다오." 또 거절해요. 그래도 다시 묻습니다. 예언자는 어쩔 수 없이 말을 꺼냅니다. 당신이 태어날 때부터 이미 이 비극의 씨앗이 시작되었노라고. 오이디푸스가 그게 무슨 소리냐고 물었겠죠? 당신이 태어났을 때 이미 신탁이 있었다. 당신이 태어나면 성장해서 아버지를 죽이고, 어머니를 아내로 취하고, 어머니와 사이에서 당신의 남매이자 자식을 낳을 거라고. 그 예언이 실현된 자기 삶에 대한 저주를 듣고 난 오이디푸스는 어떻게 했을까요? 오이디푸스는 "그래? 그건 나와 상관없는 일이잖아? 그런데 나보고 어쩌라고."라고 하지 않았습니다. 끔찍한 진실과 마주한 오이디푸스왕은 자신의 눈을 찔렀고 그의 아내는 목을 매달아 끔찍하게 죽었습니다.

이 비극은 기원전 5세기에 번영을 누렸던 그리스 아테네에서 수시로 상영됐다고 합니다. 당시 상황을 잠깐 말씀드리겠습니다. 기원전 4~5세기의 그리스는 주변에서 가장 잘나가는 나라였습니다. 페르시아를 이미 전쟁에서 무찔렀고, 무서울 게 없었던 나라였습니다. 시민들의 자유는 가장 많이 확장돼 있었고 민주주의는 극대화돼 있었습니다. 예술과 학문 역시 절정에 달했지요. 이 잘나가던 시대에 그리스 왕과 정치인들은 왜 이 비극을 그리스 시민들에게, 아테네 시민들에게 끝없이 보여 주었을까요? 저는 여기에 바로 지혜가 있다고 생각합니다. 잘나갈 때 자기 발밑을 보라는 뜻인 겁니다. 전쟁에 이겨서 개선가를 부를 때 메멘토모리, 즉 너의 죽음을 기억하라는 지혜를 가르쳐 줍니다.

여기서 이 비극이 왜 그리스에서 상영되었는가를 생각해 보겠습니다. 영웅들의 비극, 오이디푸스 왕 같은 처참한 비극을 보면서 그리스 사람들은 얼마나 전율했을까요? 영웅들의 몰락을 보면서 얼마나 끔찍한 공포를 느꼈을까요? 누군가는 언젠가 닥치게 될 비극 앞에서 미리 그것을 예행연습했습니다. 솔직히 얘기할까요? 사람들은 잘나갈 때 스스로 질문을 하나요? 예쁜 애들은 질문하지 않습니다. 내가 왜 예쁘지? 내가 이렇게 예뻐도 되는 거야? 예쁜 게 잘못된 것은 아닐까? 이렇게 질문하지 않습니다. 돈 많이 벌 때 질문합니까? 더 많이 벌어야 되는 그 고민을 할지는 모르지만 질문하진 않습니다. 그런데 그리스 비극이 상영되던 그 시절에 그토록 잘나가던 시절에 사람들은 질문을 했습니다. 우리 이렇게 잘나가도 되는 거야? 우리 이렇게 자꾸 승리해도 되는 거야? 우리 이렇게 멋져도 되는 거야? 그러면서 깨닫습니다. 우리 오만방자하지 말자, 언젠가 닥칠 비극이 있다면 미리 예행연습해서 인간답게, 가치 있게 사는 게 무엇인지 우리 공동체가 공부 한번 해 보자, 이런 분위기였던 것입니다.

왜 비극인가?

저는 이것보다 더 중요하게 생각하는 것이 이 비극 작품을 썼던 작가들입니다. 『오이디푸스 왕』을 쓴 작가는 소포클레스라는 사람이었습니다. 소포클레스는 전업 작가가 아니었습니다. 이미 수많은 전쟁에 참전했던 용감한 군인이었고 장군이었으며 왕과 더불어 시민들을 다스렸던 대단히 역량 있는 정치가이기도 했습니다. 당시 양대 비극 작가라고 불리는 아이스킬로스 역시 정치가였습니다. 왜 이 두 명의 정치가들은 비극 작품을 썼을까요? 왜 그들은 시민들에게 비극이 무엇인가를 알려 주려고 했을까요? 여기까지 얘기하고 보니 저는 가슴이 아픕니다. 이 땅에서 이루어지는 비극에 대해서 '나는 몰라.' 하는 모르쇠로 일관하는 정치가들이 너무나 많아서입니다. 표를 구할 때만 유권자들이 신적인 존재가 되고, 그 외에는 모르쇠로 일관하는 정치가들이 너무 많은 현실이 저는 어쩌면 비극이 아닐까 생각합니다.

그리스 비극에 대해 대단히 중요한 책을 썼던 사람이 있습니다. 그분은 비극이란 타인의 고통을 빙자해서 나의 눈물을 흘리도록 해 주는 것이라고 설명합니다. 누군들 비극적인 상황에 처하고 싶겠습니까? 누군들 슬픈 상황에 처하고 싶겠습니까? 그런 사람 아무도 없습니다. 그런데 그리스 공동체는, 누군가의 비극에 대해 '공감한다'라는 것이 얼마나 중요한 것인가를 이해하기 위해 이미 그런 공감 연습을 했다는 것입니다. 누군가의 비극에 대해서 '공감한다'라는 것이 얼마나 중요한 것인가를 이해하기 위해서 그리스 공동체들은 이미 그런 연습을 했던 것입니다.

그리스 비극에 대한 책을 썼던, 대단히 유명한 학자가 있습니다. 임철규라는 분입니다. 그분은 책을 통해 그리스 비극이 무엇인지, 그 가치가 무엇인지에 대해 설명했습니다. 임철규 교수의 설명에 따르면, 비극은 당대가 직면한 문제가 무엇인지 따져 묻고 의문시 하는 것입니다. 그 사회가 겪고 있는 갈등에 대해서 서둘러 봉합하려 하지 않고, 그 갈등이 어디에서 비롯됐는지, 그 갈등을 어떻게 해결해야 하는지에 대한 얘기를 하기 위해서 비극 작품을 상영했다는 것입니다.

하지만 우리는 그렇게 하지 않습니다. 문제가 생기면 어떻게 합니까? 가만히 있으라고, 가만히 있으라고, 가만히만 있으라고 다그칩니다. 그 문제로 인해 상처를 입은 자들에게 뭐라고 얘기합니까? 돈 줄 테니까 가만히 있으라고 얘기합니다. 그리스 비극은 어떤가요? 가만히 있지 않겠다는 발언을 하고 왜 가만히 있어야 하느냐고 질문합니다. 문제가 있는데 왜 가만히 있어? 문제가 있다면 따져 물어야지, 갈등이 있으면 이 갈등이 어디서 비롯되었는지 우리 한 번 태클을 걸어서 그 갈등에 대해서 따져 볼까? 하는 것이 비극이 갖고 있는 힘이었다고 이야기합니다.

또 한편으로 그리스 비극이 가진 문학적인 힘은 무엇이었는지에 대해서 설명하고 있는데요, 그것은 바로 애도라는 것입니다. 그리스 비극에서는 등장인물들을 통해서 애도합니다. 수많은 사람들이 비극의 현장 속에서 이름 없이 죽어 갔습니다. 이 땅의 많은 민주열사들이 그랬고, 수많은 희생자들이 그랬습니다. 망각의 바닷속에 있는 그들을 현재 이 시간 속으로 불러내는 작업을 하는 게 문학의 힘이라고 합니다. 불러내서 무엇을 해야 할까요? 아팠겠구나, 힘들었겠구나, 그 상처가 너무나 고통스러웠겠구나, 그렇게 그들을 이해하고 인정하는 것입니다. 그다음에 무엇을 해야 할까요? 장례를 치러 주는 것입니다. 그것은 그들을 위해서가 아닙니다. 살아 있는 우리를 위해서입니다. 만약에 제대로 치러지지 않는다면 어떤 문제가 발생합니까? 이 사회는 진정한 가치가 무엇인지도 모르고, 미친 듯이 폭주하는 기관차처럼 달려가다가 종래에 부딪히는 어떤 지점에 다다를 것입니다. 그 지점은 저도, 여러분도 상상하기 힘듭니다.

비극과 애도

비극이 애도의 문제와 어떻게 연결되는지 잠깐 얘기하도록 하겠습니다. 비극 작품 중에 〈안티고네〉라는 작품이 있습니다. 안티고네의 오빠는 숙부와 전쟁을 치르다가 죽었습니다. 장사를 지내야 하는데 왕이 장사를 못 지내게 합니다. 굉장히 비극적인 내용인데요, 그 비극적인 내용이 우리에게 어떤 질문을 던지느냐 하면, 애도의 행위를 짓밟는 행위, 그리고 죽음을 의미 있고 가치 있게 질문하지 않는 크레온이라는 나라가 어떻게 멸망에 이르는가를 보여 줍니다. 비극적인 질문에 대해서 우리가 공동체적인 애도의 답변을 하지 않는다면, 이것은 개인의 문제로 끝나지 않고 전체 공동체의 커다란 위기에 직면할 수 있다고 하는 것을 그리스 비극 작품은 우리에게 일러 주고 있습니다. 우리가 그리스 비극 작품이 일러 준 지혜를 되묻지 않는다면 과연 우리 사회에 어떤 답이 나올지 저는 상상이 안 갑니다.

『그리스 비극에 대한 편지』라는 제목의 글을 쓴 분이 있습니다. 전남대 철학과 김상봉 교수입니다. 『그리스 비극에 대한 편지』에서 김상봉 교수는 비극은 철학보다 크다고 얘기합니다. 동시에 철학의 근본은 슬픔으로 돌아가는 것이라는 얘기를 합니다. 무슨 뜻일까요? 비극을 우리가 객관적으로 내려다보고, 건너다보면 어떤 생각이 드십니까? 안됐다. 힘들겠다. 참 아프겠네. 그러나 한편으로는 안심하죠. 어떻게 안심합니까? 나는 저 자리에 있지 않으니까 괜찮아. 그런데 이것이 얼마나 중요한 체험이냐 하면, 우리는 즐거운 페스티벌, 화려한 이벤트에 동참하기를 원하지, 누군가의 슬픔에 대한 얘기를 듣는 것을 원하지 않습니다. 그런데 그런 것을 늘 트레이닝하고 체험하다 보면 어떤 생각이 들까요? 아, 저 비극이 내 비극이 될 수도 있다는 공감대가 형성되고, 그러다 보면 우리의 사고가 확장이 됩니다. 김상봉 교수는 더 나아가서 이렇게 얘기 합니다. '타인의 비극에 동참하고 그것을

타인의 비극에 동참함으로써
나의 고통과 슬픔이 하찮게
느껴지고 의식이 확장되는
희열을 느끼게 되는 것이
그리스 비극이 주는
힘이다.

바라본다면, 내가 겪고 있는 고통이나 슬픔이 너무나 하찮게 느껴지면서 아울러 우리의 의식이 우주처럼 확장하는 희열을 느끼게 되는 게 비극의 힘'이라고요.

우연하게도 올해 4월, 일본에서 책 한 권이 나왔습니다. 일본도 세월호 사건처럼 일본 학생들이 중국의 상하이로 수학여행을 갔던 모양입니다. 그 수학여행에서 기차가 탈선을 하는 바람에 아이들이 너무나 많이 죽었습니다. 우리처럼요. 그때 일본은 희생자들과 유가족들에 대해 어떤 태도를 보였을까요? 그 책을 읽어 보니까 우리처럼 대단히 야만적이고 만만치 않게 반응을 했던 모양입니다. 기업과 사회와 국가는 희생자 유가족들에게 잊으라고, 돈이 얼마면 되냐고, 배상의 문제를 먼저 들이댔고요. 수많은 장례업자와 의사들은 그 끔찍한 시체를 보지 말고 빨리 묻으라고, 그리고 빨리 생업에 매진하라고, 그래서 경제 살리기에 앞장서라고 했던 모양입니다. 우리와 굉장히 많이 닮았죠? 그 책은 우리에게 이런 질문과 성찰의 목소리를 들려줍니다. 어떠한 부분이냐 하면요, 열차 사고였으니까 학생들 시신이 많이 손상되었겠지요? 희생자들의 가족이 가장 먼저 했던 일은 뼈 한 조각, 살점 한 조각을 더 찾아내는 것이었다고 합니다. 너무나 슬프게도 살점을 더 많이 찾아내고, 뼛조각을 더 많이 찾아낸 유가족들은 애도의 기간이 짧았고, 슬픔의 강도도 많이 약화되었다고 합니다. 아무것도 아닌 것 같지만 그것 하나하나가 인간에게는 대단히 중요한 비극의 순간에, 슬픔의 순간에, 가장 중요한 슬픔의 회복과 위로의 조각이 될 수 있다는 걸 그 책은 여실히 보여 주고 있었습니다.

다시 비극, 아니 애도로 돌아가겠습니다. 지금 세월호에는 아홉 명이 남아서 가족의 품으로 돌아오지 못하고 있습니다. 이 아이들의 부모는 너무나 가슴 아프게도 죽은 아이의 시신을 먼저 만진 부모를 부러워한다고 합니다. 그들은 시체라도 만져 봤으니까요. 아직도 바닷속에 잠들어 있는 아홉 명의 아이들을 어떻게 해야 할까요? 저는 건져 내야 한다고 생각하는데, 돈이 너무 많이 든다면서요? 불가능한 것을 가능한 것으로 만들려고 하는 최소한의 공동체 몸짓이 공동체 윤리라고 그리스 비극은 얘기합니다. 아홉 명의 시신이 가족의 품으로 돌아오기를 간절히 기도합니다.

2강 •
슬픔을 대하는 우리의 태도

누구나 '슬픔'이라고 하면 무겁고 암담하고 답답해서 피하고 싶은 감정이 듭니다. 저는 이 시간에 그간 대중 강연에서 단 한 번도 말하지 않았던 제 이야기를 꺼내려 합니다. 고등학교 3학년 여름이었습니다. 개학을 하루 앞둔 날이었는데요, 집이 가난한데 속없이 저는 대학을 가고 싶었습니다. 특별히 공부를 잘하는 아이는 아니었는데, 왠지 대학에 가면 멋있는 여자가 될 것 같았습니다. 집이 가난한데 대학에 간다고 하니 부모님께 너무 죄송하잖아요. 죄책감도 많이 들고요.

그때가 일요일이었습니다. 내일이 개학인데, 뭔가 부모님께 도움을 드리고 싶었습니다. 그래서 독서실에서 밤을 새고 집에 와서 부모님을 도와준답시고 일을 하다가 제 신체 일부를 잃었습니다. 아주 큰 사고였습니다. 곧바로 병원에 실려 갔지요. 그리고 그해 여름이 지나고 가을이 올 때까지 학교에 가지 못했습니다. 수술을 세 번 했습니다. 제가 태어나 처음으로 경험한 엄청난 상처였고, 이해하기 힘든 고통이었고, 받아들이기 힘든 슬픔이었습니다.

그런 일을 당하고 나서 어떻게 살아야 될지도 모르는 고3 여학생한테 많은 사람들이 병문안을 왔습니다. 어떤 분이 오셔서 저한테 이렇게 얘기하시더라고요. "화경아, 어린 너에게 이런 고통과 상처를 주는 것은 하나님의 뜻이 있을 거야." 이렇게 얘기하시는데, 제가 바로 "하나님, 고맙습니다."라고 해야 하는데 그게 힘들었습니다. 제가 받은 상처의 뜻도 아직 이해가 안 됐는데 하나님의 뜻까지 이해하라고 하니까 받아들이기 힘들었습니다. 나에게는 그것이 위로가 되지 못했습니다.

그러던 어느 날, 교회 오빠가 왔습니다. 건들건들거리며 기타를 매고 왔어요. 제 앞에서 아무것도 안 하고 기타로 노래만 불러 주고 가는 거예요. 아파서 어쩌냐 하는 말도 하지 않고, 괜찮으냐고 묻지도 않고, 건들거리면서 이상한 노래만 부르고 가는 겁니다. 하지만 제 마음은 괜찮았습니다. 또 어느 날은 교회 여자 선생님께서 오셨습니다. 혼자 사는 분이셨는데, 저를 쳐다보더니 한마디도 하지 않는 거예요. 그런데 그 눈빛이요, '나, 너 이해할 수 있을 것 같아.' 이런 눈빛이었거든요. 그러고 나서 제 손을 꼭 잡더니 말없이 앉아 있다 가셨습니다. 병실 문을 나가는 뒷모습을 보았는데요, 긴 치마를 입었는데 다리를 심하게 절고 있었습니다. 그때 알았습니다. 상처받은 사람에게는 어떤 위로의 말들이 상처가 되기도 하고, 정말 큰 슬픔을 당했다고 느낀 사람에게 다가가서 위로라고 건네는 게 때로는 얼마나 어쭙잖고 위험한 것인가 하는 것을요.

다행히 저는 퇴원하고 나서 촌사람들이 다니는 대학에 들어가게 됐습니다. 저는 상처 때문에 제가 많은 사람들에게 사랑받지 못할 거라고 생각했습니다. 그런데 남학생들이 저를 너무 좋아하는 거예요. 제 안에 있는 그늘을 보고 저에게 다가온 것이었습니다. 상처가 만든 그늘이지요. 그동안 제가 얼마나 많이 울었겠어요? 울다가 보니 눈이 얼마나 맑고 깊어졌겠습니까? 남자들은 약간 비밀스럽고 어둡고 말없는 여자를 좋아하더군요. 하지만 이건 다 거짓말입니다. 예쁜 여자 좋아하더라고요. 예뻤던 저의 20대를 상상하기 힘들 거라고 생각합니다. 하지만 저도 예뻤던 적이 있었습니다.

제가 지금까지 한 번도 공개하지 않았던 슬픔에 대한 얘기를 꺼낸 이유를 짐작하시나요? 제가 '슬픔이여 안녕'이라는 제목을 택한 이유는 도처에 슬픈 일이 너무 많은데 사람들이 이 슬픔을 밀어내는 것을 보았기 때문입니다. 그리고 슬픔에 대해서 "아, 나 싫어. 불편해."라는 반응을 보이더라고요. 그런 것을 보면서 제가 30년 전에 받았던 상처가 또 다시 올라오는 느낌이 들었습니다.

"슬픔아, 이리 오렴"

그러면 슬픔을 어떻게 대하면 될까? 내가 그런 얘기를 좀 꺼내 보면 어떨까? 하는 생각을 하다가 프랑스 작가 프랑수아 사강(Francoise Sagan)이 쓴 『슬픔이여 안녕(Bonjour Tristesse)』이라는 책을 떠올렸습니다. 불어 제목에 '봉쥬르'라는 말이 나옵니다. 봉쥬르는 평상시 만날 때 하는 인사이지요? 헤어질 때 하는 인사는 아닙니다. 주인공인 세실이라는 소녀는 아주 작은 악마입니다. 마지막에 자기의 슬픔을 깨닫게 되는, 어른이 되어 가는 과정에서 이렇게 말합니다. "안녕? 슬픔." 하고요. 우리 사회도 서둘러 슬픔을 건네지 말고, 한 번쯤 성숙하게 "슬픔, 괜찮아, 이리로 와 봐. 인사 한 번 하자." 해도 괜찮겠다는 생각이 들어서 이 제목으로 정해 봤습니다.

저는 작가인데요, 글쟁이들이 하는 일이 뭐 있나요? 골방에서 남들이 하지 않는 생각, 남들이 상상하지 않는 것들을 궁리하는 걸 전문으로 하는 사람이지요. 그런데 제가 슬픔이라는 주제를 놓고 이런저런 생각을 떠올리다 보니 셰익스피어라는 영국 작가의 작품이 떠올랐습니다. 바로 『리어왕』이라는 작품이었어요. 자식을 잃은 슬픔을 제대로 보여 준 비극적인 작품이지요. 『리어왕』이야기를 잠깐 하겠습니다.

셋째 딸 코델리아의 시신을 안고 울부짖는 리어왕

리어왕은 부러울 것도, 무서울 것도 하나 없는 왕이었습니다. 그에게는
세 명의 딸이 있었습니다. 리어왕은 첫째 딸에게 물었습니다. "너는 아버지
를 얼마나 사랑하느냐?" 첫째 딸이 뭐라고 얘기했을까요? "아버지, 저는 아
버지를 너무나 사랑해요. 저한테는 아버지밖에 없습니다. 아버지께서 제 사
랑을 의심하시면 안 되죠." 하면서 입에 발린 사랑 이야기를 속삭였습니다.
리어왕은 기분이 좋았습니다. 이번에는 둘째 딸에게 물었습니다. "둘째 딸
아, 아버지를 어떻게 생각하느냐?" 그러자 둘째 딸이 말합니다. "저는 아버

지를 정말 사랑합니다. 아버지는 누가 뭐래도 최고예요!" 리어왕은 셋째 딸 코델리아에게 갔습니다. "딸아, 이 아버지를 어떻게 생각하느냐? 아버지를 사랑하느냐?" 하고 물었습니다. 셋째 딸은 한참 동안 아무 말이 없습니다. 이윽고 입을 열어 하는 말이, "아버지, 아버지가 비록 왕이시나 모든 사람의 사랑을 기대하지는 마세요."라는 것입니다. 자식이 이렇게 대답하면 여러분은 어찌시겠습니까? 기분이 어떨까요? 힘들 겁니다. 리어왕도 마찬가지였습니다. 그래서 '셋째 딸이 나와는 좀 맞지 않는 아이구나.'라고 생각했지요. 당연히 자신에게 달콤한 말을 속삭여 준 첫째 딸과 둘째 딸한테는 과한 사랑을 주었고요. 그가 가진 권력, 그가 가진 영토, 이런 것들을 딸들에게 나눠 줍니다.

리어왕도 나이가 듭니다. 권력은 사라지게 됩니다. 리어왕이 늙고 병들고 권력 또한 사라지게 되자 사랑을 고백했던 두 딸은 어떻게 했을까요? 아버지를 배반하고 무시하고 쳐다보지도 않습니다. 한편 사랑에 대해서 "아버지, 저는 그건 아닌 것 같아요."라고 다소 냉정한 태도를 보였던 셋째 딸은 아버지의 몰락을 가슴 아파합니다. 처절하게 몰락한 리어왕은 자기를 따랐던 광대와 충신 한 명을 데리고 백발을 휘날리며 광야로 나가 옷을 찢으며 울부짖습니다. "인생이 허무하구나. 운명아, 나를 데려가라!" 그 순간에 막내딸이 쫓아옵니다. '아버지를 살려야 한다.'는 일념으로요. 그리고 아버지를 무시하고 아버지를 내쫓았던 두 언니에게 전쟁을 선포합니다. 그 전쟁에서 셋째 딸 코델리아가 죽고 맙니다. 리어왕은 셋째 딸의 시신을 부둥켜안고 이렇게 외칩니다. "Never, Never, Never, Never, Never." 무슨 뜻이죠? "결코, 결코, 결코, 결코, 결코." 이 말밖에 하지 않습니다. "내 딸 어쩌지?"가 아니라 "왜 내게 결코 일어나서는 안 되는 일이 일어났지?" 하면서 울부짖습니다.

『슬픔의 위안』이라는 책에서는 리어왕이 외쳤던 '결코'가 바로 슬픔의 무게라고 얘기합니다. '결코'를 반복하는 게 슬픔의 과정이라고 합니다. 제발 우리에게는 "결코, 결코, 결코"라고 말하는 상황이 일어나지 않기를 저는 기도합니다. 하지만 우리에게 일어나지 않을지도 모르는 일이 우리 공동체 안에서 그 누군가에게는 일어날 수도 있습니다.

"제가 안아 드려야 할 것 같네요"

저는 앞에서 제 슬픔에 대해 여러분에게 이야기한 바 있습니다. 위로를 하러 왔는데, 위로는커녕 저를 너무나 아프게 했던 그 기억에 대해 잠깐 언급했습니다. 우리는 너무나 극심한 상처, 슬픔 속에 있는 사람에게 어떻게 다가가야 할지 모릅니다. 너무나 사랑하는 사람을 불시에 잃어버린 사람한테 우리는 장례식장에서 뭐라고 얘기하나요? 할 말을 잃습니다. 뭐라고 얘기할지 도무지 갈피를 잡을 수가 없습니다. '삼가 고인의 명복을 빕니다.' 외에는 이렇다 하게 떠오르는 말이 없습니다. 그리고 그 슬픔에 동참하기 위해서 어떻게 합니까? 너무 힘드니까 왕창 마셔야 합니다. 어떻게 해야 할지 모르니까요. 그 사람이 나빠서일까요? 무감각해서일까요? 그건 아니라고 생각합니다.

그런 일을 성공적으로, 감동적으로 해냈던 사례 하나를 얘기해 보겠습니다. 9·11 테러 사건이 일어나면서 미국 뉴욕에 있는 세계무역센터가 와르르 무너져 내렸습니다. 얼마나 많은 사람들이 죽었는지, 누가 죽었는지 아무도 모르는 상황이었습니다. 사건 현장 바로 옆에 임시 센터가 개설되었습니다. 그 자리는 희생자들의 신원 확인을 위해서 찾아온 많은 사람들에게는 고통의 현장 그 자체였습니다. 그 소식을 들은 뉴욕양키즈 팀의 야구선수들은 자신들이 머물고 있는 뉴욕에서 일어난 이 피해와 고통을 다른 사람들과 나누고 싶었습니다. 그들은 고통의 현장에 찾아갔습니다. 부둥켜안고 우는 사람, 망연자실하게 주저앉아 울고 있는 사람······. 뉴욕양키즈 선수들은 그들에게 어떻게 다가가야 할지 몰랐습니다. 그래서 다들 주춤거리고 있었지요. 미국 야구선수들의 덩치를 좀 상상해 볼까요? 커다란 덩치에 야구 모자까지 쓰고 희생자 유가족들에게 어떻게 할 줄을 모르고 서 있는 선수들의 모습을 떠올려 보십시오.

그때 최고의 스타였던, 버니 윌리엄즈라는 외야수가 나섭니다. "뭐라고 드릴 말씀은 없지만, 제가 한 번 안아 드려야 할 것 같군요."라면서요. 그 말을 듣는 순간 그 자리에 앉아 있던 많은 희생자들이 위로를 받습니다. 그는 그들에게 다가가 뻘게진 얼굴을 하고 안아 줍니다. 그제야 옆에 있던 다른 선수들과 감독들이 차례로 희생자 가족들을 안아 주면서 그들을 위로합니다.

이처럼 위로는 생각보다 어렵지 않습니다. 여러분도 두 손 다 가지고 있지요? 저는 신체의 일부를 잃었기 때문에 두 손이 없습니다. 제가 가서 위로할 수 있는 것은 한 손으로 어깨를 두드려 주는 것일 수 있어요. 두 손을 갖고 있는 여러분들은 두 손을 맞잡아 주십시오. 누군가가 힘들다고 얘기하면 이상한 위로 같은 거 하지 마세요.

제가 아는 후배는 아들을 잃었습니다. 숨도 못 쉴 정도로 깊은 슬픔에 빠져 있는데, 어떤 분이 와서 위로랍시고 이렇게 얘기를 하더랍니다. "아따 평소에 본께 애기 여기 인중이 짧더라고. 긍께 자네 아들이 빨리 갔는갑서." 이게 위롭니까? 위로의 말이라는 것은 이런 건 아니지요. 번지르르 한 말, 괜찮은 말, 서둘러 하려고 하지 마세요. 그냥 가서 "제가 설거지를 도와드리면 어떻겠습니까?", "제가 우편물을 대신해서 받아드리면 괜찮을까요?", "제가 뭐라고 말씀드려야 할지는 모르겠지만, 한 번 안아 드려도 될까요?"라고 묻는 것, 저는 이런 것이 위로의 방식이라고 생각합니다.

결론적으로 말씀드리자면 슬픔은 기피하거나 꺼려하거나 멀리 떠나 보내야 할 감정이 아닙니다. 수많은 감정 가운데 슬픔도 우리가 천천히 다독거리며 안아 줘야 할 감정입니다. 그래야만 우리 사회가 진정한 의미에서 건강해지는 것입니다. 다시 한 번 이 부제에 대한 제목을 언급하면서 강의를 마치려고 합니다. '슬픔이여, 안녕?' 하면서 슬픔을 맞이해 보면 어떨까요? 이 어려운 이야기를 들어주신 여러분께 깊은 감사를 드립니다.

3강 •
타인의 고통

타인의 고통에 대해서 누구보다 평생 예민하고 섬세하고 진지하게 통찰하고 성찰했던 사람이 있습니다. 바로 수전 손택(Susan Sontag)입니다. 굉장히 매력적인 분이지요. 지적이면서 예쁘기도 합니다. 이분은 타인의 고통에 대해서 누구보다 먼저 발 벗고 나섰습니다. 전 세계 고통의 현장을 누비고 다니면서 우리에게 타인의 고통이 무엇인가를 성찰하게 해 준 분이었습니다.

이분은 미국인입니다. 어머니가 알콜 중독자였어요. 어머니가 알콜 중독자라면 어떨까요? 자기도 보살피기조차 힘든 사람의 딸이었다고 생각해 보십시오. 그리고 아버지가 네 살 때 돌아가셨습니다. 알콜 중독자인 어머니가 다행히 재혼을 했던 모양입니다. 의붓아버지 밑에서 컸는데 알콜 중독자인 어머니는 자녀의 양육에는 별로 관심이 없었습니다.

그런데 인생이란 게 참 재미있습니다. 이토록 힘든 가정에서 태어나고 자랐는데, 수전 손택은 어릴 때부터 책을 무척이나 좋아했다고 합니다. 집에 책 같은 건 아예 한 권도 없는데, 초등학교 선생님 한 분이 책 한 권을 건네주었나 봐요. 그걸 본 순간, '아, 내가 이 감옥 같은 집으로부터 자유롭게 해방될 수 있는 길은 아마도 책이 아닐까 싶어.'라고 생각을 했던 듯합니다. 그래서 학교에 있는 도서관의 책을 미친 듯이 읽었습니다. 그녀가 책벌레가 됐던 이유 중 하나는 답답한 자신의 집과 고장, 그 감옥 같은 곳으로부터 도망치고, 더 넓은 세계로 나아가기 위해서였습니다. 그녀는 자신의 문학이 더 넓은 세상으로 가기 위한 요건이었다고 얘기합니다.

그런 형편 속에서 자기 자신을 극복하는 방법은 뭐였을까요? 수전 손택은 아주 독종이었는데요, 평생 동안 하루에 4시간밖에 자지 않았다고 합니다. 4시간만 자면서 얼마나 책을 읽고 또 공부를 했던지 결국은 답답한 집에서 벗어나 16살 때 시카고 대학에 들어갑니다. 그리고 조숙한 관계로 일찍 남자를 만나 아들을 낳았습니다. 하지만 수전 손택은 거기서 머물러 있지만은 않았습니다. 마음속에서 소중하게 키워 온 꿈이 있었거든요. 그래서 이혼하고 아들을 혼자 키우는데 양육비를 거절했다고 합니다. 그러면서 중단했던 학업을 계속 이어 가면서 하버드 대학, 옥스퍼드 대학, 소르본느 대학 등 이 모든 대학을 마치 마라토너처럼 전력질주하면서 끝마쳤다고 합니다. 그녀가 이렇게 미친 듯이 공부했던 이유는 출세를 위해서가 아니었습니다. 나 아닌 다른 사람의 문제, 내가 속해 있는 세상 말고 다른 세상에는 누가 있는지, 그들은 어떻게 살고 있는지, 자신의 영역을 좀 더 확장하는 방식으로 선택한 것이 공부였습니다.

그녀는 안타깝게도 2004년에 세상을 떠났습니다. 굉장히 똑똑한 여자였는데, 마흔세 살 때 유방암 말기 진단을 받습니다. 하지만 이겨 냅니다. 그 시기에 엄청난 책을 써 냅니다. 그런데 또다시 병마가 들이닥칩니다. 이번에는 자궁암에 걸린 것입니다. 이겨 냅니다. 초인적인 힘으로요. 징징거리지 않습니다. 또 책을 써 냅니다. 그리고 나서 불행하게도 백혈병에 걸립니다. 결국은 그 병을 이겨 내지 못하고 세상을 떠나고 맙니다. 죽기 전까지 자신이 써야 할 책에 대해서 의지와 욕심을 놓지 않았다고 합니다.

제가 수전 손택에 대해서 여러분에게 말씀드린 이유를 아시겠나요? 타인의 고통에 대해 누구보다 예민하고 강렬하게 느끼고 공감했던 이유는 아마도 수전 손택 자신이 겪었던 고통에 기반했기 때문일 것입니다.

얼마 전에 네팔에서 지진이 일어났지요? 수많은 우리나라 사람들이 저 멀리 남의 나라의 지진임에도 불구하고 가슴 아파하며 쓴 글들을 보았습니다. 그 글 가운데 제 시선을 끌었던 글이 있습니다. 수많은 기자들이 특종을 잡으려고 미친 듯이 네팔의 지진 현장으로 갔던 모양입니다. 거기에 인도에서 온 기자가 신속 정확한 밀착 취재를 한답시고 가족을 잃고 무너진 집에서 떨어진 재를 뒤집어쓰고 울고 있는 피해자에게 마이크를 들이댔다고 합니다. 뭐라고 물어봤을까요? 기분이 어떠냐고 물어봤다고 합니다. 기분이 어땠을까요? 그 기자는 기자의 본분에 충실했을지도 모릅니다. 하지만 기분이 어떠냐는 질문을 받았던 피해자는 뭐라고 답을 할 수 있었을까요?

또 다른 기사가 있습니다. 우리나라의 기독교 단체에서 봉사자들을 보냈는데, 그들이 네팔의 희생자들을 도와주면서 하지 말아야 할 말을 했다고 합니다. 어떤 말이었는지 구체적으로 듣지는 못했습니다. 하지만 그 말을 들은 희생자들이 우리나라에서 가져간 많은 물과 옷, 비싼 음식들을 모두 받지 않겠다며 불쾌감을 나타냈다고 합니다. 타인의 고통에 대해서 우리가 어떻게 해야 하는지, 어떻게 이해하고 성찰해야 하는지 이 두 사례를 통해 성찰해 보고자 합니다.

타인의 고통, 얼마나 아나요?

수전 손택이 묻습니다. "타인의 고통, 어디까지 생각해 봤습니까?" 수전 손택은 보스니아 전쟁의 참상을 찍은 사진을 하나 내밉니다. 한 명은 군홧발로 때리고 있고, 그 밑에서는 이름조차 알 수 없는 사람이 웅크리고 이 군홧발을 받고 있습니다. 이 젊은 군인의 왼손에는 담배가 끼워져 있습니다.

아주 느긋하게 옆 사람과 토킹까지 하고 있습니다. 다른 사진은 킬링필드가 이루어졌던 캄보디아 희생자의 사진입니다. 이 사진을 보여 주면서 수전 손택은 묻습니다. "저 사람이 누군지 당신은 알고 있습니까? 저 군홧발에 짓이겨져 있는 익명의 사내가 느끼는 고통을 이해할 수 있습니까?" 수전 손택은 다시 묻습니다. "내일모레 곧 죽게 될 저 킬링필드의 무고한 희생자의 얼굴을 당신은 기억할 수 있습니까?"

수전 손택은 단순히 타인의 고통에 대해서 "어디까지 생각해 봤습니까?" 하고 묻지 않고 좀 더 철학적으로 접근합니다. 군홧발에 짓이겨진 저 얼굴을 알 수 없는 사람도 누군가의 애인이고 누군가의 귀한 아들일 것이며, 결혼을 했다면 누군가의 남편이고, 아이를 낳았다면 누군가의 젊은 아빠일 것입니다. 이 옆에서 너무도 불쌍한 표정으로 사진 찍힌 저 피사체의 사람도 누군가의 귀한 아들일 것이며, 누군가의 사랑하는 남편일 것이라고 이야기합니다. 저 끔찍한 전쟁과 고통과 쓰나미, 테러와 폭파 속에 살점이 떨어져 나갔던 이 모든 사람들은 특별한 개개인이라는 것입니다. 특별한 고유성을 갖고 있는 개별자라는 것입니다. 현대인의 뉴스와 현대의 텔레비전은 바로 저 개별자, 고유자로서의 개인을 깔아뭉개고, 보편성 속으로 밀어 붙임으로써 우리가 가지고 있는 인간의 존엄에 대해서 무시한다고 그녀는 질타합니다.

아울러 수전 손택은 텔레비전이 갖는 매체의 위력에 대해 경계와 우려의 목소리를 냅니다. 일본에 쓰나미가 왔을 때, 인도네시아의 지진이 왔을 때, CNN에서 9·11 테러 사건을 보여 줄 때 어땠습니까? 보고 또 보고, 보고 또 보고, 보고 또 봅니다. 우리가 원하던 원하지 않던 보고, 또 보고, 보고 또 봅니다. 어린이집에서 어떤 보육교사가 아이의 뺨을 때려서 아이가 날아가는 장면이 있었습니다. 종편에서는 이 장면을 보여 주고 또 보여 주고 또, 또 보여 주고……. 그 아이는 하루 200번 정도 뺨을 맞았습니다. 아시겠지만 그 아이의 어머니는 방송국에 요청을 했습니다. 제발 좀 그만 보여 달라고. 그러나 묵살당했습니다. 그 아이는 이제 어떤 아이가 됐습니까? 폭행교사에게 뺨을 맞는 아이로 전락했습니다. 그것이 텔레비전이 갖고 있는 폭력이고 효과라고 얘기합니다. 방관자처럼 팔짱 끼고 저 멀리서 이루어지는 전쟁에 대해서, 커피를 마시면서, 토스트를 먹으면서 끔찍한 전쟁과 비참함을 바라보는 행위가 우리에게 윤리적인 감각을 마비시킨다고 수전 손택은 얘기합니다.

그 다음으로 수전 손택은 타인의 고통에 대해 눈을 돌리는 것이라면 더이상 우리라는 말을 당연시해서는 안 된다고 얘기합니다. '우리'라고 얘기하지 말라는 것입니다. 당신이 어떤 고통에 처해 있는지를 정확히 이해하지 못한다면, 그 고통이 무엇인지 정확히 알지 못한다면, '우리'라고 말하지 말라고 얘기합니다. 만약 타인의 고통에 대해서 모른 척하고 방관자적 자세로, 관음증 환자처럼 그 고통을 즐긴다면, 그것은 인간이 아니라 윤리적인 괴물이라고 얘기합니다. 이런 얘기, 참 듣기 힘듭니다. 그럼에도 불구하고 수전 손택이 고통에 대한 얘기를 들고 나오는 이유가 있습니다. 왜냐하면 타인의 고통에 대해서 우리가 이해하지 못한다면 결국 우리 자신을 이해하지 못하게 되기 때문입니다.

대신 울어 줄 테니 울지 마세요

수전 손택은 젊은이들에게 묻습니다. 자신에 대해 알고 싶으냐고요. 그러면 타인에게 눈길을 돌리라고 얘기합니다. 골방에 갇혀서, 자기애에 빠져서 허우적대지 말고, 세상 밖으로 나가서 타인이 누가 있는지 들여다보라고 말합니다. 다른 사람, 다른 관심, 다른 세계, 다른 타자에 대한 공감이 없다면 너라는 존재는 절대로 자유를 갖지 못하고, 존재의 확장을 이룰 수 없다고 얘기합니다. 존재의 확장을 이룰 수 있는 가장 큰 계기는 타인을 향해서 손을 내미는 데에서 만들어지는 것이고, 더 큰 계기는 타인의 고통에 대해 절대 눈을 돌리지 않고 정직하게 들여다보는 데에서 생긴다고 얘기합니다.

그녀가 우리에게 가장 해 주고 싶은 말이 있습니다. 수전 손택은 강자에게는 딴지 걸고, 감 놔라, 대추 놔라고 얘기했던 사람입니다. 우리나라의 김지하, 황석영 이런 작가들이 군부독재에 의해서 감옥에 갇히면 제일 먼저 달려와서 빨리 석방하라고 촉구했던 여자이기도 합니다. 그녀는 육체적인 질병의 고통 속에서 죽어갈 때 이렇게 얘기합니다. "논 삐앙 게레, 논 삐앙 게레." "울지 마세요."라고요. 역설이죠? "제가 대신 울어 드릴 테니 여러분, 울지 마세요." 하는 말입니다. 그녀가 진정으로 하고 싶었던 말은 우리 함께 울자는 것이었을 겁니다. 고통에 대해서, 타인의 고통에 대해서 더 이상 프리즘 너머 피사체로 보지 말아야 합니다. 수전 손택이 우리에게 권유했던 말이 있습니다. 특권적 위치에 있으면서 타인의 고통에 마치 아량을 베풀 듯이 손을 내민다면 당장 그 시혜를 멈추라고. 시혜를 받는 사람을 따로 상정하고, 시혜에 그저 순종하기만 하라고 다그치고, 피해자의 역할을 강요하는 것 자체가 이미 오만이고 폭력이라고 말합니다. 타인의 고통에 대해서 좀 더 섬세하고 예민하게 살펴보면 어떨까 하는 얘기로 이번 강의를 마치겠습니다.

4강 •
애도한다는 것

    사랑하는 대상이나 사랑하는 사람, 애착을 가졌던 물건을 잃어버렸을 때 또는 떠나보냈을 때에 느끼는 감정, 떠나보내는 일을 '애도'라고 합니다. 애도의 과정을 비껴갈 수 있는 사람이 단 한 사람이라도 있을까요? 사람들은 만나면 모두 언젠가는 이별하게 됩니다. 이별하지 않는 만남이 있습니까? 부모 자식 간의 만남도 언젠가는 부모의 죽음으로 이별을 맞이합니다. 저는 올해 1월에 부모님 한 분을 떠나보냈습니다. 떠나보내면서 거치는 애도의 과정을 저는 지금까지 거치고 있는데, 쉽지가 않습니다. 그렇지만 겪어 내야지요. 왜냐하면 죽은 사람은 죽은 사람이고, 산 사람은 산 사람이니까요. 그렇게 애도의 과정을 잘 겪어내라고 주변의 많은 사람들이 격려해 주고 위로의 말도 건네주고 합니다.

    회자정리(會者定離)라는 말이 있습니다. 〈논어〉에 실린 공자님 말씀입니다. 여러분도 잘 아실 테지만, 회자정리는 사람은 만나면 반드시 헤어지게 된다는 뜻의 사자성어입니다. 자크 데리다(Jacques Derrida)라고 하는 프랑스 철학자는 이렇게 얘기했습니다. 누군가를 만나는 모든 행위 자체가 이미 애도가 시작된 것이라고. 여러분이 어떤 물건에 애착을 갖게 된 순간, 언젠가는 그 물건을 떠나보내거나 자신이 먼저 떠나야 합니다. 결코 영원히 가질 수 없습니다. 인간에게 이 애도의 과정은 필연적인 과정입니다. 태어나자마자 우리는 애도할 수밖에 없는 존재가 됩니다. 이 애도를 어떻게 제대로 하는가가 인간이란 무엇인가, 인간의 존재란 무엇인가, 우리는 어떻게 행복하게 성인이 되고, 신선이 될 수 있는가에 대한 중요한 질문이고 기초라고 봅니다.

이렇듯 애도는 피할 수 없는 인간의 운명입니다. 애도와 관련해서 우리에게 중요한 메시지를 던진 사람이 있습니다. 바로 지그문트 프로이트(Sigmund Freud)입니다. 그는 〈애도와 멜랑콜리〉라는 논문에서 애도란 무엇이고, 애도를 잘 겪지 못하면 어떤 병에 걸리는지를 설명했습니다. 프로이트에 따르면, 애도의 대상은 사랑하는 연인이 될 수도 있고 조국이 될 수도 있습니다. 자기가 지켰던 신념이 될 수도 있고요. 그리고 여러분이 갖고 있는 만년필이 될 수도 있고 여자들에게는 명품 가방이 될 수도 있습니다. 이렇게 애착을 가지는 모든 대상들이 잃었을 때 느끼는 감정은 슬픔 그리고 상실감입니다.

너무나 좋아했던 명품 가방을 잃었습니다. 당연히 속이 상하죠. 그러면 어떻게 할까요? 잃어버렸던 명품 가방에 대해서 일정 기간 동안 애도의 기간을 보냅니다. 아, 마음이 아프다. 내 마음에 상처가 났어. 하지만 일정 기간이 지나면 우리는 명품 가방에 대한 감정을 정리합니다. 그리고 어떻게 이 마음을 바꿉니까? 더 비싼, 더 좋은 명품 가방으로 옮겨 갑니다. 누군가를 너무나도 치열하게 사랑했습니다. 가슴이 찢어지게 사랑했고, 오랜 기간 동안 그가 함께했었습니다. 그런데 그가 말합니다. 더 이상 너는 나의 연인이 아닌 것 같아. 이제 떠나보낼게. 그렇게 말하고는 그가 떠났습니다. 욕도 나오고, 내가 뭘 잘못했는지 말해 달라 하면서 매달리기도 할 테죠. 그리고 그 가슴에 빈 구멍이 너무 커서 마치 총 맞은 것처럼 빈 구멍이 메워지지 않을 순간이 오랫동안 지속될 겁니다. 그 기간이 바로 애도의 기간입니다. 애

프로이트는 사랑하는 사람이나 다른 대상을
잃어버린 상실감은 반드시 일정한 애도의
기간을 거쳐야 극복될 수 있다고 보았다.

도의 기간이 지나고 나면 어떻게 해야 하나요? 더 멋있고, 더 잘생기고, 더
돈 많은 남자를 보란 듯이 만나야겠죠? 거기에 나의 사랑의 감정을 마구 쏟
아 보내야 합니다. 이것이 프로이트가 말하는 애도의 정상적인 과정입니다.

　이렇게 애착을 가졌던 대상을 떠나보내거나 상실했을 때 느끼는 감정의
기간이 지나고 나서, 그 보냈던 주체의 리비도를 또 다른 객체에게 전달하
는 것이 바로 중요한 리비도의 경제학이고, 그것은 아주 건강한 것이라고
이야기합니다. 시간 지나면 해결되는 거라고 이야기하지요. 그런데 문제는
그걸 못하는 사람이 있다는 겁니다. 죽어도 그 가방이어야 해요. 죽어도 그
남자여야만 해요. 다른 여자 백 명을 데리고 와도 나한테는 아무 소용이 없

고 반드시 그 여자어야만 해요. 그런 사람이 있습니다. 이런 경우 어떻게 해야 할까요? 프로이트는 이것을 멜랑콜리라고 합니다. 이런 사람들은 자기를 비난합니다. 왜 나를 떠나야만 했니? 네가 나를 버리다니? 네가 나 대신 죽으면 어떡하니? 하는 자기 비난으로 가면서 다른 대상에게 사랑을 옮겨가지 못하는 것을 멜랑콜리 또는 우울이라고 하는데 프로이트는 이걸 병이라고 치부했습니다.

이것에 대해서 전혀 반대되는 얘기를 하는 사람이 있습니다. 바로 자크 데리다라는 사람입니다. 그는 진짜 성공한 애도는 실패한 것이라고 얘기합니다. 여러분, 진지하게 한번 생각해 봅시다. 그 어떤 사람으로도 대체 불가능한 누군가가 있습니까? 그 무엇이 있습니까? 백 명을 데리고 와도, 백 가지 물건을 가져와도 그 사람이 아니면 안 되고, 그 물건이 아니면 안 되는 그 무엇이 여러분에게는 있습니까? 어머니, 자식, 내 아내에게는 말하지 못한 어떤 연인일 수 있습니다. 잊어야 합니까, 잊지 말아야 합니까? 가슴에 뚫린 빈 구멍을 메꿔야 합니까? 다른 대상으로 채워야 합니까, 그렇게 하지 않아야 합니까? 프로이트식으로 하자면 건강한 사람은 채워야 합니다. 그 빈 구멍을 그대로 놔두는 건 병입니다. 그런데 자크 데리다는 이렇게 얘기합니다. 너, 어머니 여러 명이었어? 네 어머니는 단 한 명이잖아. 그런데 네 어머니가 돌아가셨어. 영원히 네 곁을 떠났단 말이야. 그 어머니를 다른 어머니로 바꾸면 너는 행복해지니? 네 엄마 잊으면 너는 행복해져? 잊어지니? 잊어지지 않는 게 당연하잖아. 그러므로 프로이트가 말한 애도의 실패는 진정한 의미에서 애도의 성공인 것이라고요.

애도 일기

또 다른 얘기가 있는데, 저는 이 말이 훨씬 더 가슴에 와 닿습니다. 애도를 아예 일기로 쓴 사람이 있습니다. 프랑스의 교수이자 문학자였고, 철학자이자 사상가였던 롤랑바르트입니다. 롤랑바르트(Roland Barthes)에게는 어머니가 한 분 있었습니다. 당연히 어머니는 한 분이지요. 그런데 이 롤랑바르트의 어머니는 배운 게 별로 없었고 아주 가난한 홀어머니였습니다. 오로지 아들인 롤랑바르트만 바라보고 살았던 어머니였어요. 그 어머니의 희생으로 롤랑바르트는 철학자가 됐고, 교수가 됐습니다. 교수가 되어 부임하는 날, 롤랑바르트는 어머니의 희생과 은혜에 보답하기 위해서 교수가 되는 자리에 어머니를 모셔왔습니다. 그리고 많은 사람들에게 어머니를 소개했습니다. 많은 사람들이 어머니에게 박수를 보냈습니다. 흐뭇해하는 어머니의 미소를 보고 롤랑바르트도 어머니의 희생에 보답했다는 마음으로 행복해졌습니다. 롤랑바르트는 결혼을 하지 않고 평생 독신으로 지냈습니다. 홀어머니를 모시고 살았던 만큼 어머니와의 애착 관계는 남달랐을 겁니다.

롤랑바르트가 그토록 사랑했던 어머니가 세상을 떠납니다. 그 다음 날부터 롤랑바르트는 일기를 쓰기 시작합니다. 그 일기 제목이 바로 『애도 일기』입니다. 그 일기를 1년 정도 계속해서 써 나갑니다. 어머니에 대한 절절한 그리움, 어머니에 대한 깊은 슬픔에 대해서. 이 철학자이자 합리적인 판단을 잘하는 지성인이 가슴이 찢어지는 고통을 토로합니다. 그로부터 2년 후 롤랑바르트는 길을 건너다 작은 트럭에 치입니다. 곧바로 병원에 옮겨졌지만 롤랑바르트는 치료를 거부합니다. 그리고 어머니가 돌아가신 지 약 2년 후 그도 어머니 곁을 따라갑니다.

수많은 사람들이 교통사고로 롤랑바르트가 죽었다고 이야기하지만 롤랑바르트를 잘 아는 지인들은 그 사고는 아주 경미한 것이어서 치료만 잘 받으면 건강하게 회복될 수 있는 사고였다고 얘기합니다. 그런데 롤랑바르트는 치료를 거부했습니다. 왜 그랬을까요? 너무나 그리웠던 어머니 곁으로 빨리 가고 싶었던 롤랑바르트의 마음이 점진적인 자살로 이어졌다고 지인들은 말합니다. 애도라는 게 생각보다 쉽지 않다는 것을 롤랑바르트는 자신의 온 삶으로 보여 주고 있습니다. 롤랑바르트가 쓴 1978년 6월 11일 일기를 보면 이런 내용이 나옵니다.

격렬한 슬픔이 나를 습격, 울다.

더 이상 수식이 없습니다. 1978년 7월 6일에 쓴 일기도 한 번 볼까요?

내가 마망을 다시 만날 수만 있다면 나는 지금이라도 당장 죽고 싶어요.

'마망(Mamam)'은 프랑스어로 엄마입니다. 내가 엄마를 다시 만날 수 있다면 나는 지금이라도 당장 죽고 싶다고 얘기합니다. 앞에서 자크 데리다는 실패한 애도가 진정한 의미의 성공한 애도로 보았다는 말씀을 드렸습니다.

애도에 관련된 또 다른 좋은 책이 있습니다. 전북대 영문과의 왕은철 교수가 쓴 『애도 예찬』이라는 책입니다. 이 분은 수많은 문학 작품을 통해서 문학 작품의 행위가 애도의 행위라고 한 말을 표현하면서 애도에 대해서 어떻게 정의를 내렸느냐 하면, '진정한 애도는 잊기 위해서가 아니라 잊지 않기 위해서 하는 것이고, 시간이 흐르면서 자꾸 희미해져 가는 기억과의 싸움'이라고 얘기합니다. 기억을 지우는 것은 진정한 의미의 애도이지요. 그런데 진정한 애도는 그 사람을 잊지 않는 싸움이기 때문에 애도가 끝나지 않는 것이 진정한 애도라는 말을 하는 겁니다. 왕은철 교수의 『애도 예찬』을 통해서 마지막으로 애도의 본질적인 의미에 대해서 말씀드리고 이번 강연을 마치도록 하겠습니다.

우리가 애도해야 할 많은 일들이 우리 사회에 벌어지고 있습니다. 그런데 마땅히 우리의 공동체가 해야 할 애도의 윤리적 의무와 도덕적 책임을 다하고 있는지 의문이 듭니다. 아쉬운 점이 많다는 얘기입니다. 실패한 애도가 진정한 애도라고 말씀드렸습니다. 잊을 수 없는 사건에 대해서 잊으라고 얘기하는 것은 애도에 대한 폭력입니다. 왕은철 교수는 이렇게 말합니다. 세상에는 빨리 끝내야 할 게 있고, 시급히 해결해야 할 문제가 있고, 오래오래 두고 천천히 해결해야 할 문제가 있다고 말입니다. 빨리 잊자고, 빨리 덮자고, 얼마면 되느냐면서 윽박지르는 이 모든 말들은 응당 치러야 할 애도의 전 과정을 무시하고 슬픔을 경멸하는 것입니다. 프로이트 식으로 하자면, 영원히 애도를 끝내지 못한, 멜랑콜리라는 집단 우울증에 걸리게 될 수도 있다는 것입니다.

저는 슬픔에 대해서, 고통에 대해서, 그리고 마지막으로 애도에 대해서 얘기를 했습니다. 가장 마지막에 애도에 대해 이야기를 나눈 까닭은 진정한 슬픔의 과정을 우리는 겪게 될 텐데, 애도의 결론을 제대로 내리지 못한다면 우리는 병에 걸리게 된다는 것, 그래서 애도해야 될 모든 대상에 대해서 깊이 있게, 진정성을 갖추고, 온전히 떠나보내기 위해 곡진하게 장례를 치러 주는 게 중요하다고 생각하기 때문입니다. 경청해 주서서 감사합니다.

동학혁명과
일본

박맹수(원광대학교 교수)

1강 •
동학은 어떤 사상인가?

동학(東學)은 지금부터 약 150년 전에 경상북도 경주 출신 수운 최제우란 사람이 만든 우리 학문, 우리 사상 또는 우리 종교라고 간단히 말씀드릴 수 있습니다. 동학은 아시다시피 1894년에 일어난 동학혁명에서 중요한 역할을 했기 때문에 여러분들에게 다소 익숙할 것입니다. 하지만 동학이 뭐냐, 이런 질문을 받게 되면 좀 망설여지지요?

오늘은 그 동학에 담긴 뜻, 동학의 역사에 대해 함께 알아보고자 합니다. 동학은 보통 서학(西學)의 상대 개념으로 이해하기도 합니다. 또는 서학을 극복하기 위해서 만들었다는 이야기도 하지요. 그런데 제가 공부를 좀 해보니 서학을 이기기 위해서 동학을 만들었다는 것은 오해의 소지가 있는 듯합니다. 동학을 만든 수운 최제우가 당시 쓴 한문 경전이 있습니다. 『동경대전(東經大全)』이라고요. 『동경대전』은 한글로도 잘 번역되어 있어서 누구나 읽어 볼 수 있습니다. 『동경대전』에 보면, 동학의 '동(東)'이란 서학(西學)을 배척하고 서학을 이기고 서학과 싸우기 위해서 만든다는 의미가 아니고, 우리나라 조선 땅에 맞는 생각, 우리 땅에 맞는 사상, 우리 땅에 맞는 철학이라는 의미로 동학을 만들었다고 말하고 있습니다. 그뿐만 아니라 수운 최제우는 서학에 대해서도 상당히 포용하는 태도를 보이고 있더라고요.

『동경대전』에 어떤 내용이 있느냐 하면, 아마 수운 선생 때에도 많은 사람들이 그렇게 질문을 했던가 봅니다. "도대체 선생이 가르치시는 동학이란 건 서학하고 어떤 관계가 있습니까?" 하고요. 이 질문에 대해서 수운 최제우 선생은 "운(運) 즉 일(一)이다." 하고 말했어요. 운이라는 것은 다시 말해 시대의 요청이랄까, 사람들의 바람이랄까 하는 건 똑같다는 의미입니다. 무슨 말이냐 하면 서학이 들어올 때 하나님 앞에 모든 사람은 평등하다고 했거든요. 조선 사람들은 그 점에 굉장히 공감을 했습니다. 그래서 많은 사람들이 천주교 신자가 됐지요. 그런데 동학에서도 '모든 사람은 자기 안에 거룩한 한울님을 모시고 있다.'고 하거든요. 동학에서도 똑같이 사람은 평등하다고 이야기합니다. 사람은 누구나 평등하다는 측면, 이것이 시대적 요청이고 그런 면에서 동학이나 서학이 다 같이 하나라고 말하고 있습니다. 이것은 분명히 서학을 인정하는 태도이지요.

두 번째로는, '도(道) 즉 동(同)이다. 서학의 도와 동학의 도는 똑같다.'는 말을 했습니다. 도란 무엇일까요? 시간, 공간 같은 어떤 구분, 그런 것에 관계없이 누구나 다 끄덕끄덕하면서 공감하고 지지하는 어떤 진리, 보편성, 이런 것을 보통 도라고 하지요? 수운 선생은 서학이 추구하는 도나 동학이 추구하는 도나 똑같다고 했습니다. 이 얘기를 보더라도 동학을 만든 수운 최제우 선생은 서학을 포용하고 있었다, 이렇게 봐야 할 것 같습니다.

동학은 서학을 배척하기 위해 나온 사상이 아니고, 서학의 좋은 점까지도 포용해서 우리나라 현실에, 우리 땅에 맞는 새로운 사상이나 생각, 철학을 만들기 위해서 나왔다고 이해를 하면 좋을 듯합니다.

내 안에 한울님 있다

그 다음으로 동학의 핵심 사상에 대해 알아보겠습니다. 동학의 핵심 사상이라고 하면 보통 인내천(人乃天) 사상이다, 이렇게 말을 하지요. '사람이 곧 하늘이다.' 그런 뜻입니다. 이 인내천이란 말은 그 근원이 되는 말, 뿌리가 되는 말이 따로 있습니다. 그게 무엇이냐 하면 '시천주'란 말입니다. 모실 시(侍)자, 하늘 천(天)자, 님 주(主)자. 시천주란 말은 수운 최제우 선생의 말입니다. 모든 사람은 자기 안에 가장 거룩한 존재, 신과 같은 존재, 또는 부처님과 같은 존재를 모시고 있다는 것입니다. 조선 시대 말기에 그런 말을 한 것이지요. 지금부터 150년 전에요. 양반도 한울님을 모시고 있는 존재고, 노비도 한울님을 모시고 있는 존재고, 남자도, 여자도, 나이 든 어르신들도 한울님을 모신 존재이며 또한 어린이도 한울님을 모신 존재다, 이것이 동학의 핵심 사상, 시천주라는 것입니다. 다른 말로 하자면 만인평등을 상징하는 사상이지요. 그래서 동학이 등장하면서부터 신분제에 의해서 억압받고 있던 농민, 천민들이 동학에 다투어 뛰어들게 되고, 동학이 전국적으로 퍼져 나가게 됩니다.

시천주라고 하는 만인평등 사상이 우리의 선조인, 우리의 조상인 수운 최제우 선생에 의해서 만들어졌다는 것은 큰 의미가 있습니다. 오늘날처럼 신분 차별이 없는 세상을 보통 근대(近代) 사회라고 하지요. 오늘날 우리는 근대라는 개념이 서양으로부터 들어왔다고 생각합니다. 예를 들면 프랑스 혁명에 의해서 신분 차별이 없어지고, 근대 사회는 서구의 영향을 받아서 된 것이라고 생각하는데, 동학의 시천주 사상을 깊이 이해하고 보니 이미 우리나라 안에서도 150년 전에 근대 사회의 핵심적 특징, 핵심적 사상인 평등사상이 우리 선조들에 의해 만들어지고 있었다는 사실, 이것이 아주 중요한 것이지요. 다시 말하면 우리 역사 안에서도, 우리 선조들의 노력 안에서도, 우리의 자주적인 힘으로 얼마든지 좋은 세상, 근대 세상을 만들 수 있는 사상이나 철학이 이미 이 땅에서 생겨나고 있었다는 것이고 그런 점에서 동학이 우리 땅에서 생긴 사상이라는 데 큰 의미가 있는 것이지요.

150년 전에 수운 선생이 사람은 한울이다, 양반도 한울이고, 상놈도 한울이고, 남자도 한울이고, 여자도 한울이라고 했는데, 그때는 지금과는 달리 신분 차별제도가 있었던 때입니다. 맨 꼭대기에 양반이 있고, 그 중간에 중인이라는 층이 있고, 세 번째로 평민, 농민들이 있고, 그 밑에 노비, 천민들이 있지요. 그런 세상에 모두가 하늘이다 이렇게 외치고 나오니까 누가 가장 싫어했을까요? 양반 기득권층들이었겠지요. 그래서 수운 최제우 선생은 선각자로서 이 땅에 자주적인, 새로운 세상을 만들 수 있는 사상을 만들어 냈음에도 불구하고, 양반들의 반대와 탄압 때문에 동학을 만든 지 4년 만에 처형을 당하게 됩니다. 1860년에 동학을 만들고, 1863년에 체포가 되어, 1864년 음력 3월에 나쁜 사상을 퍼트렸다는 죄목으로 처형을 당합니다. 그래서 동학은 더 이상 퍼져 나가지 못할 거다, 그걸로 끝일 거다 생각했겠지요? 그런데 수운 최제우 선생이 처형당한 뒤로 그분의 뜻과 정신을 이어받아서 38년 동안 동학을 세상에 널리 퍼뜨리고, 그것을 실천하는 역할을 하는 분이 등장합니다. 바로 동학의 2대 교주 해월 최시형 선생입니다.

사람 섬기기를 하늘과 같이

최시형 선생은 수운 선생이 동학을 가르친 지 1년 만인 1861년에 동학에 뛰어들어 1898년까지 38년 동안을 동학에 몸을 담아 수운 선생의 가르침을, 동학의 핵심 사상을 널리 퍼트리고, 실천하고 모든 사람에게 알기 쉽게 알리는 활동을 합니다. 그 38년이라는 세월은 동학이 불법으로 인정됐던 시대, 동학이 합법화되지 않던 시대입니다. 다시 말해 2대 교주 해월 최시형 선생은 당신의 목숨을 걸고 38년 동안을 동학을 지키고, 동학을 널리 퍼트리고, 동학을 실천해 온 것이지요.

해월 선생이 구체적으로 어떤 실천을 하셨는가 하는 몇 가지 예를 소개할까 합니다. 해월 선생 제자 가운데 동학혁명의 지도자인 오지영(吳知泳)이라는 분이 있습니다. 오지영 선생은 전북 고창 출신으로 익산에서 주로 활약했던 동학 지도자 중 한 분입니다. 이분이 어떤 회고를 남겼냐 하면, "해월 선생은 평생토록 우리에게 사람이 하늘이니, 사람 모시고 섬기기를 한울님처럼 하라고 강조하셨다."고 했습니다. 사자성어로 말하면 '사인여천(事人如天)'이 되지요.

　오지영 선생이 회고하는 내용을 좀 더 살펴볼까요? 해월 선생은 젊었을 때 경북 포항 근처에 있는 종이 공장에서 일한 적이 있습니다. 공장 노동자였겠지요. 머슴이라고도 볼 수 있습니다. 그런 세월을 몇 년 살았습니다. 어렸을 때 부모님이 돌아가셔서요. 그런데 일을 시키는 사람들이 해월 선생을 보고 '머슴 놈', '머슴 놈' 하고 불렀답니다. 해월 선생은 그것이 참 가슴 아팠다고 하면서 동학에서는 사람이 모두가 다 하늘이니까 절대로 사람 차별하지 말라고 가르쳤다고 합니다. 오늘날에는 차별이 없을까요? 알고 보면 지금도 사람 차별 많이 합니다. 그런데 100년도 더 전에 모든 사람을 한울님으로 모시라고 하는 해월 선생의 말은 신분제의 억압 속에서 신음하던 많은 사람들에게 희망의 메시지였을 겁니다. 그러니까 동학에 많은 분들이 공감하고 동학에 뛰어들고 그랬던 것이지요.

　해월 선생이 가르친 내용 중에 이런 것도 있습니다. 1880년대쯤인 것 같은데, 청주를 지나게 됐다고 합니다. 앞서 말씀드렸듯 해월 선생은 38년 동안 수배자, 도망자의 신세로 살았습니다. 이런 부분을 얘기하려고 하면 제가 가슴이 미어지는 듯합니다. 해월 선생의 일생을 어떻게 쉽게 소개해 볼까 생각해 보는데, 단 하루도, 동학에 뛰어들어서 단 하루도 편한 밥을 먹지 못하고, 편한 잠에 들지 못했던 삶이었거든요. 도망자니까요. 청주를 지날 때도, 도망 다니던 중에 어느 동학 신자 집에 묵고 가게 된 겁니다. 기록에 보니 그 제자 이름이 남아 있어요. 서택순이라는 분입니다. 저녁 늦게까지 안 자고 있었는데, 밤 11시 혹은 12시나 됐을까, 건너방에서 찰카닥, 찰카닥 하는 소리가 들리는 겁니다. 해월 선생이 서택순 제자한테 물었습니다. "저 건넛방에서 들리는 소리가 무슨 소리냐?" 그러니까 서택순이 "제 며느리가 밤늦게까지 베 짜는 소리입니다." 하고 대답했습니다. 해월 선생이 이 말을 듣고, "네 귀에는 그 소리가 네 며느리가 베 짜는 소리로 들리느냐. 저 소리 는 바로 한울님이 베 짜는 소리다." 했다고 합니다. 1880년대 여성들의 지위 는 말할 수 없는 차별과 억압 속에 신음하고 있었을 겁니다. 바로 그런 시대 에 베 짜는 며느리가 한울님이라고 했던 이 말은 남녀평등 사상의 메시지로 서 강력한 힘을 지녔을 것입니다. 한자로는 '천주직포(天主織布)'라고 합니다. 한울님이 베를 짠다는 말입니다. 요즘 식으로 말하면 공장에서, 또 회사에 서 일하는 모든 노동자들이 한울님이라는 이야기입니다. 그러니까 동학이 얼마나 많은 사람들의 가슴을 울렸겠습니까?

또 다른 이야기가 있습니다. 경상북도 김천 복호동이라는 동네에 해월 선 생이 숨어 있던 때 이야기입니다. 해월 선생은 "앞으로 돌아오는 시대에는 여자들 가운데 도를 통하는, 깨침을 얻는 사람들이 많이 나올 것이다."라고 하면서 그러려면 여성들이 공부를 많이 해야 하지 않느냐, 수도를 많이 해 야 하지 않느냐 하고 말했다 합니다. 우리나라 최초일 수도 있는데, 해월 선 생은 여성들, 엄마들을 위한 수도 규칙을 직접 만들었습니다. 내칙(內則), 내 수도문(內修道文)이라는 내용입니다. "도가(道家; 동학을 믿는 집안을 말합니다.)에 손 님이 오셨거든 손님이 오셨다고 말하지 말고, 한울님이 강림하셨다고 말하 라."는 것도 그곳에 실려 있는 내용입니다. 참 멋진 말 아닌지요? 우리 집 에 오는 손님, 그 손님이 손님이 아니고 한울님이다. 우리들이 만나는 고객,

즉 선생은 학생, 또 장사를 하는 분들은 고객, 운송회사에서 일하는 분은 차나 버스, 기차를 타는 승객을 한울님으로 모시라는 얘기로 통하겠지요. 내가 대하는 모든 상대를 한울님으로 모시라는 얘기니까요. 그렇게 하면 세상이 뭔가 달라질 것 같습니다.

한울님을 때리지 말라

저는 어렸을 때 아버지한테 종아리를 많이 맞고 컸습니다. 그때는 애들은 엄하게 키워야 된다는 것이 어른들 생각이었던 듯합니다. 조선 시대 말기에는 더 심했던 것 같아요. 어린 애들을 엄하게 대하는 모습을 보고 해월 선생은 "아이를 때리는 것은 한울님을 때리는 것이다."라고 말했다 합니다. 동학에서는 모두가 다 한울님이니까요. 한울님은 생명을 가진 존재들이 그 생명의 기운이 상하고 꺾이는 것을 제일 싫어한다, 얼마나 감동적입니까?

해월 선생의 사위가 손병희 선생입니다. 손병희 선생은 3·1운동의 최고 지도자이지요. 그 손병희 선생의 사위가 소파 방정환 선생입니다. 방정환 선생은 또 어떤 분입니까? 우리나라 최초로 근대 어린이 인권 운동을 일으킨 분이지요. 그 어린이 인권 운동의 사상적 뿌리가 어디서 왔을까요? 바로 해월 최시형 선생의 가르침에서 온 것입니다. 이렇듯 동학은 우리나라 역사에서 참으로 중요한 역할을 많이 했습니다.

해월 선생은 특히 여성들의 역할을 많이 강조했습니다. 동학을 믿고 따르는 남자 제자들에게 훈계를 하는 대목이 나옵니다. 집에서 그대의 부인이, 남편이 하려고 하는 일을 잘 이해하지 못하고 따지고 반대하면 정면으로 맞서고, 함께 따지지 말고, 마음을 잘 가다듬고 절을 해라, 그대 부인한테 절을 해라, 한 번 절을 해서 설득이 안 되면, 두 번, 세 번 절을 해라 하는 얘기가 나옵니다. 집안에 있는 가장 가까운 가족, 친지들부터 한울님으로 모시고 섬기라는 가르침이지요. 실제로 해월 선생은 당신 부인과 가족 친지들을 깍듯하게 한울님으로 모시고 살았습니다.

이를 본받은 유명한 제자 한 분이 있습니다. 소파 방정환 선생과 함께 어린이 운동을 했던 소춘 김기전이라는 분입니다. 이분은 6 · 25때 납북되어 지금은 아마 돌아가셨을 텐데 북에서 어떻게 됐는지 잘 모릅니다. 최근에 소춘 선생이 남긴 글을 모은 전집(全集)이 나왔습니다. 소춘 선생은 해월 선생의 가르침을 잘 받들어서 자신의 아들, 딸에게 존대어를 썼다고 합니다. 이것은 저도 어려운 부분입니다. 소춘 선생은 왜 그렇게 했을까요? 자식도 한울님이니까 한울님처럼 모신 것입니다.

이렇듯 해월 선생이 모두가 한울님이라고 하는 사상을 쉽게, 대중적으로 가르쳐서 동학이 전국적으로 퍼져 나가게 됩니다. 동학이 경상도에서 생겨나 혁명으로 꽃 피어난 것은 전라도라고 알고 있는 경우가 많습니다. 하지만 전라도와 경상도만이 아니고 우리나라 전체가 다 동학을 키워 온 토양이었습니다. 경상도에서는 1860년대 활발한 활동을 못했어요. 그래서 강원도로 숨어들어 1870년대에 강원도 사람들이 동학을 부흥시킵니다. 1880년대에는 충청도로 뻗어 나가고, 1880년대 말에는 전라도까지 퍼져 나가면서 동학혁명이 일어나기 전에 전국적으로 동학이 조직화됩니다. 다음 시간에 함께 이야기를 나눌 동학혁명의 조직적 기반이 형성됩니다. 동학은 경상도에서 시작해서 강원도, 충청도, 전라도로 동학혁명 직전까지 퍼져 나갔다고 이해를 하면 좋겠습니다.

2강 •
동학혁명이 일어나기까지

오늘은 지금으로부터 121년 전, 우리나라에서 일어난 동학혁명에 대해 이야기를 나누어 보고자 합니다. 동학혁명은 그 당시 일어난 혁명 가운데 최대 규모의 혁명이었습니다. 제가 약 30년 정도 동학혁명에 대해서 연구를 해 왔는데, 동학혁명이 일어나던 1894년에 우리나라의 인구가 얼마인가를 알아보려고 애를 많이 썼습니다. 자료들이 별로 없어 찾기가 쉽지 않았거든요. 그러다가 7~8년 전, 일본에 건너간 김에 그곳에서 자료를 좀 찾아봤습니다. 동학혁명이 일어나던 시기에 조선에 와 있던 일본 특파원이 있었습니다. 기꾸찌 겐조(菊池謙讓)라는 사람입니다. 그 사람이 남긴 동학혁명 당시의 기록에 조선의 인구가 1,053만 명 정도라고 나와 있었습니다. 그래서 당시 조선의 인구가 천만 명 안팎이겠구나 하고 생각하게 됐지요.

저는 30년 정도 동학 연구를 하면서 전국을 돌아다녔습니다. 그런데 답사를 해 보니 동학혁명 당시에 성인 남자 한 사람의 친가(親家)가 됐든, 외가(外家)가 됐든, 처가(妻家)가 됐든 동학과 관련이 있는 사람이 꼭 있더라는 것입니다. 1894년 동학혁명 당시에 우리나라 인구가 약 1,053만 명 정도였는데, 그중에 적게 잡아도 1/4, 좀 많게 잡으면 1/3, 그러니까 약 250만 명에서 350만 명 정도가 동학군으로 혁명 대열에 참가했던 것으로 확인이 됩니다.

어떻게 이렇게 엄청난 수의 사람들이 동학혁명에 참여했을까요? 동학혁명 하면 떠오르는 인물이 전봉준 장군이지요. 동학혁명 최고의 지도자 전봉준 장군이 결국은 관군에 잡혀서 처형을 당하는데, 처형당하기 전에 최후 진술을 남겼습니다. 자신이 했던 일, 그에 대한 생각, 나라 형편에 대해 여러 가지 소회를 남겼는데, 그것이 〈전봉준 공초(供招)〉라는 기록으로 남아 있습니다.

그 기록을 보면, 전봉준 장군은 1880년대 후반에 동학에 뛰어들었던 것으로 나와 있습니다. 전봉준 장군이 동학혁명 지도자로서 활동을 했으므로 체포해서 심문하는 관리들이 "너는 동학에서 어떤 위치에 있느냐, 동학의 접주(接主)였느냐?"고 물었습니다. 전봉준은 "접주였다."고 대답합니다. 접주는 적게는 200~300명, 많게는 500~600명으로 이루어진 동학 신자들의 지도자입니다. 가장 하급 지도자에 해당하지요. 전봉준 장군은 자기 입으로 접주였다고 얘기합니다. 심문하는 관리가 또 물었습니다. "그럼, 그 접주는 누가 임명했느냐?" 하니까 "최고 지도자인 해월 최시형 선생이 임명해 줬다."고 답합니다. 그 다음 질문이 이어집니다. "너는 그 동학에 대해서 어떻게 생각했느냐?" 그랬더니 "혹호(酷好)했다."고 대답합니다. 혹(酷)은 대단히, 몹시, 아주, 최고라는 의미입니다. 호는 좋아할 호(好) 자죠. 그러니까 대단히 동학을 좋아했다는 것이지요. 관리가 또 묻습니다. "그러면 너는 왜 동학을 혹호했느냐? 네 목숨을 걸 정도로 좋아했느냐?" 하니까 그에 대해 전봉준은 "보국안민(輔國安民)하자는 사상이기 때문에 나는 동학을 혹호했다."고 말합니다. '보국안민(輔國安民)' 할 때 '보' 자는 보호할 보(保)자도 아니고, 갚을 보(報)자도 아니고, 도울 보(輔)자입니다. 나라가 문제가 있을 때 백성들 한 사람, 한 사람이 나라를 잘 도와서 어렵고 힘들어 하는 백성들을 편안하게 만든다는 것이지요.

동학을 혹호(酷好)하다

기독교에서는 개인 구원과 사회 구원이라는 말을 씁니다. 불교에서는 그와 비슷한 말이 성불제중(成佛濟衆)입니다. 아주 쉽게 풀어 얘기하면, 나의 인격을 잘 닦아서 이웃과 세상을 위해서 일하는 것입니다. 전봉준 장군은 그것을 수심경천(修心敬天)이라고 표현합니다. 결국 동학은 마음을 잘 닦고 하늘을 공경하는 도리를 가르쳐서 보국안민하자는 사상인 것입니다. 보국안민은 세상을 위해서, 이웃을 위해서 일하는 것입니다. 동학 안에는 기독교식으로 말하는 개인 구원과 사회 구원의 길, 불교로 말하면 성불과 제중의 길이 모두 들어 있는 것이지요. 요즘 시민운동을 하는 분들은 그걸 영성(靈性)이라고 표현하더군요. 내 안에 그 생생하게 살아 있는 그 영성을 잘 가꾸고 키워서 모든 사람이 함께 나누는 좋은 세상을 만드는 것, 그것이 바로 혁명 아닐까요?

동학은 개인 구원과 사회 구원의 길, 요즘 말로 말하면 영성과 혁명의 길을 잘 갖추고 있기 때문에 전봉준 장군은 동학을 목숨 걸 정도로 좋아했습니다. 이러한 내용이 전봉준 장군이 남긴 최후 진술 속에 나옵니다. 저는 그 내용을 읽고 많은 감동을 받았습니다. 우리는 세상에 대한 불만이 있어도 얘기로만 끝내기 쉽습니다. 그런 세상을 제대로 치유하고 개혁하고 바꾸려면 어떻게 해야 하나요? 먼저 내가 그 인격을 갖춰야 합니다. 그래야 우리가 세상을 바꿀 수 있지 않겠습니까? 전봉준 장군은 동학의 가르침 속에 영성과 혁명의 길이 두루 갖춰져 있다는 생각을 하고 1880년대 후반에 동학에 뛰어들었습니다. 개인 구원과 사회 구원의 길이, 영성과 혁명의 길이 들어 있기 때문이었지요. 동학은 내 나라에서, 내 나라의 현실과 문화 풍토에 가장 맞는 생각을 가지고, 제대로 된 세상, 제대로 된 나라를 만들어 보고자 해서 만들어진 사상입니다. 그런 점도 전봉준 장군이 동학에 뛰어든 계기가 되었을 것으로 봅니다.

전봉준 장군은 동학혁명이 일어나기 2년 전인 1892년, 전라도 지역의 동학 신자들과 교조신원운동을 펼칩니다. 동학에서는 신자들에게 도인(道人)이라는 표현을 씁니다. 이 도인들과 함께 동학을 탄압하는 조선 정부에 대해서 왜 동학이 나쁜 사상이냐, 나쁜 종교냐, 동학은 제 나라, 제 땅에서, 제대로 된 생각을 가지고 제대로 된 세상을 만들어 보려고 하는 것이다, 그러니 동학을 인정해 달라 하는 것이 바로 교조신원운동입니다. 교조는 동학을 창시한 수운 최제우 선생을 말합니다. 그분은 죄가 없다, 그러니 그걸 밝혀 달라는 것입니다. 이 운동은 법전에 근거해서 일으킨 합법적인 호소였습니다. 조선 사회를 이끌어 나간 근간이 되는 법전이 『경국대전』이지요? 『경국대전』에 그런 그 합법적인 호소를 할 수 있는 제도가 있습니다. 신소(申訴)제도라는 것입니다.

그때 전봉준 장군은 삼례 집회에서부터 지도자로 활약하기 시작해서 교조신원운동의 지도자로 등장합니다. 삼례 집회가 끝나고 나서 다시 보은 집회가 열렸는데, 보은 집회가 이루어질 때 금산사 밑에 원평이라는 곳이 있습니다. 현재 행정구역상으로 김제시 금산면인 듯합니다. 원평은 예부터 남쪽에서 북쪽으로 올라오는 길목, 해안 지대와 평야 지대, 산간이 만나는 지역이었지요. 작은 동네지만 경제적으로 중심지 역할을 했습니다. 원평에서 집회를 하면서 동학을 공인해 달라는 운동에 전봉준 장군이 앞장서서 활동을 합니다. 이렇게 해서 장차 1894년에 일어나는 동학혁명의 지도자로 성장을 하지요.

동학 신도들이 교조신원운동과 함께 정부에 대해서 호소한 내용이 또 있었습니다. 그 당시 동학이 전국적으로 무서운 속도로 퍼져 나가니까 신도들 사이에서는 '마당포덕'이라는 말이 생겼습니다. 포덕(布德)이라는 것은 동

1894년 12월 전라도 순창에서 체포된 뒤
서울로 압송되는 전봉준.
부상으로 다리를 쓰지 못해 들것에 실려 다녔다.

학의 가르침을 널리 펴는 것을 말하는데, 동학 지도자인 접주 입회하에 새로 들어오는 사람이 1대 1로 동학의 가르침을 받고 신자가 됩니다. 그런데 동학혁명 직전에는 사람들이 하도 많이 밀려오니까 일일이 그렇게 할 수가 없었던 겁니다. 그래서 "동학에 들어올 사람들은 전부 접주 집으로 모여라." 하면 수 백 명이 몰려오겠지요? 그러면 그 사람들이 접주네 집 마당에 모여 한꺼번에 신자가 되는 의식을 거행했다는 얘깁니다. 접주는 "지금부터 여러분에게 동학의 주문을 준다." 그러고는 맑은 물, 즉 청수(淸水)를 모셔 놓고 주문을 한 번 외고서는, 딱딱 신호를 해서 "여러분은 이제 동학 신자가 됐다."라고 하는 것입니다.

그런데 동학을 인정을 하지 않은 조선 왕조나 양반들은 사사건건 탄압을 했지요. 일반 사람들도 동학을 믿는다는 죄목을 뒤집어씌워 탄압을 합니다. 그 과정에서 부당하게 재산을 빼앗는 일이 벌어졌습니다. 이것을 사자성어로 '가렴주구(苛斂誅求)'라고 합니다. 부당하게 백성들의 재산을 빼앗고 법에도 없는 세금을 가혹하게 거두고, 동학을 믿지도 않는 사람한테 동학을 믿는다는 죄를 뒤집어씌우는 일들이 벌어지니까 교조신원운동을 전개하던 전봉준 장군도 이 문제는 부당하니 해결해 달라고 합니다. 가렴주구에 반대하는 내용이지요. 그런 주장과 함께 교조신원운동을 합법적으로 펼쳐 나가게 됩니다.

"지식인으로서 가만히 두고 볼 수 없었다"

우리나라 근대 역사의 고비고비마다 일본이라는 나라가 연결되지 않은 적이 없습니다. 1875년에 일어난 운양호(雲揚號) 사건도 그렇습니다. 일본식 발음으로는 '운요호'가 됩니다. 운양호 사건은 사실 역사 왜곡이자 조작된 것입니다. 우리는 운양호가 강화도 근처를 측량하다가 물이 떨어져서 물을 구하려고 들어왔는데, 조선 포대가 먼저 발포를 해서 운양호에서도 어쩔 수 없이 응전했다고 알고 있지요? 천만의 말씀입니다. 최근에 밝혀진 사료에 의하면, 그 보고서가 조작된 상태로 해외에 알려진 것이라고 합니다. 조작되지 않은 진짜 보고서가 7~8년 전에 비로소 알려졌는데, 그 보고서에는 운양호가 물을 구하려고 들어왔다는 말이 하나도 없습니다. 어찌 됐든 일본은 그걸 핑계 삼아 1876년에 강화도 조약을 체결합니다. 이때부터 시작해서 일본이 결국 우리나라를 침략하게 됩니다.

강화도 조약이 체결된 후 일본은 불법적인 상업 활동을 벌입니다. 당시 일본하고 맺은 조약에 따르면, 개항장은 제일 처음이 인천이 되고, 두 번째가 부산이 되고, 세 번째가 원산이 되지요? 일본 상인이 활동할 수 있는 지역이 정해져 있는 것입니다. 그런데 일본 상인들은 그 지역을 빠져나와 내륙 깊숙한 곳까지 와서 상업 행위를 합니다. 그러니 어떻게 되겠습니까? 그쪽은 우리보다 공장이 더 먼저 생기고, 상품 질이 높으니까 우리 쪽은 경쟁 상대가 안 되는 겁니다. 조선 상인들이 일본 상인에 의해 큰 피해를 볼 수밖에 없지요. 이런 문제들이 발생하면서 전봉준 장군은 부당한 일본 상인들의 활동을 금지해 달라는 내용까지 넣어 교조신원운동에서 주장을 했습니다.

요약하면, 동학을 인정해 달라, 지방 관리들이 부당하게 재산을 뺏는 행위를 금지시켜 달라, 일본의 부당한 상업 행위를 금지시켜 달라는 것입니다. 이 내용들은 많은 사람들의 공감을 얻었습니다. 동학 신자가 아닌 사람들도 동학 도민들과 그 지도자들이 전개하는 교조신원운동에 많이 뛰어들 정도였습니다. 이런 과정을 통해 전봉준 장군은 동학혁명의 지도자로 우뚝 서게 됩니다. 당시 고부군수 조병갑은 가장 악질적인 관리였습니다. 전봉준 장군은 동학혁명이 일어나기 전에 조병갑의 나쁜 행위를 낱낱이 밝히면서 이를 바로잡아 달라고 조정에 두 번이나 진정서를 보냈습니다.

저는 여러 자료들을 보면서 전봉준 장군이 어떤 사람이었을까 생각해 봤습니다. 그 결과, 마음이 부드럽고 착한 남자였다는 생각이 들었습니다. 전봉준 장군을 직접 만났거나 목격한 사람들이 남긴 기록에 따르면, 전봉준 장군은 동네에서 누군가 어려운 일을 당하면 반드시 찾아가서 위로를 하고, 누군가 부모님 상을 당하면 빠짐없이 찾아가서 문상을 하고, 누가 혼인을 했으면 꼭 인사를 했다고 합니다. 서당 훈장을 하였지만, 농민들의 어려운 처지를 깊이 이해하고 있었다는 것이지요. 또 어떤 기록이 있느냐 하면, 전봉준 장군은 풍수지리를 비롯해서 대체의학 같은 것도 좀 알고 있었던 듯합니다. 그러니까 아픈 사람들이 와서 어떻게 하면 좋겠느냐고 하면, '산에 가서 이런저런 나무뿌리를 캐서 삶아 먹으면 낫는다.'는 식으로 일일이 처방전을 써 주고 그랬던 모양입니다. 주변의 농민들과 함께 호흡을 하면서 살았던 듯합니다. 그런데 고부군수 조병갑이 너무나 나쁜 짓을 많이 하니까 농민들의 마음을 헤아리고 있는 전봉준 장군을 찾아와 하소연을 했습니다. 농민들이 우리가 이렇게 억울한 일을 당하니, 이걸 어떻게 호소할 수 있게 해 달라고요.

앞서 말씀드린 〈전봉준 공초〉에 이런 내용이 나옵니다. "너는 고부군수 조병갑에게 피해를 입었냐?" 하니까 전봉준 장군이 "난 피해 입은 바가 없다."라고 답합니다. "그런데 어떻게 네가 앞장섰냐?" 하고 물으니 "주변 사람들이 다 피해를 보고 죽겠다고 하고 있는데, 사내대장부로서, 공부한 지식인으로서 어떻게 가만히 앉아 눈뜨고 지켜보겠느냐. 그래서 내가 그 사람들의 마음을 대변해서 진정을 하게 됐다."라고 말합니다. 이런 기록을 보면 전봉준 장군이 남을 생각하고 주변을 생각하는 멋진 남자였다는 생각이 듭니다. 이렇게 해서 고부 봉기부터 시작된 동학혁명의 불꽃이 전국으로 퍼져 나가면서 동학혁명은 19세기 말, 20세기 초에 일어난 최대 규모, 최고 수준의 혁명으로 발전하게 됩니다. 다음 시간에는 동학혁명의 전개 과정과 함께 일본이 개입하게 되는 과정에 대해 살펴보겠습니다.

3강 •
동학혁명과 일본의 개입

　오늘은 동학농민혁명의 극적인 장면을 중심으로 일본이 어떤 역할을 했는지 살펴보겠습니다.

　전봉준 장군은 1855년에 전라북도 고창에서 태어나 마흔한 살이 되던 1895년, 혁명의 지도자로 난리를 일으켰다는 죄목에 의해 형장의 이슬로 사라집니다. 마흔한 살이라고 하면 짧은 생애라는 느낌이 듭니다. 고부 봉기에서 전봉준 장군은 조병갑 고부군수가 너무 가혹한 세금을 거두고, 도저히 백성들이 이해할 수 없는 짓을 저질렀다고 밝힙니다.

　조병갑이 어떤 짓을 했나 했더니 동학혁명이 일어나기 1년 전인 1893년, 고부군에 흉년이 들었습니다. 고부군은 당시 전라도 내에서 꽤 큰 지역이었습니다. 북쪽은 가뭄 피해가 그나마 적었는데 남쪽은 심했던 모양입니다. 조병갑은 피해가 심한 남쪽 지역에 한정하여 올해는 세금을 거두지 않겠다면서 백성들 입장을 생각하는 듯한 행동을 합니다. 그래 놓고는 북쪽 지역에 가서 남쪽에서 거두지 못한 세금까지 걷어 가는 것이었습니다. 참으로 기가 막힌 일이지요. 그것만 해도 이해가 안 되는데, 다시 남쪽으로 와서는 "내가 너희들 형편을 봐 줘서 이렇게 세금을 안 걷었는데 거기에 대해서 아무 인사도 없느냐?" 하면서 가뭄 피해를 입은 남쪽 지역 백성들로부터 재물을 빼앗았다는 겁니다. 인면수심(人面獸心)이라고밖에 할 수가 없지요.

또 이런 대목도 나옵니다. 불목죄, 음행죄, 불효죄로 사람들을 잡아 가두고 곤장을 치고는 석방 조건으로 또 돈을 걷었다는 것입니다. 집안에서 아버지와 아들이 의견 충돌이 있을 수 있지 않습니까? 아들이 아버지한테 큰소리를 치면서 대들었는데 불효죄라면서 끌고 가는 거예요. 그래서 감옥에 가두고 곤장을 때리고, 돈 주면 풀어 주겠다, 이런 식인 것이지요. 고부군수의 그러한 악정을 바로잡기 위해 농민들이 일어서니까 고부군수는 부리나케 도망가 버립니다. 그러니 목적을 달성할 수가 없는 것이지요. 부당하게 낸 세금도 돌려받을 길이 없고. 그래서 고부 군민들이 자신들의 억울한 처지를 들어달라고 이후 2달 동안이나 호소를 하는데, 전라감사는 강경책으로 일관합니다. 들어주기는커녕 전남 장흥에 있는 역졸을 데려다가 동학 도인들을 대대적으로 탄압합니다. 도인들의 집에 불을 지르고 하니까 전봉준 장군은 고부에서 버티지를 못하고, 그 옆에 있는 고창군 무장(茂長)이라는 데로 피신합니다.

무장은 당시 전라도 일대에서 가장 큰 동학 조직을 거느리고 있는 손화중 대접주가 있는 곳이었습니다. 제가 실제로 무장에 사는 노인들에게 직접 들은 내용인데, 전해 오는 이야기로는 그 당시 많은 사람들이 수시로 드나들었고 손화중 대접주와 전봉준 장군이 1주일 정도 격론을 벌였다고 합니다. 지금 우리가 일어나서 이 나라 전체를 들어 고쳐야 되는 것이냐, 혁명을 해야 하느냐, 말아야 하느냐, 우리가 과연 그럴 만한 힘이 있느냐는 논쟁이었던 것이지요. 결국은 전봉준 장군의 의견에 대해 손화중 대접주가 찬성을 합니다. 그리고 나서 손화중 대접주는 자신이 거느리고 있던 동학 조직 약 4천 명 정도를 전봉준 장군에게 바로 넘겨줍니다. 대단하지요. 자신이 평생을 일궈 온 동학 조직을 전봉준 장군의 뜻이 대단하니까 그대로 넘겨준 겁니다. 그래서 손화중 대접주가 거느린 동학 도인 4천 명을 기반으로 1894년 음력 3월 21일, 전라도 무장에서 조선 전체의 인재(人災)를 바로잡겠다는 동학혁명의 깃발이 올라오게 됩니다.

칼에 피를 묻히지 않고

한국 근대사에서는 이를 '무장(茂長)기포', 혹은 '제1차 동학혁명'이라고 합니다. 고창, 무장에서 시작된 동학혁명은 파죽지세로 승리에 승리를 거듭합니다. 그런데 이 부분에서 꼭 기억해야 할 것이 있습니다. 동학혁명을 일으킨 동학군들은 전문적인 군사 훈련을 받은 군인들도 아니고, 근대식 무기를 가진 사람들도 아니였습니다. 평범하게 농사를 짓고 있었던 사람들이었습니다. 그런데 그 당시로 최고로 중요한 산업이었던 농업에 종사하던 농민들이 도저히 살 수가 없는 겁니다. 가혹한 세금에다 부당한 짓을 하는 관리들이 너무 많으니까요. 그러니까 살기 위해서 일어난 군대고, 부당한 세금이나 외국 상인들의 횡포 속에서 고통당하는 다른 많은 사람들을 살리기 위해서 일어난 군대인 겁니다. 당연히 동학군들은 어려움을 당하는 백성들의 입장에 대해서 어떤 생각을 했을까요? 저 사람들한테 민폐를 끼치면 안 된다는 생각을 했겠지요.

제가 일본에 갔을 때 일본 외무성 산하에 있는 외교사료관에서 100년 전일본이 만들어 놓은 여러 가지 외교 문서들을 찾아본 적이 있습니다. 그곳에 이런 자료가 있었습니다. 전봉준 장군이 이렇게 선포를 했다고 나와 있었습니다. '우리 동학군은 칼에 피를 묻히지 않고 이기는 것을 으뜸 공으로 삼는다.'는 것입니다. 동학군은 사람 죽이기 위한 군대가 아니었다는 것입니다. 오히려 사람 살리기 위한 군대였다는 것이지요. 그러니까 당연히 동학군은 칼에 피를 묻히지 않고 이기는 것을 으뜸 공으로 삼고, 어쩔 수 없이 싸우더라도 사람 목숨만은 해치지 않아야 한다는 것을 선언했다는 것입니다. 동학은 사람이 한울이라고 하는 사상이지요. 동학군은 사람 살리기 위한 군대이고요. 싸우더라도 사람 목숨만은 해치지 않는다는 정신으로 혁명에 임했다는 것입니다.

아울러 '우리 동학군은 동네 앞을, 마을 앞을 행진하면서 지나갈 때 절대 다른 사람의 재물을 넘보거나 민폐를 끼치지 않는다.', '우리 동학군이 지나가는 동네 안에 나라를 위해서 충성했던 사람이나, 효자로 이름 난 사람이 있거나, 동네 사람들로부터 존경받는 사람이 있는 그 동네 10리 안에는 절대 주둔하지 않는다.' 하는 것입니다. 그러면서 그 밑에다 12개의 행동 강령을 선포를 해 놓았습니다. '굶주린 자는 먹여 주고, 병든 자는 치료해 주고, 도망가는 자는 쫓지 않고, 항복하는 자는 용서해 준다.' 이 대목을 읽어 보면 동학군이 왜 살림의 군대고, 살리기 위한 군대였는가를 이해할 수 있습니다. 그러니 동학군이 지나갈 때 주변 사람들이 어떠했을까요? 열렬히 환영하는 것이지요. 동학혁명 당시에 200만, 300만이 일어나 싸웠다고 합니다. 1년 이상을 싸웁니다. 그러면 그 사람들이 어떻게 먹고 자고 했을까요? 알고 봤더니 동학군은 백성들의 소망을 실현하려고 하는 군대니까, 어려움을 당한 백성들을 살리려고 하는 군대니까, 동학군들이 지나갈 때 양반이고 상놈이고 전부 다 밥을 해 주고, 잠을 재워 주고 한 것입니다. 그래서 1년 이상을 싸울 수 있었던 것이지요.

이렇듯 백성들의 열렬한 지지 속에서 전봉준 장군은 1차 혁명에 성공을 해서, 1894년 5월 31일, 전라도의 수도라고 하는 전주(全州)를 피 한 방울 흘리지 않고 점령합니다. 빛나는 승리의 기록이지요. 전주가 동학군 백성들 손에 떨어지니까 국가에서는 위기의식을 느낍니다. 전주는 조선 왕조를 일으킨 전주 이씨의 발상지이기도 하지요. 그러니까 동학군을 해산시키려고 청나라에 요청을 합니다. 그 당시 청나라는 일본하고 조약을 맺어 조선에 출병할 때는 공동으로 출병한다는 약속을 했습니다. 우리는 청나라에게 요청을 했지만, 일본은 그런 핑계를 대면서 군대를 몰고 조선에 들어옵니다. 겉으로는 '조선 땅에 사는 일본인들의 신변이 위태로우므로 그걸 보호하기 위해서 들어온다.'라는 명목을 내세우지요. 사실 1차 혁명 당시에 동학군은 일본인을 한 명도 공격하지 않았습니다. 어찌 됐든 그것은 일본이 조선을 침략하기 위한 구실 가운데 하나였지요.

전주성 점령 이후에 일본군은 인천을 통해 서울로 들어오고, 청나라는 아산 백석포로 들어옵니다. 그야말로 국가의 위기가 초래됐지요. 여기서 동학군은 다시 한 번 대단한 힘을 발휘합니다. '우리는 외국군이 우리나라에 들어오게 하려고 난을 일으킨 게 아니다.'라는 것이지요. 전봉준 장군은 서울에서 내려온 중앙 정부군의 대표 홍계훈 양호초토사와 회담을 합니다. 그리고 '우리가 스스로 전주성을 물러갈 테니, 물러간 우리들의 신변 안전을 약속해 주고, 우리가 요구하는 부당한 세금과 여러 가지 문제점들에 대한 개혁안을 제출할 테니 그 내용을 건의해서 해결할 수 있게 해 달라.'고 요구합니다. 이 개혁안을 폐정개혁안이라고 하지요. 이렇게 해서 전주 화약이 성립됩니다. 외세 앞에서 동학은 외세를 물리치기 위해서 정부와 화약을 맺는 그런 지혜를 발휘하지요.

일본 최고의 근대 사상가라고 하는 후쿠자와 유키치(福澤諭吉)라는 사람이 있습니다. 엔화 만 엔짜리에 있는 인물입니다. 후쿠자와 유키치는 동학혁명 당시에 일본 『시사신보』 주필 겸 사장이었습니다. 그때 그가 『시사신보』에 이런 글을 써 놓았습니다. '일본군이 조선에 간 것은 무언가 이익을 얻기 위해서 간 것인데, 그 이익 하나 없이 철수하는 건 불가능하다. 반드시 이익을 얻고 와라.' 이런 식으로 선동을 하는 사설을 여러 편 썼습니다. 청나라는 동학군을 해산해 달라고 하는 조선 정부의 요청에 의해서 들어왔고, 일본군은 청나라가 조선에 출병하면 공동으로 출병한다는 약속하에 뭔가 조선에서 자기들의 주도권을 따내기 위해서 들어온 것이지요. 한마디로 야욕을 가지고 들어온 것입니다. 동학군 지도자 전봉준 장군은 그 사실을 너무나 잘 알고 있었던 것입니다. 그래서 그들이 물러가도록 하기 위해 정부군 홍계훈하고 전주 화약을 맺습니다.

동학군이 자진 해산하자 조선 정부는 청나라도 물러간다 하니 일본군도 같이 물러가라, 조선의 위기 상황은 이제 다 해결됐지 않느냐 하고 일본에게 제안하니까 일본은 후쿠자와 유키치가 사설에다 쓴 것처럼 주도권 장악을 위한 음모를 꾸미게 됩니다. 1894년 7월 23일 새벽, 국제법을 위반하면서까지 조선의 고종 임금이 있는 경복궁으로 쳐들어가 궁궐을 불법 점령합니다. 역사적으로는 조일(調日) 전쟁이라고 합니다. 경복궁을 장악한 일본은 친일 괴뢰 정권을 세운 다음, 이틀 뒤인 7월 25일 풍도 앞바다에서 청나라 군대를 격파하고, 7월 29일에는 성환에서 청나라 군대를 격파하면서 청-일 전쟁을 일으킵니다. 조선을 손에 넣는 작업을 하나씩, 하나씩 진행해 나가는 것이지요.

"동학군을 섬멸하라"

이 소식을 들은 전봉준 장군은 나라를 제대로 개혁하려고 일어났는데, 외세가 쳐들어오니까 나라의 개혁도 중요하지만 외세를 물리치는 것이 더 중요하다고 판단합니다. 그래서 1894년 9월, 전라북도 삼례에서 2차 혁명을 일으키지요. 그렇게 해서 일본군을 몰아내기 위해 서울로 진격해 올라가고, 그 과정에서 동학군들의 기세를 꺾지 않으면 조선에서 주도권을 장악할 수 없다는 걸 안 일본은 10월 27일, 동학군은 모조리 다 살육하라는 명령을 내립니다. 당시 일본 대군영 병참총감 참모차장 가와카미 소로꾸(川上操六)가 불법적으로 이런 살육 명령을 내립니다. 이 명령에 의해 동학군 섬멸을 위해 일본군 후비 보병 지제 19대대가 11월 초에 인천에 상륙합니다. 거기서 전라도까지 남하해 오면서 전봉준 장군이 이끄는 동학군과 충청도, 경상도 지역의 동학군과 전면전이 붙게 됩니다. 가와카미 소로꾸의 동학군 전원 살육 명령. 최근 10년 사이에서 밝혀진 사실인데, 이것이 아시아 최초의 일본군에 의한 민간인 대량 학살, 제노사이드(Genocide)였다고 합니다. 이 부분은 우리가 꼭 기억할 필요가 있습니다. 일본군에 의한 동학 농민군 제노사이드 작전에 관한 드라마를 함께 들어보겠습니다.

"돌격하라!"

"돌격하라!"

"동학이 재기할 수 없도록, 한 사람의 동학 농민도 살려 두지 않도록, 싹 쓸어 섬멸하라!"

"하잇!"

"여깁니다."

"많이 다치셨습니까, 대접주님?"

"괜찮습니다. 목숨을 잃을 정도는 아닙니다. 인제와 관동 대접주님들은 어찌됐습니까?"

"전멸을 하였다 들었습니다."

"두 분 모두 다 말씀입니까?"

"예. 접주 임원보까지 모두 왜군의 신무기 라이플총에 쓰러지셨답니다."

"허면 홍천 우리 농민군들만 남았군요."

"예. 숫자는 점점 줄어들고 있지만, 아직 저희 농민군들은 버티고 있습니다. 지난번에 조정에 지원을 받은 관군도 물리쳤는데, 쉽게 무너질 리 있겠습니까?"

"암요. 이번에도 농민군들이 반드시 승전할 것입니다. 낮에는 쉬고, 밤이 되면 다시 기습합시다."

"알겠습니다."

"동학 농민군들을 빨리 소탕하란 말이다!"

"하잇"

"동학 농민군의 전력은 약하지만 지리적 이점을 최대한 이용하고 있다. 야밤을 틈타 기습을 하고, 낮에는 우리 군이 후퇴하면 다시 나타나고, 다시 진격하면 모습을 감추기 때문에 진퇴에 지쳐 버릴 지경이니 빨리 섬멸하란 말이다."

"적이 근접하기를 기다렸다 400m 앞 사정거리에 들면 거침없이 쏴라. 그때 저격하면 백발백중하며, 그 유쾌함이 실로 말할 수 없다. 적은 오합지졸이고 공포에 질려서 전진해 오는 자가 없을 것이다. 농민군들의 시체가 쌓여서 마치 눈같이 보인다면 대지를 진동하는 동학 농민군들의 함성도 곧 시들해질 것이다. 알겠나?"

"하잇!"

"왜군의 부대는 스나이더소총이라는 나이프총을 가지고 우리 농민군들을 무차별적으로 공격하고 있다. 그러니 장태에 몸을 숨기고 함부로 모습을 드러내지 말라!"

"장태 뒤에 몸을 숨겨라!"

"장태 뒤에 몸을 숨겨라!"

"장태 뒤에 몸을 숨겨라!"

"장태 뒤에 몸을 숨겨라!"

"대체 그 라이플총이라는 것이 어떤 총입니까?"

"그 총은 탄구가 회전하도록 총구에 나선형의 홈이 새겨져 있어 예전의 소총과는 격이 다른 사정거리와 명중률, 살상력을 가지고 있다고 들었습니다."

"허면 그 무기를 막아 낼 길은 없는 것입니까?"

"있습니다! 여기 있습니다. 아버지!"

"저희들도 왔습니다. 저희들도 싸우게 해 주십시오!"

"아니, 저···저, 저! 너희들은 대체···, 여기는 전쟁터다! 위험해! 썩 돌아가라!"

"동학 농민군의 아들이니 싸워야지요! 아버님, 접주님, 여기 이 짱돌들이면 우리들도 왜군 몇 십 명은 해치울 수 있습니다."

"허허. 그래, 네 말대로 이 어마어마한 짱돌들이면 왜군 몇 십 명이 대수겠느냐, 수 백 명도 물리칠 수 있겠다. 허나, 너희들 용기는 장하지만, 아직 왜군과 싸우기에는 어리다. 그러니 어서 집으로 돌아가 어머니를 지켜라."

"저희도 왔습니다, 접주님. 내치지 마십시오. 함께 싸울 것입니다."

"아니 여보! 여···여기는···."

"왜군들이 나이프총을 가진 훈련된 부대라지만 이 짱돌들과 죽창, 농기구와 함께 이 놋쇠 밥그릇도 무기로 써 주세요. 공주 우금치 전투에서도 이런 것들로 버티면서 왜군의 발목을 20일간 묶어 두었다 들었습니다."

"그야 그렇지만 당신과 애들마저 왜군 손에 죽기라도 하면, 대가 끊기네, 이 사람아!"

"서방님, 우리 부인들이 언제까지 참고 있어야 합니까? 젊은 임산부가 총에 맞아 죽고, 어떤 접주님은 아이를 안고 천 길 낭떠러지로 뛰어내려 즉사하는 참상이 벌어지고 있습니다. 어디 그 뿐입니까? 포로로 잡은 우리 동학 농민들을 고문한 다음 불태워 죽이고, 밭 가운데 일렬로 세워 총검으로 찔러 죽이니, 산마다 사람들의 시체가 쌓여서 산을 이루고, 그 근방에선 악취가 진동하고, 땅 위에는 죽은 사람 기름이 얼어붙어 있어서 마치 흰 눈이 쌓여 있는 것과 같습니다. 60리에 거쳐 민가에는 사람이 없고, 수백 호가 불에 타 없어졌고, 또 많은 시체가 노상에 버려져서 개와 새들의 먹이가 되고 있습니다. 그걸 가만히 눈 뜨고 보고 있으란 말입니까?"

"알겠습니다. 허면 동학의 정신, 그 깃발 아래에서 사생결단하는 마음으로 나라를 지켜 봅시다. 준비되셨습니까? 돌격!"

"돌격!"

"돌격하라!"

일본군에 의한 제노사이드 작전의 참혹한 실상은 지금도 계속 밝혀지고 있습니다. 최근 2~3년 사이에 당시 동학군 섬멸을 위해 우리나라에 건너왔던 일본군 병사가 남긴 일기가 한-일 공동 연구에 의해 밝혀진 바 있습니다. 일기를 남긴 일본군 병사는 쿠스노키라는 이름을 가진 상등병이었습니다. 이 쿠스노키 상등병은 일본 시코쿠(四國) 출신인데, 1894년 양력 7월에 소집 영장을 받아서 우리나라로 건너왔습니다. 쿠스노키는 조선에 상륙해 동학군들을 학살하고 자기 고향에 다시 돌아갈 때까지를 일기로 남겼습니다. 그 일기에는 언제, 어디서, 동학군 몇 명을 만나서 어떤 방법으로 죽였는지 적혀 있습니다. 그 기록을 보면 사람 죽이는 방법이 어떻게 이렇게 잔혹할 수가 있는가 싶습니다. 일본군은 총을 가지고 있었으니까 일단은 총살을 하지요. 그런데 총알이 없거나 총알이 아깝다는 생각이 들면 몽둥이를 가지고 때려서 죽였습니다. 그것을 '장살(杖殺)'이라고 합니다. 몽둥이 장(杖) 자를 쓰는 것이지요. 전라남도 해남 쪽에서는 살아 있는 동학군을 잡아서 기둥에 묶고 대검으로 찔러 죽인 기록이 나옵니다. 그것을 '돌살(突殺)'이라고 합니다. 더 기가 막힌 것은 소살(燒殺)입니다. 태워 죽이는 것이지요. 소살 기록이 많이 나옵니다. 일본군은 동학 접주나 동학군 핵심 지도자들이 살았던 동네는 무조건 다 불태워 버렸습니다. 1894년에 12월부터 그 다음해 1월까지 일본군은 조선 팔도에서 이렇듯 제노사이드를 저지릅니다.

우리가 역사를 알아야 하는 까닭이 무엇이겠습니까? 이처럼 아픈 역사를 잊지 말고 다시는 그런 일이 되풀이되지 않도록 새기는 것이 필요해서입니다. 지금까지 동학혁명의 전개 과정과 일본군에 의한 제노사이드 작전 실태에 대해서 함께 이야기를 나누었습니다. 다음 시간에는 동학혁명의 세계사적 의미에 대해 알아보겠습니다.

4강 •
동학혁명의 세계사적 의미

오늘은 동학농민혁명이 어떻게 재평가되고 있고, 국제적인 관심을 불러 모으고 있는지, 동학혁명의 세계사적 의미는 무엇인지에 대해 함께 알아보 겠습니다.

1995년, 동학혁명 연구 역사에서 잊을 수 없는 사건이 일어납니다. 1995 년 7월 말, 일본의 홋카이도 대학의 문학부가 관장하는 인류학 교실 강당, 정확히는 후루카와 강당이라고 합니다. 그곳에서 100년 전 동학혁명 당시 의 전남 진도 출신의 동학군 지도자 해골이 발견됩니다. 이 사실은 일본 홋 카이도에서 인권 운동을 하는 아이노 인권 운동 단체를 통해 세상에 널리 알려지게 됩니다. 그해 8월 3일경 우리나라의 KBS, MBC, 한겨레신문, 조선 일보가 일본 교토통신의 기사를 받아서 대대적으로 보도를 합니다.

그로부터 얼마 후 한국에서 진상 조사위원회가 구성되어 저도 참여하게 됐습니다. 1996년 2월, 저는 진상 조사위원회의 일원으로 인권 변호사인 한 성호 변호사와 함께 홋카이도 대학으로 건너갔습니다. 도대체 왜 100년 전 우리 동학군 지도자 해골이 일본 땅, 그것도 최북단인 홋카이도에서 발견됐 는지, 어떤 연유가 있었는지 조사하는 과정에서 기가 막힌 사실을 알게 되 었습니다. 그 해골을 가져간 사람은 홋카이도 대학의 전신인 삿포로 농학교

졸업생이었습니다. 삿포로 농학교는 식민지 지배에 필요한 이론과 실천적 방법을 연구하는 '식민학'이 생긴 대학이었습니다. 그런 교육을 받은 일본인이 1906년에 전라남도 진도로 건너와서는 동학군 유골을 자기 모교로 몰래 빼내 간 것이었습니다. 한국 국민이나 한국에서 동학을 연구하고 한국사를 공부하는 사람들에서는 단순히 지나칠 수 없는 중요한 문제가 된 것이지요.

저는 이후 4년 동안 홋카이도 대학에 머물면서 진상 조사를 했습니다. 그때 일본인 교수 두 분이 우리 연구에 공감을 하고 많은 지지를 보내 주었습니다. 여러 모로 도움도 많이 주었지요. 그중 한 분이 나라 여자 대학 명예교수 나카츠카 아키라 교수인데, 제가 진상 조사를 위해 홋카이도 대학에 와 있다는 소식을 듣고 멀리 나라에서부터 비행기를 타고 건너왔습니다. 지금까지 역사 문제를 놓고 한-일 양국이 진지하게 공동 연구를 해 본 적이 없는데, 한국에서 연구를 위해 홋카이도까지 건너온 사람이 있다는 말을 듣고는 뭔가 도와주고 싶은 생각이 들었던 것 같습니다. 그래서 1997년 가을, 나카츠카 아키라 교수를 처음 만나게 되었습니다. 또 한 분은 홋카이도 대학에 있는 이노우에 가쓰오 교수인데, 저를 적극적으로 후원해 주었습니다.

이렇게 해서 1997년부터 동학혁명을 주제로 하는 한-일 공동 연구가 시작됐습니다. 저는 한국에서 자료를 발굴하고, 나카츠카 교수와 이노우에 교수는 일본에서 자료를 발굴하면서 정보를 교환하여 공통적인 사실을 밝혀내고, 그 내용을 학술 대회를 통해 발표하는 작업이 20여 년간 진척되어 왔습니다. 지금은 공동 연구에 직·간접적으로 참여하고 있는 분들이 한 20여 명 정도 됩니다.

그 사이에 많은 뜻있는 성과들이 나오게 됐습니다. 그중 하나가 나카쯔가 아키라 교수가 일본에서 중심이 되어 동학혁명 당시 일본군이 저지른 만행과 당시 일본 정부가 얼마나 역사를 왜곡하고 날조했는지를 낱낱이 밝혀

낸 것입니다. 나카쯔가 교수는 그 사실을 밝히는 작업에만 그친 것이 아닙니다. 더 명확한 역사의 진실을 알기 위해 한국에 가서 직접 확인해 보자는 취지하에 일본 내 양심 세력을 규합하여 한 · 일 시민이 함께하는 동학 답사 기행을 조직했습니다. 100년 전, 우리 선조인 일본인들이 조선 땅으로 건너가 얼마나 나쁜 짓을 하고, 얼마나 많은 피해를 끼쳤는지를 우리가 직접 가서 확인해 보자는 것이었지요. 역사 현장도 방문하고, 한국 땅에서 살고 있는 한국 사람들에게 직접 이야기도 들어보자는 제안을 한 것이지요. 그래서 2002년에 시범적으로 한 번 시행이 됐다가 한 일본 여행사가 정식 여행 프로그램으로 기획하고 참여해서 2006년부터 2015년까지 10회 정도 시행이 됐습니다. 그 과정에서 나카츠카 아키라 교수가 많은 역할을 했지요.

20년간 이어진 한-일 공동 연구

나카츠카 교수가 앞장서서 2013년에 '동학'이라는 말이 표제로 들어간 책이 일본에서 출간되었습니다. 그간 일본 내 그 어떤 역사 전문 출판사도 동학이라는 말을 내세워 책을 낸 적이 없었습니다. 일본인이 동학에 대해서 잘못 알고 있는 사실과 동학혁명 당시에 저지른 만행 등을 사실에 입각해서 낱낱이 밝혀낸 책입니다. 전문성도 지니고 있지만, 한편으로는 대중적인 그 책을 나카츠카 교수가 앞장서서 펴내는 역할을 해 주었습니다. 약 4~5년쯤 전에는 역시 나카츠카 아키라 교수가 주선해서 일본 〈아사히신문〉에 '동학'이라는 말이 처음으로 들어간 특집 기사가 실렸습니다. 〈아사히신문〉은 일본 내 3대 신문으로 꼽히는 신문입니다. 진보적인 신문이지요. 중도적인 신문이 〈마이니찌신문〉이고, 약간 보수적인 신문이 〈요미우리신문〉입니다.

나카츠카 교수는 이렇게 얘기합니다. '일본이 동학혁명 당시에 어떤 잘못을 저질렀는지 밝혀내는 것은 결국 일본을 위한 일'이라고요. '그것을 인정하고, 진심으로 사죄하는 일본이 되지 않는 한 일본은 일등 국가가 될 수 없다. 그래서 나는 일본이 일등 국가가 될 수 있게 하기 위해 역사의 진실을 알아내고 역사의 현장을 일본인에게 안내하는 것'이라고 말합니다. 일본 내에서 그러한 공감대가 점점 확산이 되어서 최근에는 일본의 한 영화감독이 다큐멘터리 영화를 제작하고 있는가 하면, 동학혁명을 소재로 대중적인 책을 쓰는 연구자들도 여러 명 생겨났습니다.

그러면 왜 한·일 두 나라의 역사 연구자들이 어두운 과거 역사를 소재로 공동 연구를 하지 않으면 안 되었는가 하는 이야기를 해 보겠습니다. 가장 중요한 것은 동학혁명 당시의 역사적 사실 가운데 잘못 알려진 것이 많다는 점입니다. 한국이나 일본이나 똑같습니다. 여러분은 '동학혁명'이라고 하면 어떤 단어가 생각나십니까? 전봉준, 전라도 고부 같은 단어일 것입니다. 하지만 동학혁명은 전라도뿐만 아니라 충청도, 경상도에서도 일어났고, 강원도 같은 경우에도 대단히 치열했습니다. 강원도는 동학군들이 강릉부를 다 점령했을 정도입니다. 조선은 행정구역을 부, 목, 군, 현으로 나눴습니다. '부'라고 하면 상당히 큰 행정구역입니다. 또 평창 지역에서 대대적인 전투를 벌인 내용도 현지 기록이 남아 있습니다. 홍천군 서성면에 가면 갑오년 당시의 처절한 전투 상황을 기념하기 위해서 기념비가 세워져 있습니다. 강원도를 포함한 조선 8도가 동학혁명의 주 무대였습니다. 그런데도 우리는 전라도로만 잘못 알고 있는 경우가 많습니다.

한국도 이러한데 일본은 더하겠지요. 일본에서는 동학군을 거의 폭도, 비도 정도로 알고 있는 사람들이 많습니다. 또 동학에 대해서도 수준 낮은 샤머니즘, 미신으로 이해를 하고 있고요. 그게 아니지 않습니까. 동학은 '모든 사람이 다 하늘'이라는, 누구나 다 공감할 수 있는 보편적이고 가치 있는 사상을 담고 있는 사상이자, 동학군은 부패한 나라의 정치를 개혁해서 어려움

속에 시달리는 사람들을 잘살게 하려고 혁명을 일으킨 사람들이 아닙니까?

이런 현실에서 역사의 진실을, 사실을 밝히는 것은 굉장히 중요한 일이라고 봅니다. 그러니 나카츠카 아키라 교수같이 역사의 진실을 밝히는 것을 생명으로 하는 학자는 남의 나라에 가서 뭔가 많은 나쁜 짓을 해 놓고, 그것이 나쁜 짓인지도 모르고 있는 자기 나라의 현실을 그냥 지나칠 수 없었던 것입니다. 사람들은 나카츠카 교수가 하는 일을 '일본의 양심이다.'라고 말합니다. 역사의 진실을 밝혀내고 널리 알리는 일은 사실을 잘못 알고 있는 사람들을 건강하게 만드는 일이고, 잘못된 사실을 진실로 알고 있는 사회를 다시 건강하게 만드는 일입니다. 이런 생각이 서로 일치해서 한 · 일 양국의 역사 연구자들이 지난 20년간 동학혁명을 주제로 함께 작업을 해 오는 동안 이것이 양국의 시민 사회에 잔잔한 감동과 신선한 파문을 일으키면서 동학혁명에 대한 역사적 사실이 많이 알려지게 됐습니다.

역사 교사가 보내온 일본 교과서

앞에서 동학혁명이 치열하게 전개되었던 강원도 이야기를 잠깐 언급했습니다. 강원도에서 일어난 동학혁명도 새롭게 조명되어야 됩니다. 강원도는 동학의 뿌리가 깊은 곳입니다. 그 뿌리는 동학 2대 교주 해월 최시형 선생에서 비롯된 것입니다. 그분이 동학혁명 일어나기 20여 년 전부터 만들었던 동학의 많은 비밀 은거지들이 강원도 각지에 퍼져 있습니다. 영월, 정선, 인제, 양구, 양양……. 이 지역들은 동학의 든든한 기반이 되었고, 그것을 바탕으로 강원도 동학군들의 혁명 운동이 치열하게 전개될 수 있었던 것이지요. 강원도에서 전개된 동학혁명에 대해서 최근 새로운 역사적 사실들이 속속 확인되고 있습니다. 바로 그런 것들을 통해서 우리가 더 건강한 역사의식을 만들어 갈 수 있는 생각이 듭니다.

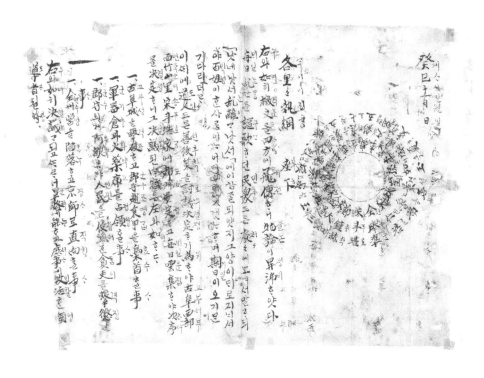

동학혁명 당시 봉기에 참여한 사람들의 이름을
돌려 가며 적은 사발통문

얼마 전에 저에게 두꺼운 책 한 권이 배달되었습니다. 일본에서 온 것이
었지요. 일본에서 역사 교과서를 주로 편찬하는 유명한 출판사가 있습니다.
아오끼(青木)출판사라는 곳입니다. 그 아오끼출판사에서 펴낸 중학교 역사
교과서를 어떤 분이 저한테 보내오셨더라고요. 누가 보냈나 했더니 나카츠
카 아끼라 교수가 코디네이터로 활동하는 '한·일 시민이 함께 가는 동학여
행'에 참여했던 일본 역사교사 쿠로다라는 분이었습니다. 편지도 같이 들어
있었는데, 편지에는 이런 내용이 적혀 있었습니다.

'모든 사람이 한울님 대접을 받는 세상을 만들기 위해서, 제대로 된 세상

을 만들기 위해 처절한 항전을 했던 동학 농민군을 일본군이 무자비하게 학살한 역사적 사실을 담은 역사 교과서를 만들어 보내드리니 기쁘게 받아 주십시오.'

편지를 읽고 나서 저는 눈시울이 뜨거워지는 느낌을 받았습니다. 그리고 생각했습니다. 한국과 일본의 이러한 교류를 통해서 역사는 한 걸음, 한 걸음 앞으로 나아가는 것이라고요. 또 우리의 미래 역시 한 걸음, 한 걸음 앞으로 나아가고 있다는 것을요.

"허어…, 홍천 창의석 대접주가 이끄는 동학 농민군이 대관령 강릉부 관아를 점령하였다고요?"

"예. 강릉부 관아를 점령한 뒤 악독한 지주들의 땅 문서를 빼앗고, 수탈에 앞장섰던 행정실무관 이선을 잡아 옥에 가두었다 합니다."

"허어…, 허면 우리 관동에서처럼 관아 행정은 홍천 창의석 대접주가 맡으셨답니까?"

"예. 홍천 대접주님께서 관아 일을 보며, 억울하게 옥살이를 하던 백성들을 풀어 주고, 인제에서처럼 관아의 동쪽 문에는 전정, 군정, 환곡 등 삼정의 폐단을 뜯어 고친다는 방을 써 붙였을 뿐만 아니라, 나랏일을 돕고, 백성을 편안히 하는 보국안민(輔國安民)을 이룩한다는 방까지 내붙였다 합니다."

"허허허허허. 참으로 통쾌합니다. 앞으로 이렇게만 되어 준다면, 조선 백성들의 고혈을 쥐어짜는 악법은 모두 사라지고, 태평한 어진 세상이 곧 열릴 것입니다. 허허허허허."

"열려야지요. 암, 열려야 하고 말고요. 반드시 어진 세상을 열어야 합니다. 저희 농민군이 그토록 바라는 세상이 아닙니까?"

"잊지 않습니다. 동학 농민들이 봉기하고 나선 이유인데, 그 세상을 어찌

잊겠습니까?"

"만민이 평등하고, 보국안민하며, 세상을 개혁하는 후천개벽(後天開闢)과 경제적인 여유가 있는 사람은 가난한 사람을 도와야 한다는 유모상전을 반드시 이루어야지요!"

"대접주님! 대접주님!"

"아, 정탐을 나갔던 이문보인 것 같습니다."

"어허. 그렇지 않아도 기다렸는데."

"큰일났습니다. 대접주님들!"

"왜요? 기습이라도 있었습니까?"

"그게 아니라 방금 한양에서 내려온 전갈입니다."

"무슨 전갈인데 그리도 떠십니까?"

"조정에서는 우리 농민군 섬멸을 위해 왜군 2개 중대를 강원도로 내려보냈다 합니다. 뿐만 아니라, 강원도 춘천에 순중군까지 전투에 가담케 하여 동학농민들을 모조리 소탕하라 하였다는 전갈입니다!"

"예? 왜군 2개 중대에다가 춘천의 순중군까지 말입니까?"

"그렇습니다. 게다가 일본 군병들은 신종 나이프총으로 모두 무장했다고 합니다. 특히 20대 젊은 왜놈 군관이 이끈다는데, 어찌나 악독한지…. 이거, 이걸 좀 읽어 보십시오!"

"이게 뭡니까?"

"왜놈군 진영에서 서로 전달된 작전 밀지입니다."

"작전 밀지라고요?"

'어제 상주에서 수령이라고 생각되는 자 두 명을 포박하고 여러 가지 조사를 했지만 자백하지 않습니다. 세력을 일으킨 자는 아닌 것 같고, 말의 이러저러함을 살펴보니 수령이라고도 판단되지 않는데, 그러한데도 참살해도 좋

은지 명령을 기다립니다. 본 소자는 폭도들을 모조리 살육하는 수단을 실행하고 싶습니다.'

'부산 소자에게. 원래 엄혹한 처치는 가능하다. 동학당이라는 것을 자백하게 하여, 담소에게 인도하여 극형에 처하도록 하라. 동학당에 대한 처치는 엄렬함을 요한다. 향후 모두 살육할 것. 따라서 동학당 참살에 관한 건 귀결의 의견대로 실시하도록 하라'

"아니, 모조리 살육하라니!"

"그러게나 말입니다! 예부터 조선 정부는 민란으로 봉기했던 농민을 살육하는 처벌 따위는 없었지요. 수천 명이 민란에 참여했어도 사형이 되는 것은 주모자 한두 명 뿐이었습니다!"

"맞습니다. 지도자나 간부는 유배형에 처해졌지요."

"어허, 이 통탄함을 어찌할까! 우리 조선의 법도가 있거늘, 왜놈이란 놈들은 남의 나라 땅을 짓밟는 것도 모자라, 조선의 법도를 무시하고 전원 몰살을 지시하다니……."

"이런 천인공노할 놈들에게 조선 농민의 서슬 퍼런 분개함을 보여 줍시다!"

"왜군이 파견됐다면 어서 농민군부터 피신시켜야 하지 않을까요? 왜군이 내려오면 농민군들을 끝까지 몰아붙여 단 한명의 사람도 살려 두지 않을 것입니다."

"반드시 그럴 것입니다. 정읍 황토재 언덕에서 승리를 거두었던 전봉준 총 대장님도 결국 왜군에게 몰려 생포됐습니다. 왜군들은 심지어 진도까지 가서 동학 농민군을 마지막 한 명까지 찾아서 살해했다는 보고도 있습니다."

"어쩌면 강원도 평창이 최종 결전지가 되겠군요."

"농민군들이 포기하지는 않겠지만 왜군의 악랄한 총질 앞에서 얼마나 버틸지가…. 아마도 그 순간이 최종 결전지가 되지 않겠습니까?"

"이러고 있을 때가 아닌 것 같습니다. 당장 농민군들을 일깨워 왜군의 습격에 대비토록 조치를 취하고 방도를 모색해 봅시다."

"접주 자네는 홍천 창의석 대접주에게 왜군의 섬멸 작전을 속히 알리시게!"

"예!"

세계 석학들은 21세기를 이렇게 얘기합니다. "21세기는 동아시아의 세계다." 우리나라를 비롯해서 일본, 중국이 위치하고 있는 동아시아. 21세기는 한국, 중국, 일본이 중심이 되는 그런 시대가 된다는 것입니다. 이것이 세계적인 석학들의 공통된 의견입니다. 그러면 동아시아가 세계의 무대가, 세계의 중심이 되려면 어떻게 해야 할까요? 과거의 어두운 역사를 정면으로 직시하고, 인정하고, 뭔가 잘못이 있었다면 진심으로 사죄하고, 진심어린 사죄를 받아주고, 용서하고, 그래서 서로가 서로를 살리는 화해와 상생의 미래를 만들어 갈 때 동아시아가 세계에 우뚝 설 수 있다고 봅니다. 바로 그런 점에서 일본이 해야 할 역할이 중요합니다. 일본은 지금도 역사 교과서를 왜곡하고 있고, 진정한 참회와 반성을 하려는 생각이 약합니다. 바로 이러한 점을 극복하기 위해 현재 이루어지고 있는 한·일 양국 역사가와 시민들의 조그마한 노력들을 소중하게 생각해야 할 듯합니다. 그런 노력들을 지속해 나갈 때 한국, 중국, 일본, 이 세 나라는 화해와 상생의 관계를 만들어 나갈 수 있을 것입니다. 그러한 화해와 상생의 미래를 열어가는 데 동학이 작은 씨앗이 되었으면 하는 바람입니다. 그럼으로써 동아시아는 진정 21세기, 세계의 중심으로 자리 잡을 수 있을 것입니다.

3장
다르게
혹은 새롭게

이순신
새롭게 보기

임원빈(순천향대학교 이순신연구소장)

1강 •
이순신, 얼마나 잘 알고 있습니까?

전하, 지금 수군을 파하시면 적들이 서해를 돌아 바로 전하께 들이닥칠까, 신은 다만 그것이 염려되옵니다. 아직 신에게는 12척의 배가 남아 있사옵니다. 죽을힘을 다하여 싸우면 오히려 할 수 있는 일입니다. 신이 살아 있는 한 적들은, 적들은 감히 우리를 업신여기지 못할 것이옵니다.

이순신 제독은 누가 뭐래도 가장 존경받는 위인으로 손꼽히는 인물 가운데 한 사람입니다. 하지만 이순신 제독에 대한 실제 인식 수준은 그다지 높지 않아 보입니다. 일례로 작년에 상영된 영화 〈명량〉의 경우 대부분이 픽션입니다. 특히 후반부 1시간 이상 진행된 해전 장면에서, 해전 전술로 백병전, 배가 충돌해서 격파하는 충파전술, 이런 것들이 이렇게 소개되고 있는데, 이것은 사실이 아닙니다. 한마디로 영화 〈명량〉 후반부 해전 장면은 거의 대부분이 역사적 사실이 아닌 작가의 상상력이 가미된 픽션입니다. 그런데도 영화를 본 사람들은 거기 나온 해전 장면들을 거의 다 역사적 사실로 받아들입니다.

이런 현상과 관련해서 우리는 1900년대 초기에 활약했던 일본의 해군 전략 연구가 가와다 고오라는 사람의 지적을 유념해서 볼 필요가 있을 것 같습니다. 그는 조선 사람들에 대해서 이렇게 비아냥댔다고 합니다.

"실례의 말이긴 하지만 조선 사람들은 이순신을 영웅으로 떠받들기만 할 뿐 그분이 얼마나 위대한 분인지에 대해서는 우리 일본 사람들보다도 모르는 것 같습니다."

이 분이 이렇게 지적한 뒤 백 년이 지났는데, 백 년이 지난 이 시점에도 이 가와다 고오의 지적이 여전히 유효한 것 같아서 연구자 입장에서 마음이 씁쓸합니다.

> "거북선. 이순신 하면은 거북선밖에 생각이 안 나요. 연관되는 게 없는데요. 평상시에 관심이 별로 없어서요."
>
> "거북선이요. 명량대첩이요. 장군. 서울. 동상."
>
> "거북선. 명량해전? 아니야. 명량?"
>
> "이순신, 최고죠. 왜군을 물리쳤으니까. 맥아더 장군이 제일 존경한 장군이 이순신 장군이라 해서 더 멋있는 것 같아요."
>
> "이순신 하면 일단 진도가 생각나고, 인물이 용맹스럽기도 하면서 지혜롭잖아요? 무척 좋은 이미지로 남아요."

거리 인터뷰 내용을 살펴보았는데요, 이렇듯 사람들이 이순신 제독에 대해 많이 아는 것 같지만 실제로는 잘 모르고 있습니다. 보통 이순신 장군이라는 표현을 많이 쓰는데, 이 호칭은 잘못된 것입니다. 이 충무공은 종2품 삼도수군통제사까지 올라갔습니다. 대감님, 영감님 하는 명칭이 있지요? 이 충무공은 이미 장군을 뛰어넘은 것입니다. 조선 시대 어떤 계급 구조로 보더라도 이 호칭은 맞지 않습니다. 또 한편 서양 사람들한테 이 충무공을 소개할 때 해군 장성, 해군 사령관은 보통 'Admiral'이라는 표현을 쓰니다. 'Admiral 이순신'이라고 해야 알아듣는데, 'Admiral 이순신'을 요즘 용어로 번역하면, 이순신 제독이 되는 것이지요. 그래서 앞으로 이순신을 호칭할 때 이 충무공 혹은 이순신 제독이라고 부르는 것이 어떨까 생각합니다.

이순신은 자살했다?

제가 여러 곳에 강의하러 다니면서 가장 많이 받는 질문 중 하나가 이순신 자살설입니다. '해전에서 승리하더라도 결국은 모함에 걸려 죽을 것이다.' 이것을 이 충무공이 미리 예측하고 해전에서 갑옷을 벗고 싸워서 적의 조총에 맞아 죽었다는 것이 자살설입니다.

이 자살설의 출처는 숙종 때 이민서라는 사람이 지은 『김충장공유사(金忠壯公遺事)』입니다. 그 책에 이런 말이 나와 있습니다. '이순신은 전투가 한창 진행될 때 갑옷과 투구를 벗고 스스로 탄환을 맞고 죽었다.'라고 쓰여 있습니다. 이것은 제 관점에서 볼 때 사실이 아닙니다. 이러한 주장은 조선 시대 당시부터 비판을 많이 받았습니다. 원래 이 글은 이민서라는 사람이 조선 조정의 당쟁 상황을 염두에 두고 쓴 글입니다. 당시 의병장으로 활약했던 충장공 김덕령 장군이 역모에 연루되어 죽게 되니까, 홍의장군 곽재우는 군사를 해산하고 산으로 들어갔으며, 이순신은 해전이 시작되자 갑옷과 투구를 벗고 스스로 탄환에 맞아 죽었다는 것입니다. 어찌 보면 당시 조선 조정의 당쟁 상황이나 임금 선조를 비판하기 위해 만든 이야기입니다. 그 뒤로 이순신 제독의 죽음을 안타깝게 생각하거나 말 지어내기 좋아하는 사람들, 소설가들의 단골 메뉴가 되면서 자살설이 급속하게 퍼지게 된 것입니다.

이순신 제독의 죽음과 관련된 진실은 노량해전이 있었던 1598년 11월 19일 새벽에 동이 틀 무렵, 일본군의 조총에 맞아 장렬히 전사한 것이 역사적 사실입니다. 영화 〈명량〉에도 나왔지만, 13척 대 133척의 싸움이었습니다.

그러니까 많은 사람들이 '이거, 도대체 어떻게 이긴 거야?' 하는 궁금증이 많았던 것 같습니다. 제대로 설명이 안 되어서 그렇습니다. 여기에 편승해서 만들어진 이야기가 명량해전 철쇄 설치설입니다.

"철쇄를 감아라!"
"예!"
"영차영차."
- 영화 〈명량〉 중에서

명량의 좁은 골목에 쇠사슬을 매놓고 있다가, 일본 함대가 통과할 때 잡아당겨서 걸려 넘어지게 해서 승리했다는 것이 철쇄 설치설입니다. 이 또한 역사적 사실이 아니라 구전되어 온 설화일 뿐입니다.

"빨리, 더 빨리 철쇄를 감아! 더는 왜선을 울돌목 안에 들어오게 해서는 안 된다!"
- 영화 〈명량〉 중에서

대개 이런 관점에서 이순신을 이해해 왔던 것 같습니다. 저도 이렇게 배웠고요. '이순신이 위대한 것은 언제나 열세한 상황에서 우세한 적과 싸워서 이겼기 때문이다.' 이에 비하면 앞의 두 가지 사례는 어찌 보면 지엽적인 문제입니다. 우리 국민들이 이순신을 인식하는 잘못된 관점 때문이 아닐까 하는 생각이 드는데요, 이렇게 설명하면서 대표적으로 드는 사례가 한산해전과 명량해전입니다. '자, 한산해전을 봐라. 우리는 58척밖에 안 되는데, 일본은 73척이나 된다. 이런 열세의 상황임에도 불구하고 학익진 등등을 펼쳐서 승리했다. 그러므로 위대한 리더요, 장수다.', '한산해전은 비교도 안 된다. 명량해전을 봐라. 영화에는 12척 대 300여 척으로 되어 있지만, 실제로는 전투함 기준으로 13척 대 133척의 싸움인데, 그래도 그렇지, 이것은 아무나 할 수 있는 것이 아니다. 이순신은 위대한 장수요, 리더다.' 아마 지금까지 나온 상당수의 책들이나 이순신 소개 자료들이 이런 관점에서 서술된 것이라는 생각이 듭니다. 제가 해군사관학교 다닐 때도 그랬으니까요. 해군사관학교는 다른 교육기관보다는 이순신과 관련하여 많은 교육을 하는 곳입니다. 그런데 그런 교육을 받은 제 이미지 속에 있는 이순신도 일당 백 하는, 언제나 열세한 상황에서 우세한 적을 맞아 통쾌하게 무찌르는 무협지 주인공 같은 모습이었으니까요. 이런 모습이 우리 국민들 머릿속에 이미지화된 그런 이순신이 아닐까 합니다.

하지만 과연 그럴까요? 제가 한 20년 전에 이순신을 연구하면서 깜짝 놀랄 만한 사실을 발견했습니다. 저도 평소에 '이순신은 언제나 열세한 상황에서 우세한 적을 만나 싸워 이겼기 때문에 위대하다.' 이렇게 생각을 했는데, 해전 관련된 자료를 검토해 보니까 그게 아니었습니다. 명량해전은 분명히 열세한 상황에서 이긴 전투입니다. 13척 대 133척이라도 그렇고, 13척 대 300여 척 그러면 더더욱 열세 아닙니까? 그런데 명량해전 이외의 거의 대부분의 해전에서 이순신이 지휘하는 조선 수군의 함대 척수가 일본군에 비해 훨씬 많았습니다. 저는 이 사실을 알고 깜짝 놀랐습니다.

1592년 5월, 임진왜란 제 1차 출동 당시 옥포, 합포, 적진포 해전에서 우리 수군 91척에 대응하는 적군의 배는 30척, 5척, 13척에 불과했다. 또한 임진왜란 제2차 출동에서도 사천해전 26대 13, 당포해전 26대 21, 당항포, 율포해전에서도 각각 51대 26, 51대 7로 조선 수군의 병력이 일본보다 훨씬 우세했다.

- 임진왜란 해전 분석 자료 중에서

저는 이순신 제독에 대한 우리의 접근 관점이 근본적으로 잘못되었다는 것을 깨닫고 이렇게 바꿔 봤습니다. '이순신 제독이 위대한 것은 언제나 열세한 상황에서 위대한 적을 만나 싸워 이겼기 때문이 아니라, 어떤 상황에서도 인위적으로 우세한 상황을 조성해서 분산된 열세의 적과 싸워 이겼기 때문에 위대한 리더다.' 이러한 관점에서 보면 이순신 제독은 일당 백 하는 무협지의 주인공 같은 무모한 리더가 아니었습니다. 그분은 할 수만 있다면 10대 1, 100대 1, 1,000대 1의 우세한 상황을 만들어 놓고 싸운 탁월한 리더인 것이지요. 불리한 해전에 나가라고 하면 임금이 명령해도 거절한 이가 이순신이었습니다. 그동안 우리 국민들은 역사적 실존 인물 이순신을 언제나 우세한 상황을 만들어 놓고 싸운 탁월한 리더로 보았습니다. 이순신을 마치 일당 백 무협지의 주인공처럼 가공·포장시켜 놓고, 그러한 이순신을 존경하고 우러러 추앙해 온 것은 아닌지 돌이켜 생각해 볼 필요가 있습니다.

1594년 2월 13일, 맑고 따뜻하였다. 경성 군관이 와서 '적선 8척이 와 정박하였으니, 그를 칠 만하다.'고 보고하였다. 그래서 곧장 전하게 한 말은 '작은 이익을 보고 들이친다면 큰 이익을 이루지 못할 것이다. 아직 가만히 두었다가 다시 적선이 많이 나오는 것을 보고 기회를 엿보아서 무찌르기를 작정하자.'고 하였다.

- 이순신의 『난중일기』 중에서

당쟁을 뛰어넘어

또 한편으로 이순신 제독의 개인적인 역량에만 의존해서 임진왜란 해전의 승리를 설명하는 것도 잘못된 관점입니다. 결론적으로 얘기하면 임진왜란 당시 조선 수군은 양적인 면에서는 일본이나 명나라에 비해서는 적었지만, 질적, 전투적 측면에서는 동아시아 최강이었습니다.

몇 가지 자료를 한 번 확인해 보도록 하지요. 조선 시대 수군 정원은 약 5만 명이었습니다. 그 당시 조선 인구는 약 5백만 명 정도였다고 합니다. 2015년 대한민국 해군은 어떠한가 하면, 인구 5천만에 해군 정원이 4만 명 정도입니다. 또 임진왜란 당시 조선 수군의 주력 함선이 판옥선인데, 이 판옥선은 100% 해전만을 위해 만들어진, 동아시아 최고의 전투함이었습니다. 아울러 판옥선, 거북선에 장착된 천자총통, 지자총통은 당시로서는 최고의 무기였습니다. 그래서 조선을 수군 강국이었다고 하는 것입니다. 이순신 제독이 영웅이고 성웅인 것은 맞지만, 그분의 개인적인 역량에만 의존해서 역사를 서술하는 영웅사적 관점의 역사 서술은 재고되어야 합니다. 한마디로 고려 말 이후로 착실히 발전해 온 우리의 자랑스러운 해양의 역사, 수군의 역사에 대해서도 자긍심을 가져야 한다는 것이지요.

1593년 9월 14일, 맑다. 새로 만든 총통은 전장에 가장 긴요한 것이지만, 우리나라 사람들은 그 만드는 법을 알지 못하였다. 이제 온갖 연구를 거듭하여 조총을 만들어 냈는데, 왜군의 총보다 더 잘되었다. 명나라 사람들이 진중에 와서 시험으로 쏘아 보고서는, 좋다고 칭찬하지 않는 이가 없다. 이제 그 묘법을 알았으니 도 내에 같은 모양으로 많이 만들어 내는 것이 좋을 것 같다.

　　- 이순신의 『난중일기』 중에서

또 하나 짚고 넘어가야 하는 문제는 우리나라 국민들의 역사 인식이 당쟁 중심의 역사에 치우쳐 있다는 것입니다. 당쟁의 역사는 권력 투쟁의 관점에서 역사를 서술하는 것입니다. 동서고금을 막론하고 권력 투쟁이 없었던 역사가 어디 있겠습니까. 비단 조선 시대에만 있었던 역사가 아니지요. 그런데 우리는 조선의 역사를 지나치게 당쟁의 관점에서만 접근하다 보니 조선 시대의 역사를 이야기할 때 심란해집니다.

임진왜란을 보는 시각도 그렇습니다. '일본은 조선을 침략하려고 서양에서 조총을 도입해서 착실히 전쟁 준비를 해서 쳐들어왔는데, 우리 조상님들은 전쟁 준비 안 하고 뭐했을까, 전쟁 준비 안 하고 허구한 날 동인이다, 서인이다 하면서 당파 싸움, 권력 다툼만 일삼았구나.' 저는 이렇게 배웠습니다. 부분적으로 보면 맞는 이야기지만, 전부는 아닙니다.

이순신의 발탁도 마찬가지입니다. 당파 싸움만 하고 있는 조정에서 이순신처럼 올곧고 원리원칙을 고수하는 관리, 불의와 타협하지 않는 관리가 어떻게 전라좌도 수군절도사가 되었을까? 전라좌도 수군절도사를 요즘으로 치면 함대사령관입니다. 삼도 수군통제사는 해군참모총장 정도 되는 지위이지요. 원리원칙을 지키고 불의와 타협하지 않는 이순신 같은 사람이 어떻게 조선 조정에서 해군 참모총장까지 진급할 수 있었을까요? 부정 일변도의 역사의식도 바꿀 필요가 있다고 보는 것이 이러한 부분입니다. 그 당시 조선 조정에도 이순신처럼 당쟁을 넘어서서 진정으로 나라와 백성을 사랑했던 훌륭한 관리들이 존재했다는 것입니다.

이순신, 그대의 이름은 일찍이 수사의 책임을 맡겼던 그날 진작 드러났고, 또 공적은 이미 임진년 대첩이 있은 뒤부터 크게 떨치어, 변방 백성과 군인들이 만리장성처럼 믿었는데, 지난번에 직함을 갈고 그대로 하여금 죄인의 이름을 쓴 채 백의종군하게 했던 것은 역시 사람의 지모가 밝지 못한 데서 생긴 일이요. 그래서 오늘 이 같이 패전의 욕됨을 당한 것이라 무슨 할 말이 있으리오. 무슨 할 말이 있으리오.

　- 1957년 8월 3일, 선조가 이순신을 삼도수군통제사에 재임명하며 보낸 교서 중에서

'투명한 조선의 관리 조직 생태계, 그리고 우세한 상황을 만들어 놓고 싸운 이순신 제독의 탁월한 역량과 당시 세계 최고 수준이었던 조선 수군의 전투력, 이런 요소들이 함께 결합하여 시너지를 일으켰기 때문에, 이순신 제독의 훌륭한 업적이 가능했다.' 이렇게 이야기한다고 해서 그분에 대한 역사적 평가가 퇴색되는 것은 결코 아니지요. 오히려 무에서 유를 창조하는 신격화된 리더 한 명을 무작정 기다리기보다는 이순신 같은 인재가 발탁되어서 역량을 발휘할 수 있는 건강한 사회, 조직 환경을 만드는 일이 무엇보다도 시급하다는 것을 자각해야 하는 시점이 아닐까 생각합니다.

　　이순신은 무인 속에 있어서 이름과 칭찬이 드러나지 않다가 신묘년에 서해 유성룡이 정승이 되어 그를 쓸 만한 인재라고 하여 정읍 현감에서 차례를 뛰어넘어 전라좌수사를 계수하니 드디어 중흥에 제일 명장이 되었다. 아, 지금 세상인들 어찌 또한 이와 같은 인물이 없겠는가? 다만 인재를 알아 추천하는 자가 없을 뿐이다.

　　- 이수광의 『지봉유설』 중에서

당쟁만 일삼았다고 알려진 400년 전의 조선에선 이순신 같은 사람이 발탁되어서 자신의 역량을 발휘할 수 있는 기회를 부여받았는데, 과연 2015년

현재의 대한민국에서는 이런 일이 가능할까요? 작년 세월호 참사 사건이나 방산 비리, 메르스 사태 등을 포함해서 연이어 큰 사건이 터지는 대한민국에 이순신이 살아 있다면 함대사령관이나 해군참모총장까지 진급할 수 있었을까요? 이 물음에 대한 대답이 회의적이라면 우리가 그토록 비판하고 손가락질했던 임진왜란 당시의 조선보다, 오히려 오늘의 대한민국이 훨씬 못하다는 말이 되겠지요. 이순신처럼 위기 극복 역량과 가치의식, 고결한 인격을 갖춘 인재가 우리나라 곳곳에서 마음껏 자신의 역량을 발휘할 수 있는 사회 환경, 이른바 이순신 생태계가 조성되는 날이 그야말로 대한민국이 명실상부하게 선진 인류국가로 도약하는 날이 아닐까 합니다.

2강 •
이순신의 리더십

　"장군!"

　"아직도 살고자 하는 자가 있다니 통탄을 금치 못할 일이다. 우리는 죽음을 피할 수 없다! 목숨에 기대지 마라. 살고자 하면 필히 죽을 것이고 또한 죽고자 하면 살 것이니, 병법에 이르기를 한 사람이 길목을 잘 지키면 천 명의 적도 떨게 할 수 있다 하였다. 바로 지금 우리가 처한 형국을 두고 하는 말 아니더냐."

　이순신 제독은 임진왜란부터 정유재란까지 7여 년 전쟁 기간 동안 40여 해전을 모두 승리로 이끌어 임진왜란을 극복한 민족의 영웅입니다. 우리 국민들이 이순신 제독을 존경하는 가장 큰 이유는 이처럼 조선 왕조 최대 위기라고 할 수 있는 임진왜란, 정유재란이라는 위기 상황을 극복한 위기 극복 역량 때문이 아닌가 생각해 봅니다. 바로 이순신 제독의 리더십이 그 토대를 이루고 있지요. 이순신 제독이 모든 해전을 승리로 이끌 수 있었던 리더십을 대략 4가지 정도로 설명해 보려 합니다.

　첫째는 실력제일형 리더십입니다. 리더에게 있어서 가장 중요한 것은 실력입니다. 7여 년 전쟁 기간 동안에 40여 해전에서 한 번도 패하지 않았다는 것은 아무나 창출할 수 있는 것이 아닙니다. 그런 면에서 우리가 이순신 제독의 리더십에서 가장 먼저 주목해야 할 것은 바로 그분의 실력이다라는 것입니다. 이순신 제독은 어떻게 무장으로서 이런 실력을 지닐 수 있었을까요? 몇 가지 사례를 살펴보겠습니다.

첫 번째 사례는 무과 시험에 합격하는 과정입니다. 이분은 태생부터 뛰어난 자질을 지니고 태어났다기보다는 후천적인 노력에 의해서 위대한 리더가 된 분입니다. 이순신 제독은 스물두 살이 되기 전까지 무과가 아니라 문과 과거시험을 준비했습니다. 집안에서 무과보다는 문과를 선호했던 듯합니다. 6년 동안 시험을 준비해서 스물여덟 살 때 처음으로 시험을 치르는데 아시다시피 낙방하고 맙니다. 그래서 4년 동안 재수를 해서 서른두 살에 무과 시험에 합격을 하지요. 과거 공부를 시작한 이래 10년 만에 합격한 것이지요. 어떻게 보면 이런 착실한 준비가 있었기 때문에 실력 있는 리더로 성장을 하지 않았나 합니다. 가장 이상적인 리더를 문무를 겸비한 리더로 보기도 하는데 이 충무공은 그야말로 문무를 겸비한 리더인 것이지요.

두 번째 사례는 발포(鉢浦) 만호(萬戶) 시절 일화입니다. 발포 지역은 지금의 전라도 고흥 지역입니다. 만호는 종4품 벼슬로, 오늘날로 치면 대령 정도 됩니다. 보통은 한 20년 이상 벼슬을 해야 가능한 직급이지요. 이 충무공은 6년 만에 만호에 오릅니다. 상당히 유능한 리더로 인정을 받았다는 것이지요. 승진이 빠르니까 주변에 시기하는 사람도 많고 말이 많았습니다. 전라도 감사 손식이라는 사람이 있었습니다. 이 분이 불시에 검열을 나갔습니다. 이순신을 불러다가 진형에 관련된 책을 강독하게 하니 이순신이 잘 해냅니다. 그러니까 진형도를 그리라고 해요. 진형도가 쉬운 게 아니거든요. 그런데 붓을 들더니 기가 막히게 잘 그리는 겁니다. 손식이 그곳까지 간 이유는 사실 꼬투리를 잡아서 처벌하러 간 것입니다. 그런데 이순신이 너무나 잘 그리니까 한참을 구부리고 앉아 쳐다보더니 "어떻게 이렇게 잘 그리는고?" 하면서 조상을 물어요. 조상을 물어본다는 것은 태도가 우호적으로 바뀌었다는 것이지요. 그러면서 "내가 진작 그대를 알아보지 못한 게 참으로 한이로다." 이렇게 얘기하면서 이후로 이순신 옹호론자가 됩니다.

> "이순신은 진영에 있을 때는 정탐병을 멀리까지 보냈었고, 경계와 수비를 엄격히 하여 정보 수집에 주력하였다. 이에 적이 쳐들어올 때면 반드시 먼저 알아내니 모든 군사들이 그의 신명함에 탄복하였다."
> - 이식, 〈시장〉 중에서

거북선의 비밀

두 번째 말씀드릴 것은 변화혁신형 리더십입니다. 세상은 언제나 변화하지요. 리더는 이런 변화를 예의 주시하고 그 변화를 주도할 수 있는 혁신적이고 창의적인 대안을 마련해야 합니다. 이순신 제독 하면 떠오르는 창의적이고 혁신적 산물이 뭐가 있을까요? 거북선이 가장 먼저 떠오릅니다. 거북선에 대해서도 잘 알려져 있지 않은 것들이 많습니다. 거북선은 당시 일본 수군의 함선이나 무기, 해전 전술의 장단점, 조선 수군의 함선, 무기 등을 정확히 꿰뚫지 않고서는 도저히 나올 수 없는 창작물입니다.

> "우현으로 틀어 화포를 준비하라."
> "화포 준비하라."

우리는 포를 쏘는 함포포격전술, 일본은 그 등선육박전술입니다. 등선육박전술이라 함은 원거리에서 조총이나 활을 쏘다가 상대 편 배에 올라가서 백병전을 벌이는 전술입니다. 일본 수군의 주력 전술인데, 사실 이것은 재래식 전술입니다. 반면에 조선 수군은 이미 고려 말부터 함포를 배에 장착해서 함포포격전술을 썼습니다. 무기 체계와 전술이 완전히 다릅니다.

"모든 화포를 앞서 나온 적선들에 집중적으로 조준!"
"신기전을 준비하라!"
"조준!"

그럼에도 불구하고 나름대로 장단점이 다 있습니다. 그렇게 때문에 거북선을 만든 것이지요. 거북선에 대해서 세계 최초의 철갑선이니 아니니 이런 얘기들을 하는데 정작 중요한 것은 왜 만들었을까 하는 것입니다. 판옥선이 있는데 왜 이순신은 거북선을 만들었을까. 이 문제가 해명이 돼야 하는데, 포를 쏘는 판옥선의 문제점은 명중률입니다. 함포이긴 하지만 당시 수준으로 포가 그렇게 정교하지 않거든요. 잘 안 맞습니다. 천 미터 바깥에 있는 표적을 정확히 맞추기가 힘든 거예요. 이렇듯 엉성한 포를 쏴서 맞추려면 어떻게 해야 할까요? 가까이 가서 쏴야 합니다. 50미터 이내에 들어가야해요. 이순신의 고민은 가까이 가서 쏘는 것으로 명중률 문제를 해결하고 그 배에 타고 있는 우리 병사들도 보호할 수 있는 이 두 가지 조건을 모두 해결할 수 있는 그런 배가 없을까? 하는 것이었습니다. 해전이 벌어지면 가장 먼저 돌격을 해서 적의 대장선을 향해서 가까이 가서 30미터 이내에서 포를 쏴서 적을 무력화시키는 역할을 하는 것이 거북선입니다.

거북등 모양의 뚜껑은 왜 덮었을까요? 적선과 30미터에서 20미터밖에 안 떨어져 있으니 거의 붙어 있는 상황이 됩니다. 우리 배에 적이 바로 들어오면 조선 수군들은 다 죽어요. 일본 수군들, 칼싸움 잘하거든요. 그래서 일본

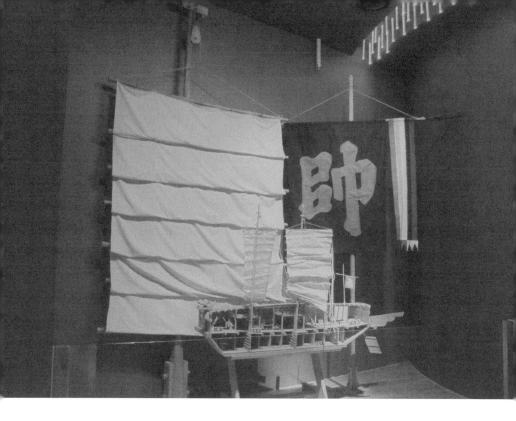

거북선은 적과 아군의 장단점을 면밀히 분석한 결과
탄생한 혁신적 산물이었다.

수군들이 배안으로 들어오지 못하도록 위에 거북등 모양의 뚜껑을 덮고 혹
시 배 위로 기어오르더라도 활동을 자유자재로 못하도록 쇠못을 박은 것이
거북선입니다.

    "신이 일찍이 왜적의 난리가 있을 것을 걱정하여 특별히 거북선을 만들었
사온데, 앞에는 용의 머리를 붙여 아가리로 대포를 쏘고, 등에는 쇠못을 꽂았
으며, 안에서는 밖을 내다볼 수 있어도 밖에서는 안을 들여다볼 수 없고, 비

록 적선 수백 척 속에서도 뚫고 들어가 대포를 쏘게 되었는데, 이번 길에 돌
격장이 그것을 타고 나왔습니다."

- 1592년 6월 14일, 당포해전 장계 중에서

정의가 승리하는 역사

세 번째 소개할 리더십은 가치지향형 리더십입니다. 리더는 자기 자신의
이익이나 출세가 아닌 값어치 있는 삶을 살아야 한다는 가치지향의 삶을 추
구합니다. 이 충무공이라고 왜 출세하고 싶은 생각이 없었겠습니까? 그분
도 자신의 행복과 출세, 가족의 행복을 위한 삶을 살고 싶었겠지요. 하지만
이분은 늘 가치 있는 인생을 살려고 했습니다. 그런데 이 충무공도 이런 삶
을 사는 것이 갈등이 되었던지 좌우명을 만들어 놓고, 이를 지키기 위해서
엄청난 노력을 기울였습니다. 이순신의 좌우명 한 번 살펴볼까요?

"대장부가 세상에 태어나 나라에 쓰이게 되면 죽기로 일할 것이오, 쓰이지
못하면 들에서 농사짓는 것으로 만족할 것이다. 권세 있는 곳에 아첨하여 한
때 부귀영화를 훔치는 것 같은 것은 내가 제일 부끄럽게 여기는 것이다."

- 이항복, 『충민사기』 중에서

과연 이 충무공이 좌우명대로 살았을까요? 몇 가지 사례를 보겠습니다.
초급 관원 시절, 훈련원 봉사라는 종8품 직책을 수행하고 있을 때 얘깁니다.
훈련원 봉사는 인사를 담당하는 실무자였던 것 같아요. 그런데 병조 과장급
에 해당하는 병조정랑 서익이라는 사람이 자기가 아는 사람을 진급시키려
고 수를 쓰는 상황이 벌어졌습니다. 인사실무 담당자 이순신은 이를 차단하
고 나섭니다.

"아래 있는 자를 건너뛰어 승진시키면 마땅히 승진해야 될 사람이 승진하지 못하게 됩니다. 이것은 공평한 일이 아니며 이렇게 하려면 법규를 고쳐야 되는데 이런 사사로운 일로 절대 법규를 고칠 수가 없습니다."

어떻게 됐을까요? "진급시켜.", "못 합니다.", "진급시켜.", "못 합니다." 하는 상황이 벌어졌습니다. 이순신은 끝까지 안 물러섰어요. 이것 때문에 나중에 이순신이 38살 때 발포에서 만호로 있을 때 처음으로 파직을 당합니다. 이 서익이라는 사람이 감찰관으로 와서 없는 일을 지어내서 파직을 시키지요. 옳은 건 옳다, 그른 건 그르다고 하는 걸 사람들이 잘 못하는 이유는 혹시 있을지도 모르는 불이익 때문이지요. 그럼에도 불구하고 이순신은 자신의 좌우명대로 일관된 삶을 살았습니다.

두 번째는 노량해전과 관련된 사례입니다. 노량해전은 사실 안 싸워도 되는 해전이었어요. 도요토미 히데요시가 죽고 철군 명령이 내려집니다. 이런 상황이 되니까 일본에서 구원 함대가 한 500여 척이 편성이 돼서 선봉장 고니시 유키나가를 구하러 옵니다. 구하러 오는 500여 척과 이순신 함대가 마지막으로 결전을 벌이는 해전이 노량해전인데, 여기서 이순신은 전사하고 맙니다.

"불의한 침략자 일본군에 대해서는 하늘을 대신해서 철저히 응징해서 단한 척도 일본으로 돌아가지 못하게 함으로써 정의가 반드시 승리한다는 사실을 깨우쳐 주고야 말겠다."

한마디로 이순신 제독의 가치의식이 반영된 해전이 노량해전입니다. 정의가 승리하는 역사를 만들어야 한다는 이순신 제독의 수준 높은 가치지향형 리더십이 돋보이는 부분입니다. 우리 국민 모두가, 아니 우리 인류 모두가 배우고 계승해야 할 품격 있는 리더십이 아닐까 생각합니다.

"이순신이 권헌복 권관에 있으면서 훈련원에 임기가 다 찼기에 참군으로 승진하였다. 이순신이 비록 명성이 자자하였으나 벼슬을 위해 높은 벼슬아 치를 찾아다니는 것을 좋아하지 않아서 마음대로 벼슬에 나가지 못하니 논 하는 자들은 이를 애석하게 여겼다."

    - 이분,『충무공행록(忠武公行錄)』중에서

위대한 리더란?

마지막으로 소개할 이순신 제독의 리더십은 인격감화형 리더십입니다. 자기 자신보다는 언제나 나라와 백성을 앞세우는 고결한 인격이야말로 구 성원들로 하여금 한마음 한뜻이 되게 하는 리더십의 극치가 아닌가 생각합 니다. 이순신 주변에는 기라성 같은 전문성과 역량을 지닌 지휘관, 참모들 이 모여들었습니다. 거북선을 만든 군관 나대용, 판옥선을 만든 조방장 정 걸, 화약 제조 전문가 이봉수, 군량 확보와 행정의 달인 종사관 정경달 등 수 많은 사람들이 이순신과 함께했습니다. 이순신이 어떻게 혼자 이 많은 전문 적 분야를 다 했겠습니까? 뿐만 아니라 의병들이 모여듭니다. 더 나아가서 승병들까지 모여듭니다. 또 백성들이 모여들게 되지요. 왜 이런 일이 벌어 졌을까요? 자기 자신보다는 언제나 부하 장병과 백성, 나라를 앞세우는 이 순신의 고결한 인격에 감화되었기 때문입니다. 이순신의 고결한 인격이 조 선의 민·관·군의 전투 역량을 통합시키는 구심점 역할을 했다고 평가할 수 있겠습니다.

1597년 4월 1일. 맑다. 옥문을 나왔다. 남문 밖 윤간의 종의 집에 이르러 조카 봉, 문, 아들 울, 윤사행, 원경과 같은 방에 앉아 오랫동안 이야기했다. 지사 윤자신이 와서 위로하고 비변랑 이순지가 와서 만났다. 지사가 돌아갔

이순신은 어떠한 상황에서도
우세한 상황을 조성해서 열세한 적과 싸워
승리를 거머쥐었다.

다가 저녁을 먹은 뒤에 술을 가지고 다시 왔고 윤기헌도 왔다. 무의공이 술을 가지고 와서 함께 취하며 위로해 주었다. 영의정 유성룡, 판부사 정탁, 판서 심희수, 이상, 김명원, 참판 이정형, 대사헌 노직, 동지 최원, 동지에 곽영도. 사람을 보내 문안했다."

　　- 백의종군에서 풀려난 날, 이순신의『난중일기』중에서

　지금까지 네 가지 리더십을 말씀드렸는데, 이를 두 가지 정도로 축약하면 전문성과 도덕성으로 요약할 수 있습니다. 실력제일형 리더십과 변화혁신형 리더십은 전문성에, 가치지향형 리더십과 인격감화형 리더십은 도덕성에 포함되는 것입니다. 한마디로 이순신 제독은 전문성과 도덕성을 겸비한 분이었습니다. 저는 전문성을 갖춘 리더를 '유능한 리더'라고 하고 전문성에 도덕성까지 겸비한 리더를 '위대한 리더'라고 보고 있습니다. 이순신 제독은 탁월한 전문성으로 임진왜란이라는 조선 왕조 최대 위기를 극복하였을 뿐만 아니라 숭고한 도덕성으로 나라와 백성을 위해 헌신한 위대한 리더였습니다. 이런 면에서 이순신 제독은 우리 국민 모두가 추앙하고 본받아야 할 영원한 한국적 리더십의 표상인 것입니다.

　　"이순신이 장수가 되어서는 간단하고 쉽게 군대를 다스리면서도 법도가 있어 한 사람도 함부로 죽이지 않아서 감히 명령을 어기는 자가 없었다. 아무리 권력자를 믿고 강한 체하는 자라도 이순신의 풍채만 보면 저절로 굽혔다. 일을 만나면 과단성 있게 처리하여 조금도 흔들리지 않았고 사람들에게 벌과 상을 시행할 때에는 귀천과 친소 관계를 가지고 마음속에서 경중을 헤아린 적이 한 번도 없었으므로 아랫사람들이 두려워하면서도 아꼈다."

　　- 윤휴,『충무공유사』중에서

영화 〈명량〉이 돌풍을 일으킨 것은 이순신 같은 리더에 대한 우리 국민들의 그리움이 근본 원인이라고 생각합니다. 세월호 참사 사건을 보면서, 또 메르스 사태를 지켜보면서 왜 대한민국에는 풍전등화와 같았던 나라를 구한 이순신 같이 위기 극복 역량을 지닌 리더는 안 보이는 것인가 생각했을 것입니다. 왜 우리 대한민국에는 이순신처럼 정의가 승리하는 사회, 정의가 승리하는 역사를 만들겠다는 가치의식을 지닌 리더는 왜 안 보이는 걸까요? 왜 우리 대한민국에는 이순신처럼 자기 자신의 이익이나 출세를 넘어서 진정 나라와 국민을 생각하는 고결한 인격을 지닌 리더는 안 보이는 걸까요? 어찌 보면 영화 〈명량〉을 보러 1,800만 가까이 되는 국민들이 극장을 찾은 것은 이순신 같은 리더에 대한 그리움의 표현이면서 동시에 현 대한민국 리더들에게 던진 무언의 질책성 경고가 아닐까 생각합니다.

우리의 역사를 돌이켜 보면 위기 때마다 이순신 제독이 어김없이 재조명됩니다. 작년과 올해, 이순신 제독이 재조명되는 걸 보면 오늘의 대한민국은 위기라는 것이 분명해 보입니다. 대한민국은 국무총리 하나 제대로 뽑을 수 없는 나라가 되었지 않습니까? 제 생각에 능력을 갖춘 리더는 많은 것 같은데 능력도 있으면서 도덕성과 가치의식을 지닌 리더가 보기 드문 세상이 된 듯합니다. 정치 지도자도 그렇고 관리들도 그렇습니다. 기업을 운영하는 민간사회 리더들도 마찬가지입니다. 오늘날 대한민국이 처한 위기의 본질은 첨단기술이나 경쟁력의 부족, 능력의 결핍이 아니라 도덕성 결핍, 가치의식 부재가 그 원인이라는 사실을 깨우쳐야 하지 않겠나 생각합니다.

섬의
인문학

강봉룡(목포대학교 도서문화연구원 원장)

1강 •
우리는 섬을 어떻게 생각하고 있나?

  여러분은 섬을 어떻게 생각하고 있나요? 이 질문을 던지고 보니 우리가 평소 섬을 어떻게 생각하고 있는지 별로 생각해 보지 않았던 듯 합니다. 그럼 함께 생각해 보도록 하지요. 섬에 대해서 우리는 어떻게 생각하고 있을까요? 제가 생각할 때는 상당한 편견을 가지고 있다고 생각합니다. 섬에 대해서 우리는 별 관심이 없고요, 섬을 조금 무시하는 경향이 있습니다. 얼마 전까지만 하더라도 섬에 사는 사람들을 '섬놈'이라고 불렀지요. 배를 타고 고기를 잡는 사람들을 '뱃놈'이라고 한다든가, 바다에서 활동하는 사람들을 통틀어서 '갯것들', '바닷것들' 이렇게 부르는 다양한 칭호들은 대부분 비칭이었습니다. 바로 이러한 칭호들이 섬에 대한, 바다에 대한 우리의 편견을 보여 줍니다.

  이러한 섬에 대한 편견은 바다에 대한 생각, 인식, 편견에서 나옵니다. 바다라고 하는 것을 우리는 어떻게 보고 있을까요? 바다는 굉장히 변화무쌍한 공간입니다. 그래서 굉장히 위험한 공간이라고 생각하는 경향이 있습니다. 바다는 장애물이라는 생각이 강하지요. 그래서 섬이라고 하는 것은 바다라는 장애물에 의해서 단절되고, 외롭게 떨어져 있는 고립된 공간이라고 생각합니다. 섬에 대한 생각은 바다에 대한 생각과 따로 떼 놓고 볼 수 없는 관게인 것이지요. 여기서 대중들은 섬과 바다를 어떻게 생각했는가, 생각하고 있는가를 살펴보기 위해 대중가요에 나타난 바다와 섬에 대한 생각을 살펴보겠습니다. 1967년에 남진이라는 대가수가 부른 노래가 있습니다. 〈가슴 아프게〉라는 노래입니다.

> 당신과 나 사이에 저 바다가 없었다면
> 쓰라린 이별만은 없었을 것을

가사를 한 구절만 인용해 볼까요? '당신과 나 사이에 저 바다가 없었다면, 쓰라린 이별만은 없었을 것을.' 바다라는 공간은 사랑하는 이와 쓰라린 이별을 하게 하는 원망의 공간으로 그려져 있습니다. 또 하나의 노래를 예로 들면 1970년에 조미미라는 가수가 불렀던 노래, 〈바다가 육지라면〉이 있습니다. 바다가 육지로 바뀌었으면 하는 바람을 보여 준 제목이라고 볼 수 있겠지요?

> 얼마나 멀고 먼지 그리운 서울은
> 파도가 길을 막아 가고파도 못 갑니다.
> 바다가 육지라면 바다가 육지라면
> 배 떠난 부두에서 울고 있진 않을 것을

가사의 한 구절을 한 번 볼까요? '얼마나 멀고 먼지 그리운 서울은, 파도가 길을 막아 가고파도 못 갑니다. 바다가 육지라면, 바다가 육지라면.' 바다는 섬에 사는 사람들로 하여금 그리운 육지에 가지 못하게 하는 장애물로 그려지고 있습니다. 더 나아가서 1960년에 이미자는 〈흑산도 처녀〉라는 노래를 부릅니다.

> 남 몰래 서러운 세월은 가고
> 물결은 천 번 만 번 밀려오는데
> 못 견디게 그리움 가득한 저 육지를 바라보다
> 검게 타버린, 검게 타버린 흑산도 아가씨

이 노래는 남진의 〈가슴 아프게〉와 함께 곧바로 영화로 제작될 정도로 엄청난 대중적 반향을 일으켰습니다.

가요라는 것은 대중들의 가슴을 울리는 하나의 공명, 공감대를 형성할 때 그야말로 히트를 치게 되지요. 공감을 주지 못하면 그대로 사라지고 마는 것이 대중가요의 특징이라고 한다면, 이 세 곡의 노래가 공전의 히트를 쳤다는 것은 그 멜로디가 감동을 주었을 수도 있겠습니다만, 가사의 내용이 대중들의 공감을 얻었던 것이라고 봅니다.

섬이란 무엇일까?

저는 여기서 섬과 바다에 대한 두 가지 질문을 던져 보려고 합니다. '과연 섬은 고립된 공간이고, 바다는 섬을 고립시키는 장애물일 뿐인가?' 우리는 이렇게 생각하는 경향이 있습니다. 그리고 '그러한 생각들이 과연 정당한 것인가?' 하는 질문도 함께 던져 보도록 하지요.

우리는 바다와 섬에 대한 또 다른 관점이 있다는 것을 생각해 볼 필요가 있습니다. 이렇게 한 번 생각해 보지요. 바다는 전 세계를 이어 주는 통로라는 관점입니다. 곧 길이라는 것입니다. 바로 바닷길이지요. 실제로 오늘날 세계의 물자를 유통시키는 데 바닷길이 차지하는 비중은 99.7%에 이릅니다. 육지의 길, 하늘 길도 있습니다만, 세계 물자의 99.7%를 유통시키는 공간이 바다입니다. 굉장히 놀랍지요? 그야말로 물자 교류의 절대적 통로가 바다인 것입니다. 그런데 우리는 바다를 장애물로 생각하는 경향이 강하다는 것입니다. 만약에 바다를 하나의 문화 고속도로이며 전 세계를 이어 주는 통로라는 관점에서 생각한다면 섬에 대한 생각도 달라집니다.

섬이라고 하는 것은 바닷길을 이어 주는 소통의 징검다리, 문화 고속도로, 문물 고속도로의 휴게소라는 것입니다. 이런 측면에서 우리 역사를 크게 두 개의 시대로 나눠 볼 수 있겠습니다. 하나의 시대는 고려 시대까지, 또 하나는 조선 시대까지입니다. 고려 시대까지는 섬을 어떻게 봤는가, 바다를 어떻게 봤는가를 살펴보면 바다를 문물 교류의 통로로 생각하고 활용을 했다는 것을 알 수 있습니다. 또 섬은 그러한 바닷길을 소통시키는 징검다리로 생각하고 활용했습니다. 대표적이고 상징적인 인물 한 사람을 들라고 한다면 청해진 대사 장보고를 들 수 있겠지요. 당대 최고의 하이테크를 요하는 청자를 생산하는 기지를 전 세계에서 두 번째로 건설했던 인물이 바로 장보고입니다. 첫 번째로 청자를 생산하고 창조했던 나라가 바로 중국입니다. 중국에 이어 두 번째로 청자 생산의 고급 기술을 이전했던 인물이 장보고입니다.

장보고는 완도에 청해진을 설치에 해적을 소탕하고, 크고 작은 해상 세력들을 규합하였다. 또한 신라방, 신라소들을 건립하여 신라인들을 보호하고 신라에 청자를 수출하였으며, 이를 도약으로 활발한 무역활동을 전개했다. 중국에서 제주를 거쳐 일본으로 향하거나, 청해진에 정박하는 뱃길로 동북아시아의 해상권을 장악하였다.

- 조세호, 『해상왕 장보고』 중에서

장보고 대사는 많이 알려진 바와 같이 섬을 거점으로 삼아서 동아시아 해상무역을 석권했던 인물입니다. 그가 근거로 삼았던 섬이 어디인가요? 바로 완도라고 하는 섬입니다. 지금도 흑산도에 가면 장보고가 중국과 문물 교류를 하면서 징검다리로 활용했던 흔적들이 남아 있는 마을이 있습니다. 그러한 장보고의 유산을 계승해서 새로운 국가를 건설하고, 후삼국을 통일했던 인물이 있지요. 바로 왕건이라는 인물입니다. 왕건은 고려를 건국하고 장보고가 씨를 뿌린 청자 생산의 기술을 극대화시켰습니다. 강진을 중심으로 해서 고려청자를 대량 생산하는 국가를 만들었지요.

우리나라의 영문 이름이 'KOREA'이지요? 이 이름은 고려라는 나라이름에서 연유한 것입니다. 개방적인 해양 강국인 고려가 전 세계에 나라 이름을 알리게 되어 오늘날 우리나라가 'KOREA'라고 하는 영문이름으로 불리게 된 것이지요. 고려 시대까지는 바다를 문물 교류의 통로로 생각하고 활용했으며, 섬은 바닷길의 소통에 있어 징검다리로 활용했던 그런 시대였다는 것을 알 수 있습니다.

섬에서 사람이 살지 못하게 하라

하지만 조선 시대로 넘어가면 어떻게 되느냐, 갑자기 바다와 섬을 버립니다. 바다와 섬을 버리는 정책, 바다에서 하는 해양활동을 금지하는 정책, 이것을 바다 해(海) 자, 금지 금(禁) 자를 써서 '海禁(해금)정책'이라고 이야기합니다. 조선에서는 이 해금정책을 적극적으로 쓰게 됩니다. 그러니 어떻게 되겠습니까? 바다를 버리니까 섬 역시도 자연적으로 버리게 되지요. 따라서 섬에서 사람이 살지 못하게 하는 정책을 펴게 됩니다. 섬을 비워 버리는 정책, 빌 공(空) 자, 섬 도(島)자를 쓴 '공도(空島)정책'이 바로 그것입니다. 섬에서 사람을 살지 못하도록 하는 것은 물론 관의 허락 없이 섬에 들어가는 자는 장 100대로 다스린다는 엄한 규정이 생기기도 했습니다. 섬에 들어가서 사는 자에 대해서 국가배반죄, 심지어는 탈출죄에 준하는 벌을 주자는 주장도 나오게 됩니다.

> 수령과 만호는 섬에 몰래 거주하는 사람들을 찾아내 육지로 강제 이주 시켜라. 만일 다시 섬으로 들어가서 숨으려는 자가 있으면 군인들을 동원하여 모두 체포하라.

이것이 바로 성종 7년에 내린 포고령이 되겠습니다. 섬에 사는 사람들을 강제 이주시키고, 다시 또 들어가면 체포하라 이것이지요. 이렇게 섬에서 살지 못하게 하는 정책은 임진왜란을 겪으면서 약간 수정이 됩니다. 일단 섬에 들어가서 사는 것을 불법화하고 금지시키는 정책을 완화시킵니다. 그러면서 사람들이 섬에 들어가서 살기 시작합니다. 그럼에도 불구하고 섬이라는 공간은 사람이 살 수 없는 공간이라는 인식이 강하게 유지되어 갑니다. 사람이 살 수 없는 공간에서 사는 사람들은 사람이 아닌 것이지요. 그래서 섬 사람들에 대한 극단적인 천대 풍조가 조선 시대 때 만연하게 됩니다. '섬놈'이라는 비칭이 생겨나고 그것이 널리 유포되었던 것이 바로 조선 시대입니다. 이러한 해금정책은 수정되지 않고 계속 유지됩니다. 해양활동을 아예 금지하지요. 바다를 통해 외국에도 못 나가고, 외국에서 바다를 통해서 들어오는 것도 금지시킵니다. 조선은 극단적인 폐쇄주의 국가로 전락하게 되지요.

> 서양 오랑캐가 침범하는데 싸우지 않으면 화의할 수밖에 없고, 화의를 주장하면 나라를 파는 것이 된다. 우리의 만대 자손에게 경고하노라.

과연 섬은 고립된 공간이며 바다는 섬을 고립시키는 장애물일 뿐일까.

- 조선 시대 쇄국정책을 주장한 흥선대원군이 세운 척화비의 일부

이렇듯 국가를 폐쇄적으로 운영하다 보니 민중들은 그 안에서 탈출구를 잃고 핍박당하는 존재로 전락하게 됩니다. 육지에서 핍박받는 민중들은 여기에서 탈출해야겠다고 다짐하는데 막상 탈출구가 없습니다. 바다를 막아 버렸으니까요. 그래서 바다에 있는 육지 공간, 즉 섬이라는 공간이 사람들이 살 만한 공간이자 민중들의 유토피아, 이상향으로 그려지기도 합니다.

'해도 진인설'이라고 하는 것이 그것입니다. '해도'는 바다에 있는 섬을 말합니다. '진인'은 진짜 사람이겠죠? 육지는 허구한 날 자신을 해코지하고, 수탈하는 사람들이 있는 공간인데, 육지에서 탈출해서 바다에 있는 섬으로 가면 거기에는 진짜 사람이 사는 유토피아가 있다는 민중 사상이 형성되기도 했습니다. 이러한 민중들의 생각을 대변했던 혁명적 사상가가 광해군 때 인물인 허균입니다. 허균은 민중들이 읽을 수 있는 한글로 『홍길동전』이라는 소설을 씁니다. 거기에서 홍길동은 마지막에 민중들을 거느리고 율도국이라는 섬나라로 들어갑니다. 박지원이 쓴 『허생전』 역시 돈을 많이 번 허생이 민중들을 데리고 섬으로 들어가는 것으로 마무리됩니다. 섬은 지배층이 인간이 살 수 없는 공간, 천시의 대상으로 생각했던 공간인데, 반대로 민중들은 그들이 그리는 유토피아, 이상향이라는 생각을 갖게 한 공간이었습니다.

> 남해 가운데 율도국이라는 나라가 있으니, 비옥한 땅이 수천 리에 이르러 과연 온갖 생산물이 나는 살기 좋은 나라였다. 길동이 늘 유심이 지켜보던 끝에 여러 사람을 불러 말하기를, "내 이제 율도국을 치고자 하니, 그대들은 정성을 다하라."
>
> - 허균, 『홍길동전』 중에서

해(海)에게서 소년에게

조선이 망합니다. 육당 최남선은 조선이 쇠퇴하고 망한 이유는 조선이 바다를 잊고, 바다를 버렸기 때문이라고 생각했습니다. 그래서 조선을 부흥시키고 나라를 되찾기 위해서 소년들에게 바다를 알리려고 했습니다. 한 나라의 희망은 바로 청소년이니까요. 그래서 육당을 '바다의 전도사다'라고 이야기합니다. 1908년에 그는 『소년』이라는 잡지를 만듭니다. 그리고 창간호에 〈해에게서 소년에게〉라는 시를 발표합니다. 여기서 해는 하늘에 있는 해가 아니라 바다를 말합니다. '바다에게서 소년에게'라는 뜻이지요. 젊은 이들에게 바다에 대한 열정을 환기시키기 위해서 1908년에 지은 최초의 근대 해양시가 되겠습니다. 최남선 선생이 썼던 〈해에게서 소년에게〉는 6절로 되어 있습니다만, 여기에서는 3절과 6절만 읽어 보겠습니다.

> 철썩 처얼썩 척 쏴아 / 나에게 절하지 아니한 자(여기서 '자'라고 하는 것은 바다를 말하는 것입니다.)가 지금까지 있거든 통기하고 나서 보아라! / 진시황 나팔륜(나폴레옹입니다.) 너희들이냐 / 누구 누구 누구냐 너희 역시 내게는 굽히도다! / 나하고 겨룰 일 있거든 오나라 / 철썩 처얼썩 척 드르릉 콱

이것이 3절입니다. 바다가 가진 엄청난 에너지, 위력을 설명하고 있습니다. 동양의 영웅 진시황이라든가 나폴레옹 같은 서양의 영웅도 전부 바다에게는 굽힐 수밖에 없다고 하면서 바다의 위력을 그리고 있습니다. '저 바다가 없어졌다고 한다면 좋겠다.'고 한 1960, 70년대 유행가 가사하고는 너무나 분위기가 다르지요? 이제 6절을 한번 보겠습니다. 6절은 소년을 향해서 쓴 시입니다.

> 철썩 철어썩 척 쏴아 / 저 세상, 저 사람 모두 미우나, 그중에서 똑 하나 사랑하는 일이 있나니, 담 크고 순정한 소년배들이 재롱처럼 귀엽게 나에 품에 와서 안김이로다. 오나라. 소년에 입 맞춰 주마. / 철썩 처얼썩 척 드르릉 콱

진시황이라든가 나폴레옹도 꼼짝 못할 만큼 대단한 위력을 가진 바다가

청소년에게는 같이 놀자고 부르고 있습니다. 청소년들로 하여금 엄청난 위력을 가진 바다와 친구가 되게 하려는 생각을 엿볼 수가 있습니다.

이제 결론을 내도록 하지요. 우리가 가진 섬에 대한 생각은 조선 시대에 머물러 있다는 것입니다. 조선조 500년이라는 세월은 결코 짧지 않은 세월입니다. 500년 동안 유지해 왔던 공도정책, 특히 해금정책으로 일관했던 기이한 정책, 50년 동안 그렇게 하기도 어려운데, 500년 동안이나 지속적으로 바다를 멀리하고 버려 온 조선 시대의 섬에 대한, 바다에 대한 생각이 지금까지 우리에게 영향을 미치고 있습니다. 깊게 생각하지 않으면 그러한 역사가 하나의 타성이 되고, 관성이 되어 우리 생각을 부지불식간에 지배하게 됩니다. 그래서 섬에 대해 무관심하고, 섬을 무시하고, 섬을 천시하는 풍조가 아직까지 남아 있게 된 것입니다. 500년 동안 이어져 온 이 풍조는 너무 오래되었기 때문에, 육당이 '섬에 대해, 바다에 대해, 관심 갖자'라고 호소했건만 그것에 대해서 별로 귀를 기울이지 않았습니다.

우리는 섬을 어떻게 생각하고 있는가 하는 질문을 던지고 지금까지 이야기를 이어 왔습니다. 이 부분에 대해 우리 스스로 자문을 구해 볼 필요가 있습니다. 아울러 또 하나의 질문을 던져 볼 필요가 있겠습니다. 우리는 계속 섬에 대한 이러한 생각을 견지해야 하는가, 아니면 바꿔야 하는가 하는 것입니다. 또 이런 질문도 한 번 던져 보도록 하지요. 우리는 앞으로 섬을 어떻게 생각할 것인가 하는 것입니다. 이러한 질문에 대해 앞으로 새로운 이야기를 이끌어 갈 필요가 있다는 이야기를 드리면서 강의를 마칩니다.

2강 •
앞으로 우리는 섬을 어떻게 생각할 것인가?

　지난 강의에서 저는 '우리는 섬을 어떻게 생각하고 있는가.' 하는 질문을 던지고 강의를 시작했습니다. 오늘 강의에서는 '앞으로 우리는 섬을 어떻게 생각할 것인가.' 이런 질문에 대한 답을 해 나가려 합니다. 섬에 꽁꽁 숨겨져 왔던, 그래서 우리가 미처 보지 못했던 섬의 가치들을 찾아보자는 것입니다.

　섬에는 많은 가치로운 것이 있습니다. 귀한 문화유산들이 섬에 꽁꽁 숨어 있습니다. 크게는 두 가지 종류로 나눠 볼 수가 있습니다. 한 가지는 고려 시대까지 남겨진 역사문화유산입니다. 고려 시대까지는 바다가 활성화되어 있었습니다. 섬은 소통의 징검다리로 활용되었지요. 바로 그 시대에 남겨진 역사문화유산, 이것을 문명적 성격을 가지고 있다고 해서 '섬 문명(Island Civilization)'이라고 칭해 보도록 하죠. 이것이 첫 번째 문화유산입니다. 또 하나의 문화유산은 섬과 바다를 버렸던 조선 시대 때 육지를 탈출해서 섬으로 흘러들어간 민중들이 남긴 흔적입니다. 그 섬 주민들이 유지해 온 하나의 생활 문화, '섬 민속', 이렇게 두 가지를 예로 들 수 있겠습니다.

　섬 문명에는 어떤 것이 있을까요? 섬에 무슨 문명이란 것이 있었을까요? 그리스 문명을 잉태했던 크레타 섬에서 싹튼 크레타 문명을 예로 들 수 있겠습니다. 그런데 우리나라에도 그런 섬이 있습니다. 섬을 면밀하게 조사하고 답사하다 보면 예기치 못한 것을 발견할 수 있습니다. 바로 고분입니다. 고대의 왕족이나 귀족들이 묻히는 무덤이지요. 이러한 고분이 섬에 굉장히 많습니다. 신안군에 신의도라는 섬이 있습니다. 그곳에는 고분 수십 기가 분포되어 있습니다. 놀라운 일이죠? 귀족들이 섬에서 살다가 거기서 죽고, 거기에 묻혔다는 것인데, 이것은 무슨 의미일까 곰곰이 생각해 보기를 바랍니다.

또 하나, 섬에는 고대 산성들이 많이 분포되어 있습니다. 장산도에 가면 고대 산성인 대성산성이 웅장하게 자리 잡고 있습니다. 아무도 관심을 가지지 않고, 꽁꽁 숨겨져 온 고대 섬 문명의 사례들, 이런 것들을 섬에서 많이 찾아볼 수 있습니다.

우리가 잘 알고 있는 섬 문명의 사례, 바로 완도의 청해진 문명을 예로 들 수 있겠습니다. 아시다시피 신라 시대 장보고가 동아시아의 해상무역을 석권했던 바로 그 무역본부, 그 기지가 청해진이지요. 그런데도 그간 완도의 청해진 유적들을 방치해 오다가 1990년부터 발굴을 하기 시작했습니다. 국가 차원에서 10년간 장기 발굴을 했습니다. 그때 가서야 비로소 완도 청해진이 세상에 알려지게 되었지요. 또 국가에서 관심을 갖고 해상왕 장보고 기념사업회를 출범시켜 장보고를 연구하고, 해양의 역사를 연구하는 것을 지원해 주고, 최인호 작가가 장보고에 대해 쓴 『해신』이라는 소설에 대한 지원도 해 주었습니다. 『해신』 소설이 드라마로도 만들어지고, 이렇게 해서 장보고가 우리에게 잘 알려지게 되었지요. 한때 9세기 동아시아 해상무역을 석권했던 해상 영웅이 잊혀져 있다가, 1990년대부터 우리에게 조금씩 알려지기 시작한 것인데, 현재는 또 중단된 상태입니다. 좀 아쉬운 상황이지요.

다른 사례를 하나 들어보겠습니다. 흑산도에 가면 읍동마을이라는 곳이 있습니다. 흑산도는 육지에서 꽤 멀리 떨어진 섬입니다. 그 읍동마을에 고려와 송나라, 신라와 당나라 간 해상교류의 거점으로 활용되었던 흔적들이 있습니다. 그런데 오랫동안 아무런 관심도 끌지 못하고 방치되어 있다가 1999년에 목포대 도서문화연구원에서 조사를 하면서 알려지기 시작했습니다. 그곳에는 절터가 있고, 제사 터가 있고, 많은 건물터가 있습니다. 수많은 유물들이 지표면에서 쏟아져 나왔지요. 그래서 '흑산도의 읍동마을에 고대 해양도시가 있었다.'는 가설적 주장도 나오게 되었습니다. 그런데 흑산도의 읍동마을에 대한 관심은 어느 정도냐 하면 거의 없습니다. 국가에서 사적으로 지정을 하고, 대대적인 발굴을 통해서 국내외에 알릴 필요가 있는, 아주 중요한 섬 문명의 사례가 바로 흑산도 읍동마을입니다.

또 하나의 사례는 군산의 선유도라는 섬입니다. 이 선유도에는 서해의 해상교통로로서 중요한 거점 역할을 했던 흔적들이 남아 있습니다. 사신이라든가, 바다의 상인들이 머무르면서 쉬어 갔던 정자가 있었다는 기록이 전해져 오고 있습니다. 자복사라는 절이 있었고, 여기에서 서긍이라는 송나라 사신 일행을 고려의 김부식이 영접사로 나와서 맞이해 그들을 대접했다는 기록도 전해져 오고 있습니다.

고려 시대까지 바닷길에 굉장히 중요한 징검다리, 소통의 거점으로 활용되었던 섬에 남겨진 흔적들, 이것이 바로 '섬 문명'이다, 이렇게 볼 수가 있습니다.

섬 문명과 섬 민속

또 하나의 문화유산은 조선 시대에 해당하는 것들입니다. 섬에 사람을 살지 못하게 했음에도 일부 사람들이 흘러들어 가서 살았던 조선 시대 민중들의 삶의 흔적, 문화, 민속이 아직까지도 잘 남아 있는 경우가 있습니다. 섬에 남아 있는 그러한 민속은 육지에서는 완전히 사라져 버렸습니다. 육지에서는 왜 사라졌느냐, 조선 시대 때 유교문화에 의해서 교화되어 없어진 것입니다. 교화라는 것은 가르쳐서 변화시킨다는 뜻입니다. 지금까지도 섬에 남아 있는 우리의 토착 원형문화들을 '섬 민속'이라고 부를 수 있겠는데요, 몇 가지 사례를 소개하도록 하겠습니다.

첫 번째는 축제식 장례문화입니다. 사람이 죽어서 장례를 치르는데 무슨 축제냐 그렇게 볼 수도 있습니다. 그런데 『삼국지위서동이전』에 보면 동이족은 사람이 죽으면 축제식 장례를 거행했다는 기록이 보입니다. 상을 당하면 동이족들은 곡을 하지만, 장사를 지낼 때에는 북 치고 풍악을 울리면서 죽은 사람을 보낸다는 것입니다. 이것이 동이족의 원형문화입니다. 이것이 육지에서는 유교문화라는 필터를 거쳐서 사라졌습니다.

축제식 장례의 대표적인 사례가 진도의 '다시래기'입니다. '다시래기'의 '래'자는 올 래(來) 자입니다. 다시 오기. 사람이 죽으면 영혼이 가죠? 가는데 다시 온다는 것입니다. 그래서 죽은 사람은 기꺼이 보내 주고, 새롭게 오는 새 생명, 곧 아기는 기쁜 마음으로 맞이하자, 죽은 것만 마냥 슬퍼하지 말고 새로 오는 기쁨을 생각하자는 것입니다. 다시래기라는 축제식 장례에는 삶과 죽음에 대한 진도 사람들의 삶의 지혜가 담겨 있습니다. 이것이 원래 진도에만 있었느냐? 그렇지 않습니다. 하지만 이렇듯 토착문화의 원형으로 내려오던 것이 언제부터인가 육지에서는 사라져 버렸습니다. 앞서 말씀드렸듯 유교문화에 교화되었기 때문입니다. 하지만 고립된 섬 지역에는 아직까지 남게 되었습니다. 그래서 조선 시대는 유교문화적 관점에서 섬 사람들을 쌍놈이라고 불렀습니다. 교화되지 않은 쌍놈인 것입니다. 하지만 21세기에 사는 우리는 그 문화를 어떻게 평가해야 하느냐, 민중문화의 원형으로 평가해야 합니다. 같은 것도 시대에 따라서 이처럼 평가가 달라질 수 있습니다. 그러한 섬 민속을 가지고 있다는 측면에서 섬이라는 공간이 갖는 가치는 굉장히 중요하다고 볼 수 있습니다.

진도에는 다시래기라는 희한한 장례 풍습이 아직도 남아 있죠. 죽음을 삶의 끝으로 내몰지 않고, 새로운 삶의 시작으로 끌어들이는 제의이지요. 그래서 마을에 초상이 나면 초상집은 한바탕 축제의 마당이 됩니다. 사랑하는 이를 떠나보내는 슬픔도 잠시, 노래하고, 춤추고, 굿판을 벌이는 노래 마당이 밤새 펼쳐지지요. 이 신명나는 축제야말로 망자를 위한 최대의 예의요, 축복이 아닐까요?

- 김선태, 〈다시래기〉

비금도에는 '밤달애'라고 하는 것이 있습니다. 말 그대로 밤을 달래 주는 겁니다. 밤에 상주들이 얼마나 외롭고 슬픕니까? 해학을 즐기고, 북을 치고, 노래를 부르고, 춤을 추고, 심지어는 촌극까지 벌이면서 상주들을 달래고 웃기는 축제식 장례의 사례가 육지에서는 완전히 사라져 버렸지만 섬에는 아직도 남아 있습니다.

우리도 죽어지면 저 모냥 된다.
우리도 죽어지면 저 모냥 된거나이 이히히야 이히히
저 모냥 된다, 저 모냥 된다.
우리도 죽어지면 저 모냥 된거나이 이히히야 이히히

- 밤샘 노래(밤달애 노래)

또 다른 섬 민속을 소개하겠습니다. 비금도의 '뜀뛰기 강강술래'입니다. 강강술래라고 하면 여성들이 손에 손을 잡고 빙빙 돌면서 군무를 하는, 굉장히 부드러운 여성들의 놀이라고 생각하는데요, 비금도에서는 남녀가 서로 손에 손을 잡고 풀쩍풀쩍 뛰면서 군무를 하는 강강술래를 볼 수 가 있습니다. 조선 시대 때 남녀가 유별한 유교문화의 필터를 거치면서 여성들의 놀이문화로 변질된 것이 우리가 알고 있는 강강술래입니다. 하지만 원형의 강강술래가 비금도의 뜀뛰기 강강술래라는 형태로 남아 있는 것이지요.

이렇듯 남녀가 같이 노는 자유 분망한 놀이가 섬에는 남아 있습니다. 그것을 '산다이 놀이'라고 합니다. 남녀 친구들, 동년배의 청춘 남녀가 모여서 산으로 들로 나가 어울려 춤추고 노래 부르고 교류하는 놀이 문화가 되겠습니다. 도서 지역의 도처에서 이런 풍습이 확인되고 있습니다. 중국의 사서 가운데 『삼국지위서동이전』을 보면, 동이족의 풍속에 대해서 이렇게 서술하고 있습니다. '남녀들이 모여서 며칠 밤낮을 가리지 않고 음주 가무하며 논다. 술 마시고 노래하며 춤추며 논다.' 이런 내용들이 곳곳에서 많이 보입니다. 비단 섬뿐만이 아니라 육지에서도 그랬다는 이야기지요. 그런 보편적인 문화의 원형이 육지에서는 사라지고 섬에는 아직도 남아 있는 것입니다.

거문도 사람들은 산다이 하자면 술상부터 차려놓고 젓가락을 두드리것다.
뱃일은 잊어먹고, 술잔은 잃어먹고, 살리고, 살리고, 정신없으렷다.
산다이는 전통의 계승이요, 난장판의 역사다.
있는 놈은 꽹과리 치고, 없는 놈은 밥그릇 긁고, 대책 없이 놀았겄다.
몽롱한 말들이 춤추며 술잔 기울면, 그냥 날마다 산다이렷다.
아직도 거문도에서는 산다이 하고 산다는디
- 백상웅, 〈산다이전〉

섬 민속 가운데 또 하나 예로 들 수 있는 것이 초분입니다. 초분이라는 것은 사람이 죽으면 그 시신을 바로 매장하지 않고 평지에다 단을 만들어서 안치하고, 이엉으로 덮어 임시 무덤을 만드는 것입니다. 이 초분 상태로 1년 내지 3년간을 유지합니다. 그러면 어떻게 될까요? 시신이 부패해서 육탈하게 됩니다. 그때가 되면 뼈를 잘 닦아서 추려서 땅에다 묻습니다. 요즘은 화장을 많이 하지요? 옛날에는 땅에다 바로 묻었는데 섬 사람들은 곧바로 땅에다 냉정하게 묻어 버리지 않았습니다. 주변에다 초분을 만들어 한 3년간을 모셨습니다. 그리고 뼈를 잘 씻어서 묻는 의식입니다. 두 번 장례를 치른다고 해서 2차장이라고도 합니다. 이러한 2차장의 풍속도 역시 중국의 사서에는 우리나라의 독특한 풍속으로 소개되고 있습니다. 그러한 문화의 원형, 고대부터 내려왔던 문화의 원형이 언제부턴가 육지에서는 사라지고 섬에만 남게 되었습니다. 우리 민족 문화의 원형이 하나의 박제화되어 남아 있는 것이 아니라 실제 살아 숨 쉬는 문화로 남아 있다는 것입니다. 얼마나 대단합니까?

섬, 어떻게 볼 것인가

이러한 섬 문명과 섬 민속으로 대별되는 섬에 남아 있는 문화유산을 어떻게 할 것인가? 보존하고 활용을 해야 하겠지요. 섬 문명에 대해서는 대대적인 학술조사를 해야 합니다. 지금까지는 별 관심이 없어서 꽁꽁 숨겨져 있습니다. 그것을 찾아내고 드러내고 학술 조사를 해야 합니다. 또 고증 대책을 마련하고 필요하다면 복원도 해야 하겠죠. 그리고 이것을 어떻게 활용할 것인가 하는 것도 곰곰이 생각해 봐야 하겠습니다. 예를 들어 완도 청해진을 근거로 해서 동아시아 해상무역을 석권했던 장보고의 흔적들을 잘 보존하고 복원하고 더 나아가서 21세기 해양의 시대, 섬의 시대의 사표로써 장보고를 크게 선양하는 데 활용될 수 있겠습니다.

섬 민속의 경우는 그 대책 마련이 시급합니다. 왜냐하면 지금까지 섬에서만 유지되어 왔던 우리 문화 원형으로서의 섬 민속이 굉장히 빠른 속도로 사라져 가고 있습니다. 이러한 섬 민속에 대해서 면밀하게 조사해서 기록으로 남기는 작업이 시급합니다. 문자로 기록해야 하고 음성으로도 기록을 남겨야 하고, 영상 기록 작업 또한 뒤따라야 합니다. 이것은 국가적인 차원에서 해야 합니다. 또 그러한 것들을 현대적으로 활용하는 방안도 모색할 필요가 있겠습니다. 예를 들어서 섬에 남아 있는 섬 민속을 새로운 공연, 혹은 예능 문화로 재창작하려고 하는 노력이 가능하겠지요. 예를 들어서 하와이 토착 원형문화의 하나였던 홀라춤은 지금은 사라졌습니다. 그 원형은 사라졌지만, 새로운 공연 형태로 홀라춤이 재탄생되어 하와이 최고의 관광자원으로 활용되고 있지 않습니까? 비금도의 뜀뛰기 강강술래 같은 것을 홀라춤처럼 활용할 수 있는 방안도 모색할 필요가 있겠습니다.

그밖에 섬에는 문화유산이 섬 문명과 섬 민속이라는 형태로 남아 있을 뿐만 아니라 생태적 가치 또한 잘 보존되어 있습니다. 오랫동안 고립되어 있었기 때문이지요. 섬에는 다양한 생물종이 살고 있습니다. 아울러 섬은 해양 영토의 지킴이로서 그 가치를 지니고 있습니다. 일본의 경우, 남태평양의 아주 작은 섬 미나미 도리시마를 자기 섬으로 확보함으로써 400,000㎢의 해양 영토를 확보했습니다. 400,000㎢가 어느 정도의 넓이냐, 우리나라가 가지고 있는 해양 영토의 전체 면적을 합쳐야 400,000㎢입니다. 섬 하나가 400,000㎢의 해양 영토를 일본에게 바친 겁니다. 그래서 각국은 해양 영토를 차지하기 위해서 분쟁을 벌이고 있습니다. 독도 문제는 단순한 독도라는 섬 문제가 아니라 해양 영토의 문제입니다. 일본과 중국 간의 센카쿠 열도, 중국령 댜오위다오 분쟁, 또 일본과 러시아 사이의 쿠릴 열도 분쟁, 그리고 중국, 베트남, 말레이시아, 필리핀에서 요즘 가장 문제가 되고 있는 남사군도의 분쟁, 이것이 전부 섬을 통해서 바다를 확보하려고 하는 해양 분쟁의 소산입니다. 섬 분쟁은 결국 해양 분쟁입니다. 그런 의미에서 섬은 해양 영토의 지킴이로서의 의미를 가지고 있다고 볼 수가 있겠습니다.

이 시점에서 질문을 다시 한 번 던져 보겠습니다. 우리는 섬을 어떻게 볼 것인가? 어떻게 생각할 것인가? 섬은 하나의 고립된 공간일 뿐인가? 21세기는 해양의 시대고, 섬을 통해서 더 넓은 해양을 차지하려고 경쟁하는 섬의 시대입니다. 따라서 앞으로 섬을 어떻게 볼 것인가 하는 답변은 자명합니다. 섬은 개방과 소통의 징검다리입니다. 바다를 통해서 사방팔방으로 열려 있는 개방의 공간입니다. 이에 우리가 지금까지 관심이 없어서 보지 못했던 섬이 지닌 가치들을 다시 한 번 생각하는 과정을 거쳐서, 섬이라고 하는 공간이 가지고 있는 가치를 위대한 자산으로 생각했으면 합니다. 우리는 그것을 어떻게 보존하고 활용할 것인가 하는 고민과 노력을 하지 않으면 안 되는 단계에 와 있습니다. 섬을 어떻게 볼 것인가에서 출발하여 섬에 대한 생각을 바꿔 보자는 제안을 드리면서 강의를 마칩니다.

믿음

성소은(지식협동조합 경계너머 아하! 상임이사)

1강 •
선방에서 만난 하나님

제 이름은 성소은, 빛나는 은혜를 이룬다는 의미로 부모님께서 지어 주셨습니다. 이름은 그 사람의 상징성이나 대표성 등 여러 의미를 포함하고 있습니다. 때로는 삶의 철학이 담겨 있기도 합니다. 이렇듯 이름이란 평생을 두고 함께하게 되는데, 저는 여러 차례 이름이 바뀌는 경험을 하게 됐습니다. 처음에 부모님이 주신 이름은 성소은이었는데, 훗날 클라라라고 하는 세례명을 얻었고, 이후에는 광우스님이라고 하는, 불가의 법명으로 불린 적도 있습니다. 그리고 지금은 다시 성소은이라는 이름으로 돌아와 있습니다. 클라라는 기독교를 상징하는 이름입니다. 광우스님은 불가의 이름이지요. 오늘은 제 이름을 바탕으로 이쪽에서 저쪽으로 갔다가 되돌아오는, 그런 것의 의미를 함께 나누고자 합니다.

종교 철학자 가운데 존 던(John Donne)이라는 사람이 있습니다. 이 분이 이런 말씀을 하셨습니다. 한 문화에서 다른 문화로, 한 생활양식에서 다른 생활양식으로, 또 한 종교에서 다른 종교로 넘어갔다가 새로운 안목을 가지고 되돌아오는 것이야 말로 인생에서 감행해야 할 가장 의미 있는 정신적인 모험이라고요. 제 삶이 그런 게 아니었나 싶습니다. 이름이 바뀌었다는 것은 단순히 글자만 바뀐 것이 아니라 그것이 의미하는 어떤 믿음의 대상이 변했다는 것을 뜻하기도 합니다. 여러분들은 무엇을 믿고 살아가나요? 어떤 분들에게는 특정 종교가 믿음의 대상이 될 수 있고, 어떤 분들에게는 사람이 될 수 있고 책이 될 수도 있습니다. 오늘 제가 나누고자 하는 이야기 주제가 믿음인데, 어떤 종교가 다른 종교에 비해 우월하다거나 하는 비교 차원에서 이야기하는 것이 아니라는 점을 유념해 주셨으면 합니다.

예수는 없다

저는 어렸을 때 엄마 손에 이끌려 교회에 갔다가 오랜 시간 교인으로 지내게 됐습니다. 그러다가 한 10년 동안 일본에서 유학 생활을 하고 또 거기서 직장 생활을 하면서 지냈는데요, 그러는 중에서도 서울에서 오직 예수라고 하는 액자를 가지고 가서 벽에다 걸어 놓고 아침저녁으로 그걸 보면서 주문처럼 그 말을 외우고 마음속에 품고 지내 왔습니다. 일요일이면 예배를 마치고 도쿄에 있는 신주쿠 알타라고 하는 곳에 나가서 노방 전도를 하기도 했습니다. 이 일은 비가 오나, 눈이 오나, 바람이 부나 멈춰서는 안 되는 일이었지요.

그러던 어느 날이었습니다. 대학원 졸업을 앞둔 무렵이었는데, 같은 기숙사에서 살던 친한 선배가 같이 저녁을 먹자고 하면서 선물을 하나 주더군요. 『예수는 없다』라는 책이었습니다. 이 선배는 내가 어떤 사람이고, 어떻게 신앙생활을 하는지 아는 사람인데, 이런 책을 저한테 준 것에 대해서 순간 당혹스럽고 분하기도 했습니다. 무례한 선물을 주니까 그 자리에서 어찌할 바를 몰랐는데, 대놓고 화를 낼 수는 없어서 화장실에 갔다가 그 책을 그냥 놓고 나왔습니다. 저녁을 먹고 헤어지는데 선배가 "그 책, 어디에 있니?" 하고 묻는 거예요. 그래서 찾는 시늉을 하다가 "어? 화장실에 놓고 왔나?" 했더니 얼른 가서 찾아오라는 거예요. 그렇게 그 책을 버리지도 못하고 다시 가져왔습니다. 집에 가지고 오긴 했는데 버리지도 못하고 그 제목을 계속 들여다보는 것도 자신이 없어서 책꽂이에 뒤집어서 꽂아 두었습니다. 그러고 나서 까맣게 잊고 있었지요.

하루는 퇴근을 하고 집에서 뭐 읽을 책이 없나 하고 책장 앞에서 어슬렁거리다가 뒤집어 꽂혀 있는 책을 본 거예요. 그래서 꺼내 보았습니다. 원수는 외나무다리에서 만난다고, 바로 그 『예수는 없다』는 책이었어요. 저는 주저주저하다가 겉장을 한 번 슬쩍 열어 보았습니다. 그랬더니 겉표지 안쪽에 아주 작은 글씨로 이런 말이 쓰여 있었습니다.

'제목이 도발적이라고 생각하는 분들은 이 책을 한 번 끝까지 읽어 주기 바랍니다. 읽고 나서 내용이 마음에 들지 않으면 그때 가서 저는 그분의 의견을 존중하고 싶습니다.'

저자가 한 말이었습니다. 진정성 같은 게 느껴지면서 어쩌면 이 책이 그렇게 나쁜 책이 아닐 수도 있겠다는 생각이 들었습니다. 그래서 한 페이지, 두 페이지 읽던 것이 끝까지 읽어 나가게 됐습니다. 저는 그날 밤 그 책을 어떻게 다 읽었는지 기억을 못 합니다. 처음엔 비스듬히 누워서 읽다가 점점 앉아서 읽고, 나중에는 무릎을 꿇고 읽고, 또 어느 순간은 울면서, 그리고 어느 순간에는 책을 덮고 기도를 하면서 그 책을 읽었습니다. 제가 그럴 수밖에 없었던 것은 그 한 권의 책을 읽으면서 제가 믿고 있던 하나님이라는 대상에 대해서 전면적으로 이해를 새롭게 해야 하는 그런 변화가 있었기 때문입니다. 이것을 '메타노이아(Metanoia)'라고 하지요. 번역을 하면 회개가 되는데, 보통 우리가 알고 있는 회개는 어떤 죄를 짓고 용서를 구하는 것을 의미합니다. 그런데 진정한 회개는 죄에 대한 용서가 아니라 의식의 전환을 말합니다. 그전까지 하나님은 저쪽 보좌 위에 앉아서 우리의 생사화복을 주관하시고 잘하면 상을 주고 못하면 벌을 주는 그런 분인 줄 알았는데, 하나님은 그런 분이 아니었던 겁니다. 그저 우리 존재의 바탕이 되고 류영모 선생이 말한 '없이 계신 이'라는 말밖에는 달리 표현할 수 없는 그런 존재라는 것을 처음으로 알게 된 것이지요. 믿음의 대상에 대한 이해가 전폭적으로 해체되면서 제 자신에 대한 정체성도 해체가 되더군요. 내가 누군지, 어디서 와서 어디로 가며, 왜 살아야 되는지, 이런 실존적인 문제들이 화두로 떠오르게 됐습니다.

선방에서 만난 하나님

성경의 〈요한복음〉 8장 32절을 보면 '진리를 알지니 진리가 너희를 자유케 하리라.'는 구절이 있습니다. 어느새 제가 원하는 것은 어디에도 매이지 않는 존재로서 갖는 진정한 자유라는 걸 알게 됐습니다. 하지만 그 자유를 누리려면 진리를 알아야 한다는 조건이 있었습니다. 당시 저는 도쿄에 있는 한 대형교회에 다니고 있었는데, 귀국을 한 뒤 그 전에 다니고 있던 교회에는 더 이상 다니지 못하게 됐습니다. 그래서 다른 곳을 찾다가 성공회라는 곳을 알게 됐지요. 그곳에서 교리 공부도 하고 성가대 활동도 하면서 새로운 이름을 받았습니다. 클라라라는 이름이었지요.

그러던 어느 날, 하버드에서 화계사로 온 미국인 현각 스님을 만나게 됐습니다. 그분을 통해서 숭산 스님의 가르침을 접하게 됐고요. 숭산 스님은 살아생전 세계 4대 성불로 추앙받는 분이었습니다. 이분은 서양에 가서 '나는 누구인가. 오직 모를 뿐'이라는 간단한 명제로 수많은 서양 지식인들의 의식을 변화시키고 심지어 출가 수행자의 삶을 살도록 이끈 분입니다. 그 중 한 분이 제 스승인 현각 스님입니다. 불법을 접하면서 얻은 확신은 내가 자유롭기 위해서는 어떤 사람이나 단체에 의지하는 것이 아니라 스스로의 수행에서 답을 얻어야 한다는 것이었습니다. 그래서 고민 끝에 다니던 직장을 그만두고 한 6개월 정도 온전하게 나를 돌아보는 수행을 하고 싶어 실천에 옮기게 되었습니다. 그런데 저희 가족들은 모두 아주 신실한 크리스천이었어요. 제가 누구인지 알고 싶다고 절에 가서 살겠다고 하면 저희 부모님들은 돌아가실 수도 있는 상황이었습니다. 도저히 말을 꺼낼 수가 없었습니다. 고민 끝에 "다시 일본에 가서 한 6개월 정도 새로운 프로젝트를 맡게 됐습니다." 하고 거짓말을 했습니다. 그리고 제가 하고 싶은 수행을 하기로 마음먹었지요. 그렇게 결심을 하고 대전에 있는 모 국제선원에 내려갔습니다. 그날 부모님들은 제가 인천공항에 가서 비행기를 타고 도쿄에 가는 줄 알고 계셨지만 저는 서울역으로 가서 KTX를 타고 대전으로 향했습니다. 그렇게 한 6개월을 보냈지요. 하안거 혹은 동안거라고 하는 수행이 있는데요, 3개월간 두문분출하고 아침부터 저녁까지 내 안을 들여다보는 수행을 하는 것을 말합니다. 저는 하안거가 시작되기 전 3개월부터 선원에서 생활을 했습니다. 제가 정해 놓은 수행 일정표에 따라 참선을 하기도 하고 포행을 하기도 하고 그렇게 시간을 보냈지요.

어느 날, 전화가 울리기에 받아 보니 엄마였습니다. 엄마는 놀란 목소리로 "지금 일본에 큰 지진이 났다고 하는데 너는 괜찮은 거냐."고 물으셨어요. 신문도 없고 TV도 없는 곳에서 생활하다 보니 그런 일은 알지도 못하고 있어 순간 놀랐지만, 여기는 지진 난 곳과는 좀 떨어진 곳이라 괜찮다고 염려하지 말라고 하면서 빨리 끊으려고 하는데, 때마침 옆에서 미국인 행자가 점심 공양 시간을 알린다고 목탁을 두드리는 거예요. 똑똑또로로록 똑똑또로로록. 바로 옆에서요. 심장이 내려앉는 줄 알았습니다. 저희 엄마가 "어머, 이게 무슨 소리니?" 하고 묻는 거예요. 그래서 "아, 뭐 옆에서 공사를 하고 있는가 봐요."라고 다급하게 둘러대고, "엄마, 여기가 좀 시끄러워요. 잘 안 들려요. 이만 끊을게요." 하고는 화들짝 전화를 끊었습니다. 그러면서 참

성불하기도 힘들구나, 죄를 짓는 것도 아닌데 이게 무언가 하고 산란한 마음이 들었습니다.

이런저런 에피소드를 겪으며 3개월이 지나고 그 뒤로는 오롯이 참선을 할 수 있는 귀한 시간을 얻을 수 있었습니다. 놀라운 것은 하안거 때 좌복 위에 앉아 있는데 지금껏 이해하지 못했던 성경 구절들이 새롭게 해석되고 새롭게 이해되는 경험을 한 것입니다. 좌복 위에서 불쑥불쑥 올라오는 일깨움을 만날 수 있었습니다. '아, 이런 거였구나.' 예수님도 잠잠하라 그러면 네가 하나님됨을 알리라는 말씀을 하셨지요. '아, 잠잠할 때 내가 하나님을 만나게 되는 거구나.' 침묵이라는 것이 가장 적극적인 듣기라고 하는데 그때 명상의 놀라운 힘을 체험할 수 있었습니다.

그렇게 하안거를 마치고 또 한 차례 동안거를 하면서 저는 이러한 삶이 제 가치관과도 맞아떨어진다는 생각을 하게 됐습니다. 그래서 급기야 삭발 출가하는 수행자가 되었지요. 구체적인 것은 『선방에서 만난 하나님』이라고 하는 제 첫 번째 책을 보면 많은 에피소드들과 함께 알 수 있을 겁니다. 그렇게 스님이 되어서 미국에 갔습니다. 제 은사 스님도 그때 미국에 계셨거든요. 그곳에서 젠 센터라는 곳을 알게 되었는데, 해석을 하면 선(禪) 센터가 됩니다. 불교적인 수행을 하는 곳이지요. 스님이 아닌 삼십여 명의 일반 사람들이 모여 사는 곳이었습니다. 보스턴에 있는 선 센터였는데 하버드와 MIT 사이에 위치하고 있었습니다. 당연히 그 학교 학생은 물론 교수, 심지어 신학생까지도 선 센터에서 같이 생활을 하더라고요. 아침저녁으로 정해진 시간에 일어나서 다 같이 108배를 하고 명상을 하고 각자 직장, 학교를 향하는 겁니다. 나를 나답게 하고 더 인간다운 삶을 살기 위해서 이용하는 하나의 방편이자 수단인 것이지요. 제게는 아주 신선한 충격이었습니다.

그렇게 몇 개월 있다가 다시 귀국을 해서 청도에 있는 운문사라고 하는 비구니 전통 강원에 입학을 해서 이번에는 전혀 다른 스타일의 삶을 체험하다가 환속을 했습니다. 환속을 한 이유는 이제는 제가 입고 있는 회색 옷이나 삭발을 한 머리가 어떤 길벗들한테는 벽이 되고 새로운 경계가 될 것 같았기 때문입니다. 왜냐하면 그 옷을 입고는 옛날에 함께 교회 다니던 친구들에게 다가가서 또 다른 얘기를 나누기가 어려웠기 때문입니다. 불교를 공부하고 성경을 공부하면서 나름대로 제 역할이라고 생각했던 것은 이 둘을 잇는 다리 역할을 해야 되겠다는 것이었습니다. 저에게 종교가 뭐냐고 물어오는 분이 있습니다. 그러면 저는 예수님도 사랑하고 부처님도 사랑한다고 얘기합니다. 실제로 교회에도 적이 있고 사찰에도 적이 있습니다. 그런데 이런 더블 멤버십 혹은 트리플 멤버십, 교회를 다니면서 불자가 되고, 힌두교인이 되고 하는 이런 형태는 서양에서는 아주 흔한 것이기도 합니다. 그래서 저는 종교적이라기보다는 영적이라고 말씀드릴 수가 있겠네요. 저는 모든 종교를 사랑하고 아낍니다.

경계는 없다

마커스 보그(Marcus J. Borg)라고 하는 신학자가 있습니다. 이 분은 종교와 문화 분야에서 세계 100대 저명한 교수로 인정받은 분입니다. 최근에 세상을 떠났습니다. 대표적인 작품 가운데 『기독교의 심장』이라는 책이 있습니다. 기독 신앙의 본질을 아주 명쾌하게, 그리고 깊이 통찰해 놓은 책인데, 자신 있게 일독을 권합니다. 책 내용 가운데 믿음을 네 가지 종류로 구분해 놓은 것이 있습니다. 같이 나누어 볼까 합니다.

첫째는 '승인하는 믿음'을 꼽고 있습니다. 이 승인하는 믿음이라는 것은 다른 사람이 한 말이나 지식을 내가 확인하지 않고 그대로 믿는 것입니다. 그 사람의 말을 승인한다고 해서 '승인하는 믿음'이라는 것이지요. 가령 우리가 교회 목사가 하는 얘기나 대학 교수가 하는 말, 학교 선생이 하는 말, 심지어는 언론을 통해서 전해지는 정보를 확인하지 않고 그대로 믿는 것, 이런 것이 바로 승인하는 믿음이 아닐까 합니다. 영어로는 'second hand knowledge'라고 하는데, 중고차를 'second hand car'라고 하지요? 그러니까 말하자면 중고 지식인 겁니다. 중고니까 아무래도 좀 낡지 않았을까요? 그대로 믿기보다는 수선하고 개선의 여지가 필요한 믿음이라는 생각이 듭니다.

두 번째는 '신뢰하는 믿음'입니다. "너만 믿을게." 하고 턱 맡기는 거예요. 가령 어린 아이가 엄마에게 전폭적으로 자기를 맡긴다거나 성경에서 예수님이 강조하셨던 그런 믿음입니다. 절대적 신뢰, 기본적으로 좋은 것이라고 생각되는데, 상대에 따라서는 가끔 부도가 나기도 합니다. 배반을 당할 수도 있고 스스로 배신을 할 수도 있습니다. 그렇기 때문에 좋긴 하지만 여전히 그대로 믿기에는 조심스러운 면이 있는 믿음입니다.

세 번째는 '믿음직한 믿음'입니다. 처음부터 끝까지 충성스럽고 소처럼 우직한 믿음으로 일관하는 것이지요.

네 번째, '보는 믿음'입니다. 이것은 앞의 믿음과는 전혀 다른 차원의 믿음입니다. 내가 직접 보고 듣고 체험해서 "아하!" 하고 무릎을 치면서 알아차리는 믿음입니다. 전해 듣거나 검증되지 않은 것을 덮어놓고 믿는 것과는 차원이 다릅니다. 여기서 중요한 것은 믿음의 대상이 바뀐다는 겁니다. 이전까지는 내가 믿는 믿음의 대상이 밖에 있고 외부의 것이었는데 보는 믿음은 대상을 안에서 찾게 되는 것이기 때문입니다. 내가 체험하고, 내가 보고, 내가 맛본 것, 그것을 믿는, 그런 믿음으로 바뀐다는 것입니다.

여러분은 어떤 믿음을 가지고 살아가나요? 아놀드 토인비는 '종교의 본질은 자기중심주의를 극복하는 것'이라고 했습니다. 저는 오랫동안 신앙생활을 해 오면서도 돌아보면 부끄럽게도 자기중심주의에서 벗어나지 못했던 생활을 한 것 같습니다. 그도 그럴 것이 틀에 갇혀서 다른 정신문화도, 이웃 종교도, 또 다른 종교를 믿는 우리 길벗들에 대한 이해가 전혀 없었던 것이지요. 무지라고 할 수밖에 없습니다. 그렇다 보니 배타적이 되고 심지어는 아무것도 모르면서 내 것만이 옳고 우월하다는 잘못된 생각을 가지고 있었기 때문에 더 이상 잘하려야 잘할 수 없는 그런 믿음에 갇혀 있었던 게 아닌가 싶습니다. 늦게나마 참선이나 명상수행을 통해서 제 자신을 반추해 보고 스스로를 보는 믿음으로 외부 환경에 흔들리지 않고 나 자신에게서 우러나오는 그런 믿음으로 자유로운 삶을 살 수 있게 된 것은 큰 행운입니다.

〈도마복음〉이라는 복음서가 있습니다. 그 가운데 2절에 이런 말씀이 있습니다. '추구하는 사람은 찾을 수 있을 때까지 계속해야 됩니다. 찾으면 혼란스러워지고 혼란스러워지면 놀랄 것입니다. 그런 후에야 그는 모든 것을 다스릴 수 있습니다.' 저는 뒤늦게 이 구절을 보고 얼마나 위로를 받았는지 모릅니다. 처음에 『예수는 없다』라는 책을 읽고 제가 밟고 있는 어떤 밑바탕이 다 허물어지는 것 같은 경험을 했습니다. 왜냐하면 그런 하나님이 없었기 때문이지요. 그러면 나는 뭐를 믿고 살아야 되나, 나는 어디 있나, 이세상을 어떻게 살아야 되나 하는 총체적인 혼란에 빠진 적이 있었기 때문에 이 구절이, 이 말씀이 너무나도 가슴에 와 닿았습니다. 예수님도 그러셨던 것 같아요. 찾으면 혼란스러워진다며 위로를 해 주고 있습니다. 그렇지만 놀라지 말고 계속 정진하라고 하십니다. 그렇다면 모든 것을 다스릴 수 있다고 하면서요. 놀라운 복음이 아닌가요?

기독교에서 불교로 가고, 그러기 위해서 부모님에게 거짓말을 하고, 또 직장을 그만두고 선방에 들어가고, 출가를 하고, 환속을 하는 일련의 과정들에는 용기가 필요했습니다. 하지만 그런 정신적인 모험이랄까, 이러한 여행을 통해서 얻어진 여러 이름들이 이제는 훈장처럼 남아 있습니다. 대단스레 나눌 것은 없지만 그래도 살아가면서 제가 귀하다고 여겼던 것들을 동시대를 살아가고 있는 분들과 나누고 싶었습니다.

　오늘, 제 이름을 통해서 이쪽에서 저쪽으로 넘어가고, 또 다시 돌아오므로 해서 종교이든 생각이든 마음이든 삶의 양식이든 경계를 허물면서 더 넓은 것을 보고 느끼는 삶의 의미, 그리고 자라나는 믿음의 중요성에 대해서 얘기를 나눠 봤습니다. 모쪼록 안으로나 밖으로나 주어진 경계에 갇히지 말고 자유롭게 넘나들면서 자라나는 믿음이 주는 기쁨을 맛보는 삶을 누리시길 바라며 강의를 마치겠습니다.

2강 •
경전 7첩 반상

　지난 시간에는 『선방에서 만난 하나님』이라는 저의 자전적인 책을 중심으로 제가 왜 기독교인에서 선불교의 출가 수행자로 넘어갔는지, 그리고 어떻게 다시 보통 사람으로 돌아왔는지를 이야기하면서 믿음의 변화에 대해 살펴보았습니다.

　오늘은 두 번째 책인 『경전 7첩 반상』을 중심으로 함께 이야기를 나누려고 합니다. 제가 7첩 반상이라고 하니까 어떤 분은 첩이 일곱 명인 거냐고 묻더라고요. 그래서 깜짝 놀랐습니다. 이 말을 이렇게 들을 수도 있는 것이구나. 그런 다양성이랄까, 그런 것이 반갑기도 하고 또 재밌기도 했습니다. 일곱 명의 첩을 거느리며 사는 게 쉽진 않겠지만 그것도 말이 안 되는 건 아니지요. 그런데 여기서 7첩이라는 것은 된장찌개나 콩나물무침 같은 일곱 가지의 반찬으로 차려진 밥상을 의미합니다. 보통 임금님 밥상을 수라상이라고 하죠. 수라상은 몇 첩 반상인지 아십니까? 국과 밥, 찜 같은 것들을 제외한 열두 가지 반찬으로 차려진 것을 수라상이라고 합니다. 그건 12첩이 되죠. 그런데 제가 차린 경전 7첩 반상이라는 밥상은 밥, 반찬이 아니라 우리 정신을 자라게 해 주는, 우리 마음을 빗질해 주는 그런 마음 밥상을 뜻합니다.

반상에 올려진 찬 하나는 초기 불교 경전 중 대표적인 것입니다. 특히 무소의 뿔처럼 혼자서 가라는 구절로 유명한 책이기도 합니다. 바로 『숫타니파타』입니다. 또 하나는 동양 문헌 가운데서 가장 먼저 읽어야 한다고 하는 『도덕경』입니다. 서양에서는 『도덕경』의 번역서만 해도 수백, 수천 권에 이른다고 합니다. 그리고 세 번째는 요즘 기독교를 새로운 차원으로 이끌고 있는 〈도마복음〉입니다. 그리고 유교 철학 중에서는 지금 우리 사회에서 가장 절실한 정신이기도 하지 않을까 생각이 드는데, 『중용』을 들었고요. 네 번째는 한 사람이 아니라 모든 중생들의 대자유를 갈망하는 대승불교의 꽃이라고도 하죠. 『금강경』을 다루었습니다. 그리고 힌두교에서는 우파니샤드와 함께 인도를 넘어서 세계인의 고전이 된 책이지요. 『바가바드기타』. 마지막으로 자랑스러운 우리 철학입니다. 동학·천도교의 경전인 『동경대전』입니다. 『동경대전』이라는 경전을 아시나요? 그 담겨진 뜻이 그 어떤 경전에 비교해도 빠지지 않고 너무나 놀라운 말씀들이 우리 언어로 되어 있는데도 알지 못하는 아쉬움이 있어서 다른 것보다도 더 심혈을 기울여서 포함시켰습니다.

연애하듯 경전 읽기

'경계너머 아하!'라고 하는 지식협동조합이 있습니다. 제가 활동하는 곳입니다. 그곳에서는 매주 일요일마다 일요경모임을 갖고 있습니다. 여기서 '경'이라는 것은 세 가지를 의미합니다. 첫째는 경전을 뜻하는 글 경, 그리고 거울 경, 가벼울 경입니다. 경전을 거울삼아 비추어서 우리 삶을 가볍게 해보자는 취지이지요. 경전을 통해서 자기 마음을 고르고, 자신을 돌아보고자 하는 분들의 모임입니다. 이분들은 특정 종교를 졸업한 분들이기도 하고 또 무신론자인 분도 있습니다. 순수하게 인문학적인 관심으로 참석하는 분들도 있습니다. 20대에서 70대까지, 또 대학생에서 교수에 이르기까지, 남녀노소 경계가 없는 분들이 모여서 한 가지 경전에 매몰되지 말고 여러 경전들을 균형 있게 읽어 보자는 취지에서 네 가지 종교의 주요 경전을 한 목소리로 낭독합니다. 여기서는 한 목소리가 되는 것이 중요합니다. 그리고 발성을 한다는 것, 읽는 것 그 자체, 낭송하는 자체가 예배이자 기도가 되는 그런 의식입니다.

"그 꽃 비록 물속에서 자라지만 일찍이 물이 묻은 일 없듯이 내 비록 세상 속에 살지만 이 세상에 집착하지 않네. 번뇌 떠나 움직이지 않고 모든 칼과 가시 뽑아 버리고는 삶과 죽음의 한계를 벗어났으니 그러므로 붓다라 이름하노라."

"공자께서 말씀하셨다. 배우고 때때로 익히면 그야말로 기쁘지 않겠는가. 벗이 먼 곳에서 찾아온다면 그야말로 즐겁지 않겠는가? 남이 알아주지 않는다 해도 노여워하지 않는다면 그야말로 군자가 아니겠는가?"

속으로 읽는 것보다 소리를 내서 온몸으로 읽어 내는 것은 우리 머리부터 발끝까지의 세포를 일깨우고 또 몸으로 흡수되는 작용을 합니다.

"공손하면서 윗사람을 범하는 자는 드물다."

마음을 모아 읽고 난 뒤에는 각자 속으로 미독을 합니다. 맛을 보면서 속으로 곱씹어 보는 것이지요. 그리고 이삼십 분 정도 명상을 합니다. 이런 분이 계셨습니다. 나이 육십이 넘었는데 평생 이런 시간을 가져 본 적이 없다는 겁니다. 명상이라는 걸 해 본 적이 없다는 것입니다. 낯설기도 하고 뭔지 모르겠는데 잠깐 눈 감고 앉아 있는 그 시간이 너무 좋더라는 경험을 얘기해 주셨습니다.

> "증자가 말하는 부분에서 이제 매일 세 가지를 반성한다. 내가 남을 위해서 성심껏 다했느냐, 그 벗들에게 신의가 있었느냐, 그 배운 것을 잘 익히지 못하고 남을 가르쳐 주지 않았느냐 하는 부분인데 제가 사실은 선생의 길을 가고 있는데……."

명상을 하고 난 뒤 마지막에는 각자 마음속으로 읽혔던, 내게 절실하게 와 닿은 한 구절이나 한 단어의 의미들을 각자 자기 음성으로, 각자의 목소리로 나누는 시간을 갖습니다. 우리는 이것을 다섯 번째 경전이라고 합니다. 네 번째 경전은 이 다섯 번째 경전을 이끌어 내기 위한 방편이었던 것이지요. 이 시간이 얼마나 서로에게 공부가 되고 기쁨이 되고 놀라움이 되는지 저희는 매주 경험하고 있습니다.

한 2년이 되고 이제 3년째가 되었는데요, 요즘은 『논어』와 초기 불교『아함경』과 『성경』 중에서 〈공관복음〉, 그리고 『우파니샤드』를 읽고 있습니다. 대개 불자는 불경만 읽고 기독교인은 성경만 읽으면서 평생 다른 경전은 손도 안 대는 경우가 얼마나 많은지 모릅니다. 아마 거의 대부분이 아닐까 하는 생각도 해 봅니다. 연애를 해 본 분은 아실 거라 생각되는데요, 연애도 한 사람만 사귀어 봐서는 나에 대해 깊이 이해하기 어렵지요? 왜냐하면 만나는 사람에 따라서 내 모습이 달라지기도 하고 또 상대를 이해하는 것도 다를 수밖에 없으니까요. 많은 분들하고 연애를 해 보기 바랍니다. 다양한 나를 만나게 되는 아주 좋은, 그리고 수행할 수 있는 좋은 방법이 될 것입니다. 그러다가 어느 한 사람한테 집착을 하게 되면 일은 더 커지지요. 경전도 마찬가지라고 생각됩니다. 한 권만 읽을 때와 두 권, 세 권, 네 권 읽을 때 이해하는 폭과 깊이가 얼마나 다른지 꼭 연애하듯이 직접 체험해 보는 것도 좋을 듯합니다.

종교학의 아버지라고 하는 막스 뮐러(Friedrich Max Müller)는 이런 말을 했습니다. "하나의 종교를 아는 사람은 아무 종교도 모른다." 살아갈수록 이 말이 정말 맞는 말이구나 하는 생각을 하게 됩니다. 저 역시 오로지 『성경』만 부여잡고 지냈던 적이 있었습니다. 그런데 그때 『성경』을 이해하는 폭과 지금 『금강경』을 읽고, 『우파니샤드』를 읽고, 『동경대전』을 읽으면서 이해하는 『성경』은 이전 것과는 비교할 수 없는 것입니다. 더 예수님을 사랑하게 되고, 더 깊이 이해하게 되었다는 얘기입니다.

홀로 있는 힘

앞서 말씀드렸던 『숫타니파타』는 '경의 모음'이라는 뜻을 가진 책입니다. 본문에 이런 내용이 있습니다.

소리에 놀라지 않는 사자처럼, 그물에 걸리지 않는 바람처럼, 진흙에 더럽혀지지 않는 연꽃처럼, 무소의 뿔처럼 혼자서 가라.

듣기만 해도 어쩐지 해방이 되는 것 같은 느낌이 듭니다. 뭔가 어깨에서 날개가 돋는 듯 그런 가능성이랄까, 시원함 같은 것이 전해집니다. 이렇게만 살 수 있다면 얼마나 좋을까요? 그런데 경전은 우리가 이렇게 살 수 있다고 말합니다. 그리고 이렇게 살아야 마땅하다고 합니다. 무소의 뿔은 출가 수행자의 독각을 상징합니다. 갈팡질팡 오락가락하지 않고 홀로 꿋꿋하게 정진해 나가는 모습을 상징하는 것입니다. 힘 중에서도 가장 센 힘이 홀로 있을 수 있는 힘이 아닌가 합니다.

인디언의 영성이 전하는 내용에 대해 함께 나누고 싶은데요, 잘 들어보기 바랍니다.

진리는 홀로 있을 때 우리와 더 가까이 있다. 홀로 있음 속에서 보이지 않는 절대 존재와 대화하는 일이 인디언들에게는 가장 중요한 예배다. 자주 자연 속에 들어가 혼자 지내 본 사람이라면 홀로 있음 속에서 나날이 커져 가는 기쁨이 있다는 것을 알 것이다. 그것은 삶의 본질과 맞닿는 즐거움이다.

인디언들은 이렇게 고백하고 있습니다. 유가의 경전도 빼놓을 수가 없습니다. 사서삼경 중에 인간의 심사, 마음 쓰는 일을 다룬 『중용』도 홀로 있음의 중요성을 전하고 있습니다.

숨은 것처럼 잘 드러나는 것이 없으며, 미세한 것처럼 잘 나타나는 것이 없다. 그러므로 군자는 그 홀로 있음을 삼가는 것이다.

다름 아닌 신독(愼獨)을 얘기하고 있는 것이지요. 홀로 있음을 삼가는 것, 이게 무슨 말인가요? 홀로 있음을 통해서 우리의 몸을 단련하고 정신을 심화하는 것, 그것이 수신(修身)하는 것이라고 말하는 게 아닐까 합니다. 도올 김용옥 선생이 이 수신에 대해 잘 풀어서 설명한 적이 있습니다.

수신이란 곧 내 몸에서 하나님을 배양하는 것이며 하나님을 닮는 것이다.
하나님을 몸속에서 완성해 가는 그 무엇이다.
하나님은 고정된 존재가 아니라 끊임없이 생성되어 가는 과정이다.

한 가지 경전이 아니라 여러 경전을 함께 읽는
즐거움을 통해 내 속에 갇혀 있는 위대한 나를
발견하게 될지도 모른다.

이럴 때 고독은 승화가 됩니다. 폐쇄가 아니라 무한한 열림으로 홀로 사는 것이라면 또 빼놓을 수 없는 분이 계십니다. 무소유의 대명사 법정 스님입니다. 그분은 『홀로 사는 즐거움』이라는 책에서 이렇게 고백하고 있습니다.

> 우리가 가야 할 곳은 그 어디도 아닌 우리들 자신의 자리다. 시작도 자기 자신으로부터 내디뎠듯이 우리가 마침내 도달해야 할 곳도 자기 자신이다.

시작하는 곳도 자기 자신이고, 도달하는 곳도 자기 자신이라는 것인데 우리는 우리 자신을 모르고 있는 건 아닌가요? 내가 무엇을 좋아하는지, 무엇을 하고 싶은 건지, 또 무엇을 할 수 있을지 모르겠다고 고통을 호소하는 분들이 주위에 참 많습니다. 그런데 시작도, 끝도 자기 자신이라고 하니까 나를 이해하는 이 일을 더 이상 게을리할 수는 없을 것 같습니다.

누군가 미켈란젤로에게 이렇게 물었습니다.

"당신은 어떻게 피에타 상이나 다비드 상 같은 훌륭한 조각상을 만들 수 있었나요?"

그러자 미켈란젤로가 대답했습니다.

"조각상은 이미 대리석 안에 들어 있습니다. 나는 다만 필요 없는 부분을 깎아냈을 뿐입니다."

필요 없는 부분을 깎아낼 때 나는 그 안에서 저절로 드러납니다. 내가 누구인가를 이해하는 것, 나 자신을 이해하는 것이 어찌 보면 그리 어려운 일이 아닐 수도 있겠다는 생각이 듭니다. 우리는 불필요한 것들, 나한테 맞지 않는 것들을 너무 많이, 켜켜이 입고 있는지도 모르겠습니다. 홀로 있는 시간은 참 나를 조각해 내는 시간이 아닐까 합니다.

아무것도 쓰여 있지 않은 경전

선방에 있을 때 이런 생각을 한 적이 있습니다. 어떤 분들은 선방이라고 하니까 한 방 때리는 거냐고 묻더군요. 한 방 맞듯이 깨달음이 오니까 그것도 맞는 말이기는 합니다. 선방은 절 안에서 명상을 하는 처소입니다. 참선을 하는 곳을 불가에서는 선방이라고 합니다. 그곳에는 불상도 없고 아무것도 없습니다. 그저 깨끗한 방에 좌복이라고 하는 푹신하고 넓은 방석들이 가지런히 놓여 있지요. 그곳에 앉아 벽을 향해서 지그시 눈을 감고 오롯이 나를 바라봅니다.

말이 나온 김에 사찰에서 통용되는 명칭을 살펴보기로 하지요. 예불을 드리는 곳을 법당이라고 하지요? 이미 잘 알고 있을 듯합니다. 밥 먹는 곳은 공양간이라고 합니다. 화장실은 정낭이라고 합니다. 목욕하는 곳은 정통이라고 하고요.

아담과 이브는 에덴동산에 살 때 옷을 입지 않고 알몸으로 살았다고 합니다. 죄를 알지 못했을 때 아무것도 걸치지 않은 있는 그대로의 모습으로 사는 것이지요. 선방에 앉아 있는 것은 마음의 옷을 하나씩 하나씩 벗는 일이 아닐까 합니다. 그 동안에는 우리가 일상 속에서 살면서 나를 숨길 필요도 있었을 테고 경쟁 사회 속에 살면서 수많은 옷들, 불필요한 옷들을 몇 개씩 껴입고 살다 보니 나한테 맞는 옷이 무엇인지도 모르고 살아갑니다. 선방에 홀로 앉아 있다는 것은 그런 마음의 옷을 하나씩 하나씩 벗어 내서 급기야는 마음이 알몸이 되도록, 아무것도 걸치지 않은 마음으로 돌아가는 것입니다. 그것이 참선이자 홀로 있는 것입니다.

이럴 때 도움이 되는 것이 경전입니다. 종교를 떠나서 경전은 고전 중의 고전입니다. 인문학의 바탕이 되는 것 또한 경전이지요. 수백 년, 수천 년을 면면이 이어져 내려오는 그 책 안에는 인간의 지혜가 오롯이 담겨 있기

"소리칠 필요 없다. 그렇게 아무것도 쓰여 있지 않은 ——
두루마리가 진짜 경전이다."

때문입니다. 한 평생 살면서 맛있는 것을 먹고, 좋은 집에 사는 것도 중요한 행복이고 큰 즐거움이지요. 그런데 맛있는 경전들이 널려 있는데 한 권도 읽지 못하고 맛보지도 못하고 한 평생을 지내는 것은 참 아까운 일입니다. 많이 읽고 그 맛도 보면 좋겠습니다.

마지막으로 경전과 관련하여 『서유기』의 일화를 소개하고자 합니다. 손오공이 붓다를 향해서 불평을 했다고 합니다.

"불경을 얻으려고 중국에서부터 온갖 고초를 겪으면서 여기까지 찾아왔는데, 붓다의 제자인 아난과 가섭이 아무것도 쓰여 있지 않은 엉터리 책을 주다니 이게 말이 됩니까? 아무것도 쓰여 있지 않은 책이 무슨 소용입니까?"

이렇게 불평을 하니까 붓다가 미소 지으면서 대답합니다.

"소리칠 필요 없다. 사실 그렇게 아무것도 쓰여 있지 않은 두루마리가 진짜 경전이다. 사람들이 너무 어리석고 무지해서 이것을 믿지 않는다는 걸 잘 알기 때문에 그들에게 약간의 글이 쓰여 있는 책을 줄 수밖에 없었구나."

아무것도 쓰여 있지 않은 두루마리가 진짜 경전이라니 놀랍지 않습니까? 모름지기 경전이란 문자가 아닌 그 문자가 담고 있는 속내를 읽거나 행간을 읽어야 하는 것이니까 어쩌면 기가 막히게 옳은 말인지도 모르겠습니다.

지금까지 경전 7첩 반상을 중심으로 한 가지 경전이 아니라 여러 경전을 읽는 것에 대한 즐거움과 그것을 통해서 나를 이해하고 내 삶을 이해하고 새롭게 경영하는 데 어떤 역할을 할 수 있는지 생각해 보았습니다. 종교나 어떤 경계에 의해서 다가서지 못하고 막혀 있었던 마음을 잠깐 거두고 그 동안 들어보지 못했던 경전들을 한번 펼쳐 보기를 바랍니다. 경전을 의미 있게 만나는 시간을 통해서 미켈란젤로가 불필요한 조각상을 떨궈 내고 그 안에서 오롯한 새로운 작품을 드러내게 했듯이, 여러분들도 새로운 경전 읽기를 통해서 지금까지 만나지 못했던, 지금까지 알지 못했던 내 속에 갇혀 있던 위대한 나, 위대한 사람을 만나기 바랍니다.

한식의 세계화와
음식 애국주의

황교익(맛 칼럼리스트 1호)

1강 •
한식 세계화, 해야 하나?

여러분은 한식을 세계화해야 한다고 생각하십니까? 우리나라 국민들에게 "한식, 세계화해야 합니까?" 하고 물으면, 백이면 백 "예."라고 이야기합니다. 그중 누군가 한 명이 "아니요."라고 이야기하면, 당장에 "저거 매국노 아냐? 비애국자 아냐?"라는 비난이 돌아올 수 있습니다. 누구도 감히 한식 세계화에 대해서 딴지 거는 일은 없습니다. 하지만 저는 딴지를 걸어 보려고 합니다. 원래 인문학이라는 것은 모든 사람들이 그렇다고 생각하는 것에 의문을 제기하는 것입니다. 정부가 한식을 세계화한다고 발표하면 보통은 야당에서 반대를 하겠지만, 이 사안에 대해서만큼은 반대가 없습니다. 지역 갈등이 심한 우리나라에서는 전라도, 경상도 의견도 달라질 수 있는데 이 사안에 대해서는 이견이 없습니다. 어떤 정책에 대해서 나이에 따라, 세대에 따라 갈등이 유발되는데, 남녀노소를 불문하고 대한민국 모든 사람들이 한식 세계화에 대해서 찬성합니다. 왜 이런 일이 발생할까요? 한식재단에서 밝히고 있는, 한식 세계화와 관련되는 문구들을 보면 이렇습니다.

'아름다운 색의 조화뿐 아니라 영양학적으로 조화와 균형을 갖춘 건강한 음식. 한식은 아름답고 맛있으며, 또 세계적으로 유래를 찾기 어려울 만큼

건강에 좋은 음식으로 여러 가지 식품 영양학적 특징을 지니고 있습니다.'

한식이 세계적으로 유래를 찾을 수 없을 만큼 건강에 좋은 음식이라고 합니다. 여러분도 그렇게 생각하십니까? 그런데 왜 우리는 OECD 국가 중에서 위장병 발생률 1위 국가일까요? 왜 우리는 일본보다 평균수명이 모자랄까요? 세계에서 유래를 찾기 힘들 정도로 건강한 음식인데, 왜 그것을 먹는 우리 민족은 그렇게 건강한 삶을 살고 있다고 생각되지 않을까요?

한 백 년 전쯤에도 이런 생각을 가지고 있던 사람이 있었습니다. 1923년 1월 2일자 동아일보 기사에 이런 내용이 나옵니다.

'자랑할 조선 양념, 계량보다 원상회복이 급한, 세계에 자랑할 만한 조선 요리.'

그 옆에 누가 한 말인지 쓰여 있습니다. 이왕직 전승과 이익환 씨 담. 이왕직은 일제강점기에 조선의 이씨 왕가들의 살림을 해 주던 기관입니다. 전승과는 이왕직에서 조선 왕족들의 음식을 수발하던 부서입니다. 그곳에 근무하는 이익환 씨가 이런 이야기를 합니다. 중간에 이런 내용도 나옵니다.

'그중에 제일 간단한 실례를 보면, 서양 요리에 찹스테이크라는 것은 일종의 훌륭한 요리이나 조선의 요리 정도로 보면 대단히 유치한 것이외다.'

서양의 찹스테이크 정도는 우리한테는 유치하고 우리 음식은 세계 최고라는 이야기를 1923년에 벌써 하고 있습니다. 대단하지요? 한식 세계화와 관련되는 주요 아이템 가운데 하나가 김치입니다. 〈뉴욕타임스〉에 김치 많이 먹자며 여배우가 김치 접시 하나 들고 광고한 사진을 보았을 겁니다. 김치 하나만 가지고 먹을 수 있나요? 우리는 밥하고 먹어야 되는데, 김치만 달랑 들고 "맛있어요." 하고 있습니다. 그런데 우리는 이 광고를 보고 기분이 아주 좋아집니다. "역시 우리 민족의 김치, 우리 민족의 음식은 대단히 좋은 거야. 외국 사람들한테 먹일 만큼 자랑스러운 거야." 하고 생각합니다.

일본 사람들이 김치를 '기무치'라고 발음하는 것을 두고 우리는 짜증을 냅니다. 김치라고 불러 달라고요. 하지만 일본 사람들은 김치 발음을 못합니다. '김' 하면 '김' 하고 따라 합니다. '치'라고 하면 그 역시 잘 따라 합니다. 그런데 '김치' 이러면 '기무치'라고 해요. 일본 사람들은 구강 구조가 어릴 때부터 그렇게 발음하는 것으로 굳어져 있기 때문에, 아무리 '김치'라고 가르쳐도 '기무치'라고 발음하게 됩니다. 그런데 우리는 제대로 발음해 달라고 떼를 써요.

뒤집어 놓고 생각해 봅시다. 일본으로 치면 김치와 비슷한 음식인데 우리나라 사람들이 많이 먹는 것이 있습니다. 어쩌면 여러분도 오늘 한 번쯤 먹었을 수도 있습니다. 바로 단무지입니다. 중국집 짜장면 먹을 때 단무지 없으면 섭섭합니다. 라면 먹는 데 김치가 없으면 안 될 만큼 단무지도 그렇습니다. 단무지는 원래 '다꾸앙'이라는 일본 음식입니다. 일본 음식 다꾸앙을 가져와서 단무지라고 우리말로 순화를 한 것이지요. 조리법도 바꿨습니다. 원래 일본의 다꾸앙은 쌀겨에 말린 무를 넣고 숙성시키는 발효음식입니다. 우리는 생무를 새콤달콤하게 만들어서 아삭아삭한 느낌이 들게끔 만들었습니다. 우리가 먹는 단무지는 일본에 없습니다. 우리의 식성에 맞춰서 제조법을 바꿨기 때문이지요. 이름도 바꿨습니다. 그런데 일본 사람들이 "왜 한국 사람들이 우리 다꾸앙을 가져가서 마음대로 단무지를 만들어서 먹느냐?" 하고 항의하는 거 들어보았나요? 안 합니다. 음식은 남의 집 담장을 넘어서 그 영역으로 들어가면 간섭하면 안 됩니다. 그냥 알아서 먹는 겁니다.

〈김치 워리어〉라는 애니메이션이 있습니다. 정부에서 예산을 지원해서 만든 애니메이션인데, 김치 맨이 등장을 합니다. 그래서 세계의 나쁜 세균들을 물리칩니다. 그런데 이런 생각이 1928년에도 있었습니다. 1928년에 〈별건곤〉이라는 잡지에 실려 있는 '조선김치예찬'이라는 구절을 한 번 살펴보겠습니다.

'일본인들이 우리나라 김치 맛을 본 후에는 귀국할 생각조차 없어진다니 더 말할 것도 없고, 서양 사람들도 대개는 맛만 보면 미치는 것이, 나는 서양 음식을 먹고 그렇게 미쳐 보지 못한 것에 비하면 아마도 세계 어느 나라 음식 가운데도 우리나라 김치는 조금도 손색이 없을 뿐 아니오, 나에게 물을 것 같으면 세계 제일이라고 하겠습니다.'

일본 사람들이 조선에 와서 김치를 먹어 보고 그 맛에 반해서 자기 나라에 돌아갈 생각도 안 한다는 것입니다. 가히 김치가 세계 제일이라고 이야기를 합니다. 지금의 생각과 1928년에 이 글을 쓴 분의 생각이 전혀 다른 게 없습니다. 1928년에 그 정도의 맛이라 하면 백 년 동안에 김치는 이미 세계화돼서 전 세계인의 식탁에 놓이고 전 세계 사람들이 김치를 맛있게 먹어야 하는 것 아닐까요? 그런데 우리는 김치를 두고 세계화해야 한다면서 아직까지 세계화를 못 시켜서 전전긍긍하고 있을까요?

한식의 세계화, 꼭 해야 하나?
조선이 낳은 석학 최남선 선생이 일제 강점기에 쓴 글을 〈고사통〉이라는 책으로 엮었는데, 그중에 불고기와 관련되는 글이 있습니다. 그 내용을 보면 이렇습니다.

'중국 진나라 때 책 〈수신기(隨神記)〉를 보면 태시 이래로 이민족의 음식인 강자와 맥적을 귀하게 안다. 그래서 중요한 연회에서 반드시 맥적을 내놓는다. 이것은 흉족이 들어올 징조이다.'

이런 이야기가 〈수신기〉에 있는데, 옛날 우리 민족을 뜻하는 '맥'자가 붙어 있으니까 맥적은 우리나라 북쪽에서 수렵생활을 하면서 개발된 고기구이라고 이야기를 합니다. 그래서 지금 한국 음식을 내는 식당 중에 맥적이라는 음식을 내는 식당들이 제법 많이 있습니다. 그러면서 우리가 먹는 불고기를 두고 고구려 시대부터 먹던 고기구이에서 비롯되었으니 오랜 역사를 가지고 있다고 주장합니다. 여기까지가 최남선 선생의 이야기입니다.

제가 최남선 선생이 보았다는 〈수신기〉라는 책을 직접 찾아봤습니다. 그 책은 중국 동진 시대, 그러니까 4세기경 감보라는 사람이 쓴 소설책입니다. 그 책에 맥적 이야기가 나옵니다. '맥적은 적족이 먹는 음식의 이름이다.'라고 되어 있습니다. 맥적을 두고 우리 민족의 하나인 맥 민족이 먹는 음식이 아니라 그냥 적족이 먹는 음식의 이름이라고 해 놨어요. 그럼, 적족을 찾아보면 되겠지요? 과연 우리 민족과 관계가 있는지 말입니다. 중국에는 소수민족이 굉장히 많습니다. 지금은 다 정리가 돼서 많이 사라졌지만 헤아릴 수 없을 정도로 많은 족속들이 살았던 지역이 중국입니다. 4세기경에 살았던 적족을 찾아내기란 쉽지 않았습니다. 이 문헌, 저 문헌 뒤지고 중국의 문헌까지 뒤져서 서북쪽 어느 변방에 있었던 유목민족이라는 사실을 알아냈습니다. 우리 민족과 관련이 있을 것이라고 생각할 수 있는 지점이 하나도 없었습니다. '맥적은 적족의 음식 이름이다.'라는 것 하나로 〈수신기〉의 내용은 끝납니다. 그런데 최남선 선생이 어떤 이유에선가 이 문장을 틀어 놓은 것입니다.

이 〈수신기〉라는 책에 대해 생각해 볼 필요가 있습니다. 이것은 역사 서적이 아닙니다. 한마디로 귀신 쫓는 이야기입니다. 전설 따라 삼천 리 정도인 것이지요. 제가 이 책 전체를 처음부터 끝까지 다 읽어 봤습니다. 어느 고을에 산사태가 났는데, 그 산사태의 원인을 추적해 보니까 그 산에서 처녀가 목매달아 죽어서 원한이 사무쳐서 산사태가 났다더라 하는 설화집입니다. 이런 내용이니 맥적이 어떻다는 이야기는 사료로서의 가치가 전혀 없는 것입니다. 그래서 이것을 사료로 읽고자 한 최남선 선생의 노력이 조금 의아합니다.

한국 음식을 두고 세계화해야 한다는 생각들은 1920년대에도 있었습니다. 물론 지금도 한식을 세계화해야 한다는 생각이 존재합니다. 하지만 백 년 정도를 생각의 변화 없이 그냥 내려오고 있습니다. 왜 우리는 우리 음식을 세계화해야 한다는 것에 그렇게 강렬한 열망을 붙여 두는가 곰곰이 생각해 보았습니다. 외국에도 그런 사례가 있는지 궁금하기도 했습니다. 외국도 자국의 음식을 세계화하기 위해서 많은 노력들을 합니다. 그래야 농산물을 판매하는 데 유리하고, 국가 브랜드를 제고하는 데에도 도움이 되니까요. 하지만 우리나라처럼 대놓고 세계화하겠다고 요란을 피우지는 않습니다. 각 나라에 돌아다니면서 우리 음식 먹어 달라고 공짜로 음식을 나눠 주지도 않습니다. 이미 글로벌화돼 있는 일본 음식, 이탈리아 음식, 태국 음식은 그 나라의 음식을 세계화하기 위해 여러 정책을 폈다고 하는 나라들의 음식입니다. 그 나라들이 우리한테 찾아와 공짜로 스시 한 접시 준 적이 있나요? 파스타 한 접시 얻어먹은 적 있습니까? 톰얌쿵 한 그릇 누가 주던가요? 그런데 왜 우리는 외국에 나가서 김치 드세요, 비빔밥 드세요, 불고기 맛있어요, 하면서 그 사람들 코앞에 우리 음식을 들이밀고 우리 음식을 먹어 달라고 애원을 해야 하나요? 문화적으로 보면 창피한 일입니다. 우리가 열등하다는 것을 스스로 대놓고 광고하는 것과 크게 다르지 않습니다. 그럼에도 불구하고 그렇게 하는 것이 마땅하다고 많은 사람들이 생각합니다. 이 생각의 근원이 어디냐에 대해서 좀 더 살펴봐야 되겠지요.

수용자 중심의 한식 세계화

저는 그 이유를 식민지 상황에 대한 이해로 풉니다. 왜 1920년대에 갑자기 조선 음식에 대한 자부심이 극렬하게 드러나는가를 생각해 본 것입니다. 조선에서 우리는 백성으로 살았습니다. 백성은 주권이 없습니다. 내가 왕을 뽑겠다고 해서 뽑을 수 있는 게 아닙니다. 백성은 왕의 소유물입니다. 왕이 백성을 생사여탈권을 가집니다. "너 죽어." 그러면 죽어야 됩니다. 조선이 망하고 일본 제국주의가 조선을 식민지로 삼습니다. 조선 반도의 백성들은 일제의 신민이 됩니다. 신민이라는 것은 무엇인가요? 백성하고 똑같습니다. 일본 왕의 소유물입니다. 그 당시에 일본인들의 사정도 똑같습니다. 일본인들이 왕을 뽑지 못합니다. 일본 왕이 일본인들의 생사여탈권을, 소유권을 가지고 있습니다. 그와 마찬가지로 식민지 조선 사람들의 생사여탈권, 소유권을 가지고 있는 사람은 천왕, 즉 일본 왕으로 바뀝니다. 조선 반도에서 살았던 사람들은 백성으로 사나, 신민으로 사나 별 차이가 없습니다. 내가 주체적으로 내 삶을 어떻게 하겠다는 것을 생각조차 할 수 없는 시대이니까요.

제1차 세계대전이 끝나고 여러 열강들이 식민지를 놓고 어떻게 나눠 가질 것인가를 두고 싸우다가 세계 전쟁이 벌어집니다. 그것이 완전하게 해결되지는 못합니다. 또 다시 세계 전쟁이 일어날 것 같은 조짐이 잔존해 있는 상태에서 휴전 상황이 됩니다. 전쟁이 끝난 게 아니라 휴전 상황에 있다고 볼 정도의 위험한 상황이 계속해서 유지됩니다. 이런 상황을 어떻게 해결할 것인가를 두고 등장하는 세계의 사조가 하나 있습니다. 민족자결주의이지요. 각국의 식민지 상황을 보니까 지역마다 같은 언어를 쓰고, 같은 문화를 지니고, 비슷비슷한 생활을 하고 있는 사람들이 존재하는데, 이것을 두고 '민족'이라고 이름 붙입니다. 이 민족들이 스스로 어떤 삶을 살 것인가를 결정하게 하자는 것이 민족자결주의입니다. 독립을 해서 살겠다고 하면 독립해서 살게 하고, 식민지로서 사는데 제국을 선택할 수 있는 권리도 그 민족들한테 주자, 내가 식민지적 삶을 사는데도 인도를 제국으로 할 것인지, 일본을 제국으로 할 것인지, 이것은 각자 그 지역에 살고 있는 민족이 결정하게 하자는 것이 민족자결주의입니다. 이에 우리나라에서는 3·1운동이 일어납니다. 3·1독립선언을 해요. 그 독립선언서 안에 우리는 어떤 국가를 이루겠다는 그런 내용은 없습니다. 일단 독립만 외칩니다. 우리 스스로 뭔가를 결정하게 해 달라는 정도의 주장만 담겨 있습니다. 일본이 봐 줄 리가 없지요. 꾹 눌러 버렸습니다. 많은 사람들이 희생됐습니다. 우리 선열들이 일제에 의해서 고통받고 힘들게 죽어 나갔습니다.

그때 일제 밑에 있던 식민지 반도의 지식인들이 이런 생각을 한 거죠. '우리도 언젠가는 민족 독립 국가를 이뤄야 하는데, 지금 우리에게 필요한 것은 조선 민중들에게 민족 주체성을 심어 놓는 일이다. 우리는 반드시 민족 독립 국가를 이루기 위한 정지 작업들을 해야 한다.' 그러면서 민족계몽운동이 일어납니다. "조선의 민중들이여, 우리들은 조선 민족이다. 조선 민족으로서의 정신적인 각성을 해야 한다. 주체성을 가져라." 하는 이런 교육을 시킵니다. 그 교육 과정 안에 있는 것 중 하나가 음식입니다. 우리의 일상에 대해서도 자부심을 가져라. 우리가 일상으로 먹는 음식, 김치, 불고기 이런 것의 역사가 어마어마하게 오래됐고, 세계 어느 누구한테 내놓아도 자랑스러운 음식이라는 것을 조선의 지식인들이 20년대 쓰기 시작하는 것이지요.

1945년, 해방이 됐습니다. 그러나 우리가 자립으로 독립을 이루지 못했습니다. 일본이 패전하면서 독립 국가를 이루게 됐고, 남쪽은 미국의 영향을 받아서 민주 공화정이라는 국가의 형태가 만들어졌고, 북쪽은 러시아, 구소련의 영향으로 사회주의 국가로 만들어집니다. 우리 스스로 만든 민주 공화정이 아닙니다. 우리 스스로 독립을 이루었다고 하면 일제 강점기에 민족 독립 국가를 이루기 위해서 만들어 놓은 민족 중심의 사고방식은 필요 없습니다. 그런데 우리 스스로 독립을 이루지 못했으니까 정신적으로 허전한 부분을 가지고 있는 것입니다. 우리 민족이 자랑스럽지 않다는 것이 은연중에 마음 한 구석에 박혀 있는 것이지요. 이것을 마음 편하게 만들기 위한 전략 가운데 하나가 우리 한민족의 자랑스러움을 다른 뉴스에서 끌어와서 확대시키고 스스로 위로하는 것입니다.

해방되고 난 다음에 많은 시간이 지났습니다. 우리 스스로 독립하지는 못했지만 그동안의 민주화 과정들을 보면 이제는 우리 스스로 민주 공화정 국가에 대해서 자부심을 가질 만합니다. 민주 시민으로서의 자부심을 가져도 된다는 것이지요. 대한민국은 민주 공화국이지, 한민족 공화국은 아닙니다. 한민족이 강조되다 보면 극우 세력들이 득세를 하게 됩니다. 한식을 세계화하자는 것에 대해 우리가 너무 많은 의미를 부여하는 순간 우리나라는 극우의 나라로 바뀔 수도 있습니다. 따라서 한식의 세계화에 대해 다시 한 번 궁리를 해 볼 필요가 있습니다.

알리는 것도 필요합니다. 그런데 음식은 알린다고 해서 사람들은 그 음식을 덥석 먹으려 하지 않습니다. 낯선 음식에 익숙해지기까지는 한 30년 정도 걸린다고 합니다. 일본의 돈까스가 우리 땅에 들어와서 우리 일상 음식으로 자리 잡기까지 상당한 시간이 걸렸습니다. 바로 눈앞에서 "이거 드세

일본 여행에서 맛본 음식을
한국에 와서 다시 찾는 젊은이들이
늘어나면서 일본 음식에 대한
수요가 만들어졌다.

요." 했다고 해서 "먹어 보니 맛있네?" 하면서 쉽게 음식 문화가 전파되지 않습니다. 또한 음식 문화라는 것은 공급자 중심의 문화가 아닙니다. 수용자 중심의 문화이지요. 음식을 먹는다는 것은 경제적인 지불 능력도 필요하고 평소 먹어 왔던 기호와도 관련이 있습니다. 그 음식을 선택하는 것은 수용자가 결정하는 것입니다. 먹어 달라고 해서 그 음식을 먹어 줄 것이라는 생각은 버려야 합니다. 오히려 수용자들이 자발적으로 그 음식을 먹겠다고 덤비게끔 유도하는 정책을 펴야 하겠지요.

가장 좋은 정책은 우리 땅에 여행 오는 외국인들에게 맛있는 음식을 맛보게 해서 깊은 인상을 남기는 것입니다. 보통 다른 나라의 음식들이 글로벌화되는 예를 보면 대부분 여행과 관련이 있습니다. 그 나라에 가서 음식을 먹어 본 경험을 가지고 자기 나라로 돌아와서 같은 음식을 찾게 되는 수요가 만들어지면 거기에서 공급이 발생하는 형태입니다. 그런데 한국을 찾은 외국 관광객들이 가장 큰 불만을 드러내는 것 중 하나가 바로 음식입니다. 한국 여행을 마치고 돌아가는 중국 관광객에게 '한국 여행에서 가장 큰 불만이 무엇이냐?'고 물었더니 1위가 '한국 음식 맛없다.'입니다. 이런 상황에서 한식 세계화가 이루어질 수 있을까요? 우리 땅에 저절로 들어온 외국 사람들에게 '한국 음식 맛있다.'라는 경험을 만들어 주지도 못하면서 외국에 나가서 "이 음식 드서 보세요, 저 음식 드서 보세요." 한다는 것 자체가 앞뒤가 안 맞습니다. 음식은 우리끼리만 맛있게 먹어도 됩니다. 우리끼리 맛있게 먹으면 외국 사람들이 와서 "뭔데 그렇게 맛있게 먹느냐?" 하면서 중간에 끼어듭니다. 그럼 같이 먹는 겁니다. 음식을 맛본 외국 사람들이 "맛있네!" 하면서 자기 나라로 돌아가서는 그 음식의 수요를 만듭니다.

요즘 젊은 사람들이 많이 북적이는 거리에 가면 가장 많은 음식점들이 무엇인가요? 일본 음식점입니다. 이자까야, 라멘, 돈까스, 돈부리…… 많지요. 야끼니꾸도 들어와 있습니다. 일본 음식점들이 많이 있는 이유가 무엇일까요? 우리나라 젊은이들이 일본에 가서 올빼미 투어 하면서 일본 음식들을 많이 먹어 본 것입니다. 일본에서 신나게, 재밌게 놀고 한국에 돌아와서 일본에서 먹었던 음식을 찾는 겁니다. 그렇게 수요가 만들어지는 것입니다. 그러면 일본 음식점이 서는 겁니다. 한국 음식을 세계화하려고 하면 그와 똑같은 방식을 따르면 됩니다.

저는 한식 세계화와 음식 애국주의에 대해서 조금 더 깊이 있게 생각해 보았으면 합니다. 대한민국은 한민족 공화국이 아닙니다. 그래야만 다문화 가정을 이루고 대한민국에서 살아가는 다른 민족들과 어떻게 해야 함께 잘 살 수 있을 것인가에 대한 눈도 뜨이기 시작할 것입니다.

2강 •
대장금 판타지의 진실

〈대장금〉 기억하십니까? 〈대장금〉은 전 세계 사람들이 거의 다 기억하고 있는 드라마입니다. 어마어마하게 많은 사람들이 봤다고 합니다. 특히 중국권에서는 시청률이 어마어마했다고 하지요? 그래서 중국 여행객들이 한국에 와서는 "왜 〈대장금〉에 나오는 음식은 없어요?" 한다고 하네요. 여러분은 〈대장금〉에 나오는 음식을 먹어 본 적이 있나요? 아마도 십중팔구 구경 한 번 못했을 것입니다.

〈대장금〉과 관련해서 재미난 이야기가 있습니다. 한국학중앙연구원 주영하 교수가 〈대장금〉이 크게 유행할 때 일본의 한 학자로부터 항의를 받았다고 합니다. '당신들은 사극을 만들 때 관련 학자나 전문가들의 고증을 받지 않느냐? 어떻게 조선의 왕이 여자가 해 주는 음식을 받아먹을 수가 있느냐? 그것은 조선의 역사 왜곡을 넘어서 유교문화권에 있는 아시아 여러 국가의 역사를 왜곡하는 일일 수도 있다.'라는 것이었습니다. 가벼운 투의 항의 같지만, 이것은 일본의 역사학자 입장에서는 상당히 엄중한 항의라고 볼 수 있습니다. 일본의 사극들을 보면 우리나라처럼 판타지가 별로 없습니다. 일본에서는 고증을 중시하는 사극들이 많이 만들어집니다. 그러니 일본의 드라마 풍토에서는 우리의 〈대장금〉이 이해가 안 되는 것이지요. 우리는 판타지 사극을 굉장히 많이 만들지요? 우리 사극은 거의 다 판타지입니다. 역사적인 근거는 없어도 드라마는 훌륭하게 만들어집니다. 그래서 전 세계 사람들이 봅니다. 일본 사학자의 항의에 대해 주영하 교수가 끝내 대꾸할 말을 못찾아서 이렇게 변명을 했다고 합니다. "대한민국에는 표현의 자유가 있습니다."고 하면서요.

일본의 사학자가 주영하 교수한테 항의를 하면서 한 말, '조선의 왕은 남자가 해 주는 음식을 먹었다. 조선의 역사 왜곡을 넘어서 유교 사회에 있는 아시아 역사에 대한 왜곡일 수 있다.'라는 이 지점을 잘 생각해 봅시다. 조선에는 지배 세력인 양반이 있었고, 중인, 상인, 노비 등의 계급이 있었다, 또 여러 가지 제도들도 있었다, 우리는 조선에 대해 이렇게 배웁니다. 우리가 조선을 올바르게 이해하기 위해서는 또 하나의 시각이 필요합니다. 그것은 조선이 종교 국가라는 것입니다. 조선은 유교를 믿는 종교 국가였습니다. 조선의 왕은 유교 집단인 조선의 제사장이기도 합니다. 그래서 조선의 왕은 수시로 제사를 지냅니다. 종묘, 사직을 왔다 갔다 하면서 제사를 지내는데, 기록을 살펴보면 1년에 150여 차례 제사를 지냈던 적도 있습니다. 하루가 멀다 하고 제사를 지내는 것입니다. 왜 그래야 했을까요? 유교의 율법을 열심히 지키고 있다는 것을 백성들한테 보여 줘야 하니까요. 가톨릭에서는 교황이 수시로 미사 집정하는 것을 생중계로 보여 줍니다. 그러면 가톨릭 신자들이 그것을 보고 '아, 우리 교황님께서 열심히 하느님과 소통을 하고 계시니까 미래가 밝을 거야.' 하고 생각합니다. 똑같습니다. 조선의 왕도 유교식으로 열심히 조상신과 하느님께 제사를 지내는 것을 보여 줘야만 백성들이 왕을 믿고 따를 수 있습니다. 조선의 왕을 유교의 제사장으로 보게 되면 왜 여자가 해 주는 음식을 먹지 않았는가도 이해할 수 있습니다.

유교라는 종교는 남자의 종교입니다. 조상신을 모신다는 것은 남자의 조상신이지, 여자와는 관계가 없습니다. 남자 왕들이 대물림을 하지, 조선에 여왕은 없습니다. 제사장의 물림 또한 남자에게 내려옵니다. 왕만 그런 것이 아니라 양반들의 일상도 똑같습니다. 제사는 남자가 하는 겁니다.

명절 때만 되면 여자들이 음식 하느라고 힘들다는 불만이 여기저기서 튀어나옵니다. 이 불만을 한방에 해결할 수 있는 방법이 있습니다. 전통대로 하자고 하면 됩니다. 유교의 전통대로 하면 제사는 남자가 제물을 마련해야 하고, 진설해야 하고, 남자들끼리 제를 지내면 끝납니다. 여자는 간섭할 일이 없습니다. 유교라는 종교가 그렇습니다. 그런데 요즘에는 왜 여자가 할까요? 유교의 관습이 제대로 전래되지 못해서입니다. 제사는 원래 유학을 믿는 사람들, 유교를 믿는 사람들이 행하는 일인데, 조선 초만 하더라도 양반 비율이 10%밖에 안 됐습니다. 양반이나 제사를 지낼 의무가 있는 것이지, 상민들은 제사 지내지 않아도 됩니다. 유학을 믿는 사람들이 아니니까요. 그런데 조선 후기가 되면서 양반 숫자가 점점 늘어납니다. 군역을 피하기 위해서 족보를 사고 양반인 척 하는 것이지요. 조선은 이상한 나라입니다. 보통의 경우 전쟁이 나면 지배 계급에서 제일 앞장서야 하거든요. 그런데 조선의 양반들은 전쟁에 안 나갑니다. 그래서 전쟁에 나가는 것을 피하기 위해서 족보를 사고 양반인 척 하는 거죠. 유학자인 것처럼 신분 세탁을 해요. 그래서 조선 말기에 오면 양반 비율이 무려 70%에 이릅니다. 너도 나도 다 제사를 지내게 된 것이지요. 양반은 제사를 지내야 하니까요. 그런데 어떻게 지내는지 그 방법을 모릅니다. 그래서 남의 집 제사 지내는 것을 보고 베끼는 와중에 여자도 제사 음식을 마련하게 된 것입니다.

조상신을 모시는 것은 오직 남자

결정적으로 조선 왕이 먹는 음식을 여자가 해 주었다는 착각을 불러일으키게 한 사람은 한희순이라는 분입니다. 1971년에 주요 무형문화재에 제38호 조선 왕조 궁중음식 기능보유자로 지정이 된 분입니다. 조선 궁중음식 인간문화재입니다. 이분이 자신을 소개하는 사진에서 입고 있는 옷은 상궁복입니다. 이분의 약력은 이렇습니다. '1889년에 서울에서 태어나 13세 때 덕수궁 주방 나인이 된 후 경복궁, 창덕궁을 거치며 주방 상궁이 되었다.' 1889년 서울에서 태어나 열세 살에 덕수궁 주방 나인이 되었으면, 조선이 망한 1910년에는 스물한 살입니다. 그야말로 꽃다운 나이죠. 그때 상궁이 되었다? 이것은 불가능합니다. 조선이 망했으므로 1910년 이후에 상궁이라는 제도는 없습니다. 조선의 관직이 사라지는 것입니다. 그러면 스물한 살에 상궁이라는 직위를 얻어야 되는데, 상궁은 조선 관직 중에 여자가 오를 수 있는 상당히 높은 관직입니다. 정5품 벼슬입니다. 정5품 정도의 관직인 상궁에 오르려면 10대 때 궁에 들어가서 30, 40년은 근무를 해야 합니다. 스물한 살에 상궁에 오른다는 것은 말도 안 됩니다. 그런데 왜 상궁이라 하고 상궁복을 입고 있는 것일까요? 경술국치를 지나 상궁이라는 제도가 없어진 상황에서, 왕족 밑에서 잔심부름 하면서 나이가 많이 들고 했으니 그냥 상궁이라 부르자고 해서 관례에 따라 '한 상궁'이라 불렀을 수는 있습니다. 그렇다 하더라도 문화재청에서 관례대로 부르는 상궁이라는 명칭을 똑같이 써서는 안 됩니다. 관례대로 부르는 것과 정식 관직인 상궁은 엄연히 다릅니다. 제가 보기에 이것은 조작입니다.

한희순 씨를 조선 궁중음식의 무형문화재, 인간문화재로 지정하는 것은 위험한 일일 수 있습니다. 일제의 조선 지배를 긍정하는 일이 될 수도 있습니다. 이렇게 설명해 보겠습니다. 일제가 조선을 침략해서 조선은 망했다고 이야기하지만 조선은 망한 것이 아닙니다. 조선이 망했으면 왕족들 씨를 다 말려야 합니다. 하지만 한일합방이라고 이야기합니다. 일본과 조선이 하나로 합쳐진 것이지요. 조선의 왕족이 일본 왕족에 의해 죽임을 당하지 않지요? 조선의 왕족은 일본 왕족 밑으로 들어갑니다. 일본 왕족으로 살아갑니다. 일본 왕의 은사금을 받으면서 호위호식하면서 삽니다. 친일을 따지자고 하면 조선의 왕족들이 친일의 우두머리입니다. 일제 강점기에 일본 왕족으로 살았던 조선 왕족들의 뒷수발을 한 사람이 한희순입니다. 그런데 한희순을 조선 왕조의 궁중음식 기능보유자로 지정하게 되면, 일제에 의해서 강제 병합된 조선의 왕족에 대한 전통을 인정하는 꼴이 됩니다. 쉽게 말해서 일제의 병탄을 인정하는 게 되는 것이지요. 그 일을 우리 정부가 1971년에 해 냈습니다. 굉장히 위험한 일이지요.

이쯤 되면 조선 왕의 음식을 해 준 남자가 궁금해집니다. 그 남자는 '숙수'라고 불린 사람들입니다. 궁 안에서 산 것이 아니고 궁 바깥에서 살았습니다. 궁중음식을 할 일이 있으면 들어가서 음식을 하고 나오고 하면서 출퇴근을 했습니다. 궁 바깥에서 살았던 노비라고 보면 됩니다. 권위는 없습니다. 아버지가 숙수면 아들도 숙수여야 합니다. 노비 신분과 유사합니다.

조선 시대 그림에 이 숙수들이 나와 있는 것이 있습니다. 〈선묘조제재경수영도〉라는 것인데, 1605년 선조 대의 그림입니다. 임진왜란이 끝나고 한두 해 정도 지난 때인데, 그때까지 민심은 흉흉했습니다. 선조가 그 흉흉한 민심을 달래기 위해서 잔치판을 벌이는데, 그때 왕의 요리사가 등장합니다. 왕의 요리사들을 보면, 일단 흥미로운 것이 머리에 모자를 쓰고 있습니다. 고깔모자 비슷하게 생겼습니다. 보통 요리모가 서양에서 비롯됐다고 이야기하는데, 조선에서도 오래전부터 요리모를 썼습니다. 그때도 음식에 머리카락 들어가면 큰일 났던 것이지요. 그리고 복색을 보면 모자와 옷의 색깔이 조금씩 다릅니다. 직급에 따라 색깔을 달리했을 수도 있고, 육부, 탕부하는 식으로 요리 파트에 따라 색깔을 달리했을 수도 있습니다. 또 조리복

1605년 선조 대의 그림
〈선묘조제재경수영도〉
(고려대학교 박물관 소장)

은 한복과 많이 다릅니다. 윗도리는 짧고 소매 부분도 깡총하게 위로 올렸습니다. 이렇게 그림을 통해 남자들이 요리하는 것을 볼 수 있습니다.

그런데 이 많은 숙수들은 다 어디로 간 것일까요? 일제가 조선을 병합하고 난 다음에 이 사람들은 직업을 잃었습니다. 왕 밑에서 왕의 음식을 해 주던 사람들이 나와서 찾는 일은 요릿집으로 가는 것입니다. 태화관, 명월관 같은 요릿집이지요. 기생을 끼고 술 마시고 음식 먹고 하는 이런 집에서 음식을 하게 됩니다. 이 요릿집의 숙수들은 조선에서 노비 신분이었습니다. 글자도 몰랐습니다. 그래서 숙수가 스스로 남긴 기록이랄 것이 없습니다. 천한 신분이라는 생각에 스스로 드러내지를 않았고, 그저 요릿집에서 일생을 살다가 사라져 갔습니다.

명월관, 태화관 같은 요릿집을 연 이는 안순환이라는 사람입니다. 조선 말기에 전선 사장을 지낸 사람입니다. 전선 사장은 요리사가 아닙니다. 요리 재료를 수급하고, 요리사를 관리하고, 또 기생도 관리했던 것 같습니다. 그런 일을 하던 사람이 요릿집을 엽니다. 숙수는 의궤 같은 조선의 문헌에 이름만 등장하지, 이 사람이 어떤 사람인가 하는 구체적인 정보가 없습니다. 그냥 천한 직업으로 여겼을 뿐이지요. 80년대 초반만 하더라도 음식점에서 요리사로 일하는 것을 스스로 숨기기도 했습니다. '하찮은 일'이라는 생각 때문이었지요. 조선의 궁중음식은 다른 양반가나 민가 음식과는 다른, 차별점이 있었을 것입니다. 그런데 그것을 담당했던 숙수들의 요리 솜씨를 우리는 볼 수가 없습니다. 그 전통이 사라졌습니다. 숙수한테서 음식을 배웠다는 분들을 저는 아직껏 만나 보지 못했습니다.

요리사 중심의 서양 음식 문화

왕의 음식, 왕족의 음식은 유럽에도 있습니다. 우리는 프랑스 음식을 두고 예술이라고 이야기하고, 대단히 아름다운 음식, 맛있는 음식이라고 이야기합니다. 프랑스 음식의 역사를 따라가 보면, 프랑스 혁명기 이전에 왕족과 귀족들의 음식을 해 주던 요리사들이 혁명 이후에 레스토랑을 연 것에서 프랑스 음식의 역사가 비롯됐다고 합니다. 프랑스도 왕의 음식, 왕족의 음식으로 그 전통이 전해 내려왔고, 한국에도 분명 왕족의 음식으로 내려올 만한 것이 있는데, 프랑스와 우리는 무엇이 달라졌는가 생각해 볼 필요가 있습니다.

프랑스는 지금의 프랑스 음식을 두고 예전에 왕족과 귀족들이 먹던 음식에서 비롯된 것이라고 하지만 그 부분에 큰 의미를 부여하지는 않습니다. 대신 그 음식을 조리한 요리사의 기술에 대해서 이야기를 합니다. 프랑스 사람들은 왕족과 귀족들의 음식을 담당했던 요리사의 전통을 이야기합니다. 프랑스 음식은 요리사의 전통으로 이어져 오고 있습니다. 그런데 한국의, 조선의 왕족 음식에서 요리사는 사라지고 없습니다. 대신 그 자리에 왕이 먹었던 음식을 우리 전통으로 각인시키려는 사람들이 있습니다.

프랑스가 문화국가라는 칭송을 듣고, 세상에서 가장 맛있는 음식을 내는 국가라는 이야기를 듣는 것은 왕국 요리사의 전통을 계속해서 이어 오고 있기 때문입니다. 우리나라는 조선에서 왕족을 위해 요리를 담당한 숙수들이 있었지만 요리사들에게는 관심을 가지지 않고, 단지 왕이 먹었던 음식이라는 것에 강조점을 둠으로써 요리사의 전통을 잃어버렸습니다. 프랑스에도 왕이 있었고, 귀족도 있었습니다. 프랑스에는 그들이 먹었던 음식에 대한 기록들도 있고, 그것을 자랑스럽게 여깁니다. 조선에도 왕족이 있었고, 양반가들도 있었습니다. 그들도 나름대로 특별한 음식을 해서 먹었을 것입니다. 그런데 이 전통은 전승되는 과정에서 각기 다른 인식을 가지면서 내려오게 됩니다. 프랑스 음식에서는 이 음식을 두고 왕이 먹던 음식, 귀족이 먹던 음식으로 포지셔닝한 것이 아니라 그 음식을 하는 요리사들의 기술을 중심에 두고 음식 문화를 바라봤습니다. 우리는 숙수는 사라지고, 왕이 먹었던 음식 그 자체에 중심을 두었고요. 이러한 인식의 차이가 음식 문화의 발달을 다르게 전개시키고 있습니다.

〈대장금〉이라는 드라마가 만들어 놓은 판타지가 너무 강합니다. 조선 왕의 음식은 남자가 담당했다는 말을 듣는 것만으로 많은 사람들이 깜짝 놀랍니다. 아주 사소한 일인 것처럼 보이지만 우리가 이런 판타지 사극을 보면서 역사에 대해 잘못 인식하고 있는 것은 아닌지 되돌아봐야 합니다. 과거를 잘 들여다봐야 현재의 우리가 보입니다. 현재의 우리를 제대로 알기 위해서라도 〈대장금〉 판타지에서 한 발을 빼고 바라보는 여유가 필요합니다.

4장
성장하는 삶

최초 여성 의병장

윤희순의

리더십

심옥주(한국 여성 독립운동연구소 소장)

1강 •
여성 지도자로서의 윤희순

"천 번 넘어지면 만 번을 일어서겠습니다. 한민족의 원수를 갚고 우리 가족의 원수를 갚고 한국의 국권을 찾기 위해 지금 우리는 목숨을 내걸고 싸우겠습니다."

한 여성의 비장한 심정을 담은 절규는 그녀의 연설을 통해 머나먼 타국으로부터 전해졌다. 비장하기까지 한 그 연설은 순식간에 그곳을 압도하고 있었고 연설 중간에는 간간이 박수소리가 쏟아져 나오곤 했다. 그녀는 나라를 잃고 타국으로 이주한 뒤 오직 조국의 독립이 필요하다고 연설대 앞에 서서 말하고 있었다. 움푹 팬 이마에 주름과 핏발선 눈에서는 금방이라도 피눈물이 쏟아져 나올 것만 같았다. 그녀가 바로 잃어버린 조국을 되찾기 위해 국내에서는 의병 활동을 했고 국외에서는 독립활동을 한 국민의 한 사람이요, 국가의 안사람이었던 한말 최초 여성 의병장 윤희순이다.

(기차 소리와 사람들 웅성거리는 소리)

윤희순 : 여러분, 저는 천하에 무서울 것이 없습니다. 천 번 넘어지면 만 번 일어설 것입니다. 우리가 중국 땅에 온 것은 일본놈들한테 빼앗긴 나라를 되찾기 위해서입니다.

(호루라기 소리)

일본 경찰 : 저기 있다! 잡아라!

일본 경찰 : 하이!

(사람들 웅성대는 소리. 비명소리)

윤희순 : 듣거라, 왜병들아! 네놈들한테 잡혀 이억만 리 의지할 곳 없이 떠도는 외로운 넋 고혼이 된들 무엇이 무서우랴. 너희 일본 병사들 앞에선 그 어떤 것도 겁나는 게 없다.

윤희순 평전에 수록된 글의 일부, 그리고 윤희순의 삶을 드라마로 엮은 내용을 함께 살펴보았습니다. 많은 여성 독립운동가 중에서 제가 윤희순을 주목한 이유는 그가 바로 한국 여성 독립운동사에서 여성 항일운동의 선구자적 성격을 가진 인물이기 때문입니다.

각박하게 사는 현대인들에게 현자의 지혜를 살펴보고 신선처럼 마음의 여유를 가지고 행복을 추구할 수 있다면 정의와 명분을 우선시하며 살수 있다면 아마도 멋진 삶의 원동력이 될 것입니다. 그런 취지에서 역사 속 인물이지만 잊혀진 국가 민족 애국심 헌신의 개념을 상기하며 독립운동가 윤희순의 시대를 통괄하는 지도자적 면모를 살펴보겠습니다.

여성 리더, 오늘날 무엇이 필요한가? 미래학자 존 나이스비트(John Naisbitt)는 21세기를 여성의 시대라고 말합니다. 3F시대, 가상(Fiction), 감성(Feeling), 여성(Female)을 강조하면서 시대 변화를 언급했지요. 그래서 앞으로는 강인한 힘과 통솔력, 권위주의로 대변되는 남성 리더십의 시대가 가고 부드러움과 포용력, 배려와 공감을 특징으로 하는 여성 리더십 시대가 열린다고 예견한 바 있습니다.

이런 변화는 이미 우리 사회에서 여성의 역할이 중요한 부분을 차지하고 있는 현실에서 알 수 있습니다. 하지만 오늘날 여성의 사회적 지위와 입지로 자리매김한 그 원동력이 무엇인지 그 부분에 대한 관심은 결여된 채 말이지요.

우리나라에도 여성 대통령이 집권하면서 여성 리더의 역할에 대한 관심이 높아지고 있습니다. 하지만 시대를 통괄하는 여성 리더의 관점에서 볼 때 역사 속 한국 리더에 대한 관심은 그다지 깊지 않습니다. 광복절에 즈음하여 다시금 주목하게 되는 여성 독립운동가의 경우도 마찬가지일 것입니다. 일반인을 대상으로 일제 강점기 여성 독립운동가는 어떤 활동을 했을까요? 하고 질문을 해 보면 대부분 독립운동의 과정에서 남성을 도와서 뒷바라지를 했거나 함께 활동했을 거라고 답변합니다.

시아버지 : 어허, 아녀자가 따라 나설 곳이 아니라니까 그러는구나. 넌 집 안 살피고 자손들을 살뜰히 챙기며 조상님들이나 잘 모셔라.

윤희순 : 의병 하는 일이옵니다, 아버님. 더구나 나라를 찾는 일이온데 남 정네, 아녀자 나설 곳, 아니 나설 곳 그런 게 무슨 상관입니까.

남편 : (헛기침) 으음. 부인. 본상이 돌보며 집이라도 지켜 주어야 의병 활동에 매진할 게 아니오. 어찌 하나만 아시오?

윤희순 : 그것이 아니라 행여 두 분 어찌 되기라도 하면 어린 것과 제가 살아남아 부귀영화를 본다 한들 무슨 낙이 있겠사옵니까, 서방님.

시아버지 : 아가야, 사람 목숨 질기고 모질다. 하루만 사는 날벌레가 결코 아니니 걱정 말아라. 아범아, 채비 됐느냐?

남편 : 예. 아버님.

윤희순 : 저, 그럼 잠깐만. 아버님, 서방님. 끼니 거르지 마시고 힘써 싸워 승리하세요.

시아버지 : 아니, 무슨 돈이 이리도 많단 말이냐?

윤희순 : 군자금으로 조금씩 모은 거예요. 다녀오시는 동안 의병에 필요한 것을 더 마련할 터이니 부디 살아 돌아오세요. 뒷산 기슭에 제단 쌓고 정화수 떠 놓고 매일 밤 기원하겠사옵니다.

하지만 여성 독립운동가는 단순한 조력자 역할만 하지 않았습니다. 그들은 일생을 민족 독립에 투신했고 국가, 민족, 애국심, 헌신의 개념을 구체화시키는 데 힘을 쏟았습니다. 예를 들어 대한민국 애국부인회의 주역인 김마리아, 광복군 여성 부대를 이끌었던 박차정 등 다수의 여성 지도자가 있지만 독립운동의 기반인 의병 운동의 주역이었던 한말 최초 여성 의병장이자 독립운동가인 윤희순의 남다른 행보에 주목해야 할 필요가 여기에 있습니다.

윤희순은 지역 여성의 자발적인 애국정신과 항일 구국 의지, 나라사랑을 실천한 자주적인 인물로 구성원 간의 소통, 화합, 배려를 이끌어 낸 지도자였습니다. 그녀의 삶의 궤적을 살펴볼 때 진정 오늘날 여성 지도자의 모델로 주목해야 할 인물입니다. 우선 윤희순은 전통 근대 여성 독립운동을 통괄하는 견지에서 볼 때, 시대의 방관자가 아닌 시대의 주체자였고, 자주적인 사상으로 역동적인 삶을 산 인물이었습니다.

"오랑캐들아, 경고한다. 오랑캐 원수놈들아, 남의 나라 침범하여 심심하면 괴롭혀 온단 말이냐. 우리나라 사람들은 대대로 너희 나라를 원수로 삼을 것이다. 좋은 말로 달랠 적에 너희 나라로 가거라. 가서 너희 부모, 너희 가족 데리고 살아가며 네 나라를 잘 보살피며 살도록 하여라. 조선 안사람이 대표로 경고한다."

- 윤희순 연설

시대의 장벽을 넘어

올해는 광복 분단 70주년이자 윤희순 의사 탄생 155년을 맞이하는 해입니다. 시대, 여성, 독립운동, 이 세 연결고리에 항일 구국 의지에 불을 지폈던 윤희순 의사의 행적을 돌아보면 우선 시대의 틀에 맞서고 시대의 틀을 넘어서고 시대를 통괄했던 지도자였다는 것을 알 수 있습니다. 전통 사회라고 하는 제도의 벽, 일제 강점이라고 하는 시대의 벽을 뛰어넘는 여성 지도자였습니다. 윤희순은 시대의 장벽에 과감히 맞섰던 여성이었습니다. 시대를 막론하고 인간은 존재 그 자체만으로도 존중받고 인정받아야 할 대상이지만 전통 사회에서 여성의 사회적 위치는 협소했습니다.

근대성이 던졌던 파장과 시대의 질곡에 갇혔던 시기인 일제 강점기가 도래하면서 근대성과 저항성은 시대의 주요한 변동 요인이었습니다. 그리고 그것은 한일 병합에 직면하면서 국권 회복을 갈망하는 민족 의지가 항일저항운동으로 표출되는 과정에서 잘 드러나는데 윤희순의 활동도 이 시기에 두각을 나타냅니다. 윤희순은 전통적인 유교사회를 고수했던 춘천 지역에서 여성 의병단체를 조직하고 의병 지원활동과 군자금 모금, 무기 조달, 부상자 치료, 의병 훈련에 참여하는 등 적극적인 의병 활동으로서 남녀 간의 결속과 규합을 도모하는 인물로 자리매김합니다.

(노래)

아무리 왜놈들이 강성한들

우리들도 뭉쳐지면 왜놈 잡기 쉬울세라

아무리 여자인들 나라사랑 모를소냐

아무리 남녀가 유별한들 나라 없이 소용 있나

우리도 나가 의병 하러 나가 보세

나라 없이 소용 있나 우리도 나가 의병대를 도와주세

금수에게 붙잡히면 왜놈 시정 받들소냐

우리 의병 도와주세

우리나라 성공하면 우리나라 만세로다

우리 안사람 만만세로다

당시 의병 활동에 참여했던 인물들은 화사파 집안의 아내, 며느리, 일가 친척들로 구성된 양반 계층 여성들이 다수였습니다. 양반 계층의 의병 활동은 이례적인 부분입니다만, 학풍과 시대 변동, 집안의 배경도 한몫을 한 것 같습니다. 그 활동 선상에서 윤희순은 맨 앞자리에 서 있었고 단체를 이끄는 리더 역할을 했습니다.

윤희순은 시대를 넘어선 여성이었습니다. 오직 민족 독립을 추구했습니다. 윤희순의 활동은 강원 여성의 진취성을 대변하는 상징적인 인물의 의미를 넘어서서 한국 여성 독립운동의 과정 중에서 의병 분야의 독보적인 역할을 한 인물이자 독립정신의 원천인 의병정신을 실천한 인물이었습니다. 특히 강원 여성 의병 활동에서 의병 가사를 제작하고 배포함으로써 언어라는 매체를 통해 대중과 소통했고 항일 의식을 표명하는 통로를 직접 열었습니다. 의병정신은 고스란히 독립정신으로 부활되어 국외 독립운동의 실천자로 자리매김합니다.

윤희순 : 여러분들은 조선의 미래입니다. 부지런히 배워서 조선 땅을 차지한 왜놈들을 몰아냅시다. 저는 여러분들이 훌륭한 인재로 자라날 수 있도록 죽을힘을 다해 돕겠으니 여러분들도 최선을 다해 주십시오.

학생들 : 예, 교장 선생님!

선생님 : 교장 선생님! 큰일 났습니다. 왜놈들이에요!

윤희순 : 여러분, 얼른 배우던 병법서를 숨기십시오. 들키면 죄다 죽습니다.

모두들 : 네.

교육의 일선에서 윤희순은 노학당 교장으로 활동하며 지도자의 면모를 보였습니다. 노학당의 학교 정신인 항일 애국 분발 향상을 앞세워 독립운동가를 양성했고 민족정신의 맥을 계승했습니다. 또한 가정, 민족, 국가의 상관성과 그 이면에 자리 잡은 민족정신의 중요성을 많은 이들에게 각인시켰습니다. 그런 그녀의 민족 사상이 여성 의병 활동을 이끌었고 지금 그 기록이 남아 있는 것입니다.

현재 화사학파의 화사학맥도에 유일한 여성인 윤희순. 그 기록은 굉장히 이례적인 부분입니다. 이런 윤희순의 행적은 이미 시대의 한계를 넘어서 있었고 장렬한 여성의식을 발현시켰던 여성 지도자의 면모로 나타납니다. 윤희순은 시대를 통괄하는 여성 지도자였습니다. 가정, 사회, 국가, 이 모든 것을 통괄하는 애국심 실천의 표본이었습니다.

"내 너희에게 당부하니 금전과 권력에 눈이 어두워서는 안 되느니라. 모든 정신은 발끝에서부터 머리까지 조심해야 하며 시대에 따라 옳은 도리가 무엇인가를 생각하며 살아가길 바란다. 또한 충효 정신을 잊어서는 안 된다. 윤씨 할미가 자손들에게 당부하는 말이니라. 한 가지 걱정은 이 몸이 기력이 쇠하여 만리타국에서 죽으면 우리나라 조선에 영원히 가지 못할까 그것이 걱정이로구나."

윤희순의 활동을 살펴보면 전통적인 유교의 틀을 자발적으로 넘어서는 적극적인 실천부터 독립운동, 그리고 근대여성의 사회적 역할 변화가 극명하게 드러나며 그 과정에서 독립정신을 실천한 주역으로 여성의 입지를 다졌습니다.

전통 사회 속에 여성구국운동의 실천, 근대 사회에서의 여성 독립운동, 전통적인 소양교육을 받은 여성의 사회적 입지 확보, 그리고 나라사랑정신의 실천에 이르기까지 윤희순이 일생동안 실천했던 행적의 전반에는 한국의 여성 민족정신과 리더십이 배태되어 있고 시대를 통괄하는 여성 지도자의 확고한 자존 의식과 주체의식으로 연결되고 있습니다.

"마침내 조선과 중국이 연합하여 일본군을 공격하게 되었습니다. 여러분들의 두 어깨에 수많은 목숨이 걸려 있습니다. 기필코 이곳 푸산에서 왜놈들을 몰아내야 합니다. 우리의 땅 조선에서 저 극악무도한 왜놈들을 몰아냅시다!"

"몰아냅시다!"

이러한 윤희순의 리더십 기반은 무엇이었을까요? 저는 윤희순의 과거 행적들을 조망해 보면서 주목한 부분이 몇 가지 있습니다. 윤희순의 리더십은 인성, 의로움, 소통, 애국심이 주요 핵심 키워드라고 생각합니다. 현대적 관점에서 윤희순의 리더십을 몇 가지 성격으로 분류해 보았습니다.

윤희순은 충, 효, 예, 의를 중시했던 가정환경의 영향을 토대로 볼 때 인성적인 리더십을 가지고 있습니다. 그리고 독립활동의 과정에서 많은 사람들과 교류하면서 협력과 애국심 단결을 이끌어 냈던 전반적인 활동을 살펴볼 때 구비자형 리더십으로서의 면모를 갖추고 있습니다. 지도자의 최대 관

한말 최초 여성 의병장
윤희순의 '노학당유지'.
윤희순의 리더십은
인성, 의로움,
소통, 애국심이다.

심사는 사람입니다. 그래서 구비자형 리더십의 경우는 인적 자원형 리더십이기도 합니다. 또한 시대를 통찰하고 많은 구성원들이 지향해야 할 방향을 인지하고 지시했다는 점에서 보았을 때 통합적인 리더십의 성격을 가지고 있습니다.

윤희순이 지닌 여성 리더십의 여러 면모를 살펴보면서 오늘날 현실을 생각해봅니다. 현대 사회에서 갈등과 모순, 대립의 구도를 극복하기 위해 배려, 협력이 요구되어지고 있는 지금, 소통, 감수성, 유연성, 다양성을 발휘할 수 있는 한국 여성의 리더십에 앞으로 주목해야 할 것입니다. 더불어 여성 독립운동가의 민족 독립을 위한 투혼의지, 민족정신, 애국심을 다시 돌아보면서 광복 70주년 민족 통합의 모형을 모색해야 할 시점입니다. 저 또한 한국 여성 독립운동가의 행적을 발굴하고 연구하고 조명하는 데 주력해 나갈 것입니다.

마지막으로 독립운동가 윤희순의 의병가사인 〈오랑캐들아 경고한다〉에서 '조선의 안사람이 대표로 경고한다.'라고 외쳤던 윤희순의 외침은 시대라고 하는 한계를 넘어서서 우리 민족의 가슴을 두드리는 소리인 것 같습니다. 내 가슴 깊숙이 묻어 두었던 나라사랑을 윤희순의 행적을 통해서 들여다보길 바랍니다.

나라 없이 살 수 없네 나라 살려 살아보세
조상 없이 살 수 없네 조상 살려 살아보세
아리랑 아리랑 아라리오
아리랑 어얼싸 배 띄워라

살 수 없다 한탄 말고 왜놈을 잡아
임금 앞에 꿇어 앉혀 우리 분을 푸세
아리랑 아리랑 아라리오
아리랑 어얼싸 배 띄워라

너희놈들 우리나라 욕심이 나면
그냥 와서 구경이나 하고나 가지
아리랑 아리랑 아라리오
아리랑 어얼싸 배띄어라

우리가 무슨무슨 잘못이 있어
우리의 왕비를 해하였느냐
아리랑 아리랑 아라리오
아리랑 어얼싸 배 띄워라

우리 조선 안사람도 보고만 있냐
우리 조선 버리고서 누굴 섬길소냐
아리랑 아리랑 아라리오
아리랑 어얼싸 배 띄워라

우리들도 뭉쳐지면 왜놈 잡기 쉬워라
아무리 여자인들 나라사랑 모르랴
아리랑 아리랑 아라리오
아리랑 어얼싸 배 띄워라

세상에 이러 하니 팔도에 의병 났네
무슨 일 먼저 할까 의병이나 나가자
아리랑 아리랑 아라리오
아리랑 어얼싸 배 띄워라

2강 •
현대적 시각으로 재조명해 보는 윤희순

저는 한국여성독립운동연구소를 운영하면서 많은 여성 독립운동가를 다루고 또 연구하고 있습니다. 수많은 여성 독립운동가가 있지만 우리나라에 여성 의병장 독립운동으로 40여 년간 항일 구국 운동을 한 인물이 있다는 것을 많은 사람들이 아직도 알지 못하고 있는 것 같습니다. 그래서 인물 윤희순을 현대적인 시각에서 재조명하는 쪽으로 초점을 맞추어 보겠습니다.

2014년 12월 29일, 국회에서는 대한민국 헌법 중 교육회 헌법 이념을 바탕으로 한 법안이 통과되었습니다. 정쟁과 비판이 대립되는 국회에서 다들 이 법안에는 여야 모두가 어떠한 이의도 제기하지 않았습니다. 이렇게 모든 이들의 공감을 이끌었던 법안은 무엇이었을까요? 바로 인성교육진흥법입니다. 인성교육에 대한 중요성은 비단 우리나라에서만 높아진 목소리가 아닙니다. 미국은 90년대 초부터 매년 백악관 상의원 주정부가 품성주간을 선포하고 법으로 제정하여 초등학교부터 고등학교까지 품성교육을 실시하면서 효과를 얻고 있습니다. 이런 시점에서 우리는 2015년 7월 21일부터 시행되는 인성교육진흥법의 의미에 주목하면서 그 취지가 사회에 전파되어 교육적 효과를 얻기 위해서는 어떤 부분에 주목해야 될지 고민하게 됩니다.

그 일면에서 오늘은 여성 독립운동가이자 한말 최초 여성 의병장인 윤희

순을 인성교육 모델로 소개하고자 합니다. 왜 윤희순인가? 한말 일제 제국
주의에 맞서 싸워 항일운동을 했던 윤희순의 삶에는 의, 효, 충, 소통, 협동,
조국애가 고스란히 담겨 있습니다. 인성교육이라고 하면 자신의 내면을 바
르고 건전하게 가꾸며 타인 공동체 자연과 더불어 사는 필요한 인간다운 성
품과 역량을 기르는 것을 목적으로 하는 교육입니다.

올해 광복 70주년을 즈음하여 여러분들은 대한민국 광복의 의미를 어떻
게 생각하고 있습니까? 여성 독립운동가 윤희순의 행적, 그 가치를 살펴보
면 바로 우리 역사의 외침이라고 할 수가 있습니다. 우리나라에서 민족운동
을 위해 투신했던 여성 독립운동가의 행적은 바로 한국 여성의 역사입니다.
또한 대한민국 어머니의 삶의 역사이자 역사 속 외침이 담겨 있는 그릇입니
다.

우리들도 뭉쳐지면 나라 찾기 운동이요

왜놈들을 잡는 것이니

의복 버선 손질하여 만져 주세

의병들의 옷이거든 따뜻하고 아늑하게 만져 주세

우리 조선 아낙네들 나라 없이 어이 살꼬 힘을 모아 도와주세

(노래)

우리나라 의병들은 나라 찾는 데 힘쓰는데

우리들은 무얼 할꼬 의병들을 의병들을 도와주세

내 집 찾은 의병들의 뒷바라지 하여 보세

의복 버선 손질하여 만져 주세

우리 조선 아낙네들 나라 없이 어이 살꼬 힘을 모아 도와주세

만세 만세 만만세요 우리 의병 만세로다

만세 만세 만만세요 우리 의병 만세로다

나라 없이 살 수 없네 나라 살려 살아보세

임금 없이 살 수 없네 임금 살려 살아보세

아리랑 아리랑 아라리오 아리랑 고개고개로 넘어간다

- 윤희순 곡, 〈안사람 의병가〉

윤희순은 엄격했던 유교 사회의 분위기 속에서 해주 윤씨 윤익상과 덕수 장씨의 장녀로 태어났습니다. 이후 국내 의병 활동으로 15년, 국외 항일운동으로 25년, 총 40여 년을 항일 구국운동에 투신하며 집안 4대에 걸쳐서 독립운동가를 배출한 집안의 주춧돌 역할을 자처했고 여성 의병부대를 이끌었던 여성 의병장입니다. 유교 집안의 여성이었지만 윤희순은 현실에 안주하지 않았던 한국 여성의 진취적인 행보를 보였던 여성이었습니다. 집안의 안사람을 넘어서서 국가의 안사람을 자처했고 나라사랑을 실천했습니다. 독립운동가를 4대에 걸쳐 배출하면서 집안의 대들보 역할을 했습니다. 그리고 나라사랑 정신은 그 시대에 머물러 있는 것이 아니라는 것을 4대 손자에게까지 전승했고 가정교육의 표본을 보여 준 여성이었습니다.

그 행적은 시아버지 유홍석, 시백부 유인석, 남편 유제원, 아들 유민상 유돈상, 손자인 유연익에 이르기까지 시대의 소용돌이 속에서 꿋꿋하게 일어섰던 우리 선조의 강인한 기상이 바로 윤희순 행적에 고스란히 담겨 있었습니다.

윤희순은 나라를 구하는 데 남녀구별은 없다고 외쳤던 시대의 통념을 넘어선 여성이었습니다. 지역 여성을 규합해서 여성 의병부대를 만들고 여성 의병장 역할을 했습니다. 의병 가사, 경고문, 서간문 가사, 일생록 등 16편의 글을 저작하여 애국심과 항일의지를 피력했던 여성이었습니다. 노학당,

조선독립단, 조선독립단 등 학교, 가족, 부대에 이르기까지 내 가족부터 애국애족 정신을 실천해야 한다고 솔선수범 정신을 강조했던 여성이었습니다.

(총소리) 탕! 탕!

남자 : 야, 이봐요. 조용히 좀 삽시다. 포가구 사람들은 매일 전투했는 줄 알아요? 그 빵빵 쏴 대고 밤낮으로 연습하니 아니 그렇수?

윤희순 : 하면 남의 땅 뺏고 주인 행세하는 일본놈들 그냥 냅두렵니까?

남자 : 거, 애들이 무서워하니까 그러지요. 거, 애들이 총소리 때문에 깜짝깜짝 놀라잖아요. 또 총소리 듣고 일본놈들 쳐들어와 벌집 맞을까 걱정도 되구요.

여자 : 맞아요, 형님. 하루 이틀도 아니고 비가 오나 눈이 오나 일가친척 모두 훈련만 하니까 걱정할 만도 해요.

윤희순 : 거, 동서도 참. 산꼭대기 첩첩산중에 누가 듣는다고. 일본놈들한 테는 들리지 않을 뿐만 아니라 정히 걱정되면 애들은 귀에 솜뭉치 틀어막으라 하세. 놈들 잠잠할 때 훈련을 해야 승전을 하지.

천 번 넘어지면 만 번 일어설 터

이런 윤희순의 행적은 전통적인 유교제도의 틀을 넘어선 민족의식과 구국의식을 발휘하며 그 가정에서 여성의 사회적 입지를 명확하게 부각시켰습니다.

윤희순의 일생을 잠시 조망해 보면 1895년 36세에 의병 뒷바라지를 시작했고, 1907년 48세에 여성 의병단인 안사람 의병단을 만들었습니다. 1910년 51세에 의병 가족들과 중국으로 망명을 갔고, 1911년 52세에 중국 난천자

마을에 조선인의 마을인 고려굴을 개척했습니다. 1912년 53세에 중국 환인현 남괴마자에 동창학교의 분교인 노학당을 세웠고, 1915년 56세에 노학당이 폐교되는 수모를 당했습니다. 1919년 60세에 환인현 3.1 만세운동에 참여했고, 조선독립단을 조직하여 항일투쟁에 나섰습니다. 1926년 67세에 무순에 조선독립단 학교 분교를 세워서 연합투쟁 주장을 연설했습니다.

> "여러분, 저는 천하에 무서울 것이 없습니다. 천 번 넘어지면 만 번 일어설 것입니다. 우리가 중국 땅에 온 것은 일본놈들한테 빼앗긴 나라를 되찾기 위해섭니다. 일본 제국주의는 우리 한·중 두 나라 백성들 공동의 원수입니다. 우리 두 민족은 두 손을 잡고 같이 일본 제국주의와 싸웁시다."

이런 윤희순의 일생을 조망해 보면 윤희순은 시대의 틀을 넘어선 여성이었습니다. 그 원동력은 무엇이었을까요? 국권상실의 위기가 고조되어진 시기, 전국적인 의병항쟁 속에서 여성의 활약이 본격화된 그 시점에 윤희순의 활동은 이례적인 사례이자 고무적인 일이 아닐 수 없었습니다. 유교사회의 통념을 깨고 항일 구국운동에 참여했던 많은 이들이 있었지만 윤희순의 행적이 유독 특별한 이유는 그 활동 전반의 흐름이 가정, 사회, 국가로 연계되어지고 있다는 점입니다.

> 남자 : 아유, 이거 쓸 만한지 모르겠다.
> 윤희순 : 감사합니다. 이거면 훌륭합니다.
> 남자 : 고려굴에 조선 가족부대가 있다드니 아유, 총까지 만들어 쓰고, 참 대단하다, 이거. 우린 총 쏠 줄도 모르는데 어찌 그걸 다 아슈.
> 윤희순 : 특별한 기술이야 마음 아니겠습니까? 일본놈 정확히 조준해서 나

라 찾겠다는 열의로 쏘고 또 쏘면서 저절로 배워가고 있습니다.

윤희순의 이런 민족의식이 형성된 가정과 사회 배경을 한번 살펴볼 필요가 있는데요, 윤희순의 집안은 화사학파 집안이었습니다. 친정과 시댁 모두가 화사학파 집안으로 충, 효, 예를 강조한 유학자 집안이었다는 점입니다. 이 점은 윤희순의 인성이 형성되는 데 중요한 환경이 된 부분이기도 합니다.

또한 성장하면서 겪은 시련을 살펴보면 태어난 지 7일만에 어머니를 여의고 9세에 계모를 여의는 등 많은 시련들이 결국은 내적 성숙을 할 수 있었던 계기가 된 것으로 보입니다. 시댁 집안이 위정척사운동과 의병 운동을 주도하면서 윤희순은 집안 여성에서 국가를 바라보는 눈이 생기게 됩니다. 시댁 집안의 의병항쟁과 여성 의병 참여에 대해서 시아버지가 인정하게 되면서 윤희순의 활동은 급속도로 빨라집니다. 군자금 모금 활동, 여성 의병 활동의 주역으로 활동하게 되는 계기가 된 것입니다. 이런 전반적인 것들은 전통과 시대의 틀, 그 한계를 넘어서는 여성으로 성장하게 된 배경이 되었고 독립운동에 투신하면서 자기 사상과 목표를 구체화시키는 동력이 되기도 했습니다.

윤희순은 시대 변화를 자각하는 인물이었습니다. 그것은 집안의 안사람에서 국가의 안사람으로 인식하게 되는 변화로부터 시작됩니다. 내 집안, 주변부터 시작해서 의, 충, 효, 협동, 소통, 이 모든 것이 조국애로 확대되는데 이것은 인성교육의 내면화와 외적 실천이 이루어진 사례라고 봅니다.

유교 집안 여성의 틀을 깬 등장. 그 등장만으로도 당시 전통 사회에서는 파격적이었다고 볼 수 있습니다. 또한 일본 대장에게 강력한 저항과 경고성 글을 보낸 도전적이고 의로운 여성이었다는 점도 주목할 부분입니다.

"오랑캐들아, 경고한다. 오랑캐 원수놈들아, 남의 나라 침범하여 심심하면 괴롭혀 온단 말이냐. 우리나라 사람들은 대대로 너희 나라를 원수로 삼을 것이다. 좋은 말로 달랠 적에 너희 나라로 가거라. 가서 너희 부모, 너희 가족 데리고 살아가며 네 나라를 잘 보살펴 살도록 하여라. 조선 안사람이 대표로 경고한다."

윤희순이 직접 언술했던 격문은 일본 대장을 대상으로 한 강력한 저항과 경고성 어휘 표현으로 사실감 있는 내용을 담고 있는데, 그 내용은 당시 시대 이데올로기를 반영함과 동시에 자신의 일관된 의지를 분명히 피력하고 있습니다. 윤희순은 여성 항일 의식을 고취시키기 위해 여성을 규합하고 항일운동의 주체로 여성 간 소통과 협력을 이끌어 낸 여성이었습니다.

일제 강점기 한국 여성의 분열의 움직임이 포착된 기록이 바로 윤희순의 의병가사와 경고문, 서간문 가사, 일생록에 남아 있습니다.

"적막강산이 따로 없구나. 이렇게 기구하게 살자니 죽어지면 좋겠는데 죽자 하니 광복이 빨리 와서 자손들이 조선에 가서 잘사는 것을 보고 싶어 차마 죽을 수도 없고 죽어지지도 않고 하여 원수로다. 시국을 좇아 오륜을 알아야 하느니라. 매사는 자신이 알아서 흐르는 시대를 따라 옳은 도리가 무엇인가를 생각하여 살아가길 바란다. 충효정신을 잊어서는 안 되느니라. 윤씨 할미가 자손들에게 보내는 말이니라."

그 시대를 지배했던 이데올로기의 공통분모를 파악하고 애국심과 항일의지의 필요성을 피력함으로써 자신의 구국의지를 명확하게 표출시켰습니다. 그래서 일생동안 오직 조국 독립만을 위해 나라사랑을 실천했던 실천자였습니다. 이후 윤희순의 활동은 노학당의 교장, 조선독립단 가족 부대로 이어져 민족정신과 민족 문화의 중요성을 각인시키고 민족정체성을 강조하는 교육을 주도하는 인물로 거듭나게 됩니다.

윤희순 : 여러분들은 조선의 미래입니다. 부지런히 배워서 조선 땅을 차지한 왜놈들을 몰아냅시다. 저는 여러분이 훌륭한 인재로 자랄 수 있도록 죽을 힘을 다해 돕겠으니 여러분들도 최선을 다해 주십시오.

학생들 : 예! 교장 선생님!

선생님 : 교장 선생님, 큰일 났습니다. 왜놈들이에요!

윤희순 : 여러분, 얼른 배우던 병법서를 숨기십시오. 들키면 죄다 죽습니다. 어서!

모두들 : 네!

윤희순의 확고한 독립의지 실천은 나라사랑을 실천하는 조국애로 발휘되는데 결국 인성교육은 나라사랑의 실천과 연동된다고 볼 수가 있겠습니다. 이런 점들을 보았을 때 윤희순이 일생동안 독립투쟁의 일선에서 설 수 있었던 원동력은 바로 개인의 신념, 나라사랑의 신념을 각인시켰던 내외부적 환경, 민족 독립을 위해 일어섰던 많은 독립운동가의 나라사랑 정신의 합치에서 비롯됩니다.

많은 이들이 독립운동의 일선에 앞장섰지만 일생동안 독립운동에 투신한다는 것은 쉬운 일이 아닙니다. 일생동안 투신했던 여성 독립운동가인 윤희순의 면면을 살펴볼 때 그 사람의 성품, 사고, 태도, 행동 특성 등을 포함한 전 인격체, 즉 인성이 원동력이 되었다고 볼 수 있습니다. 오늘날 인성교육의 지향점, 나라사랑의 실천을 여성에게서도 한번 찾아볼 필요가 있겠습니다. 여성이었지만 가정에서 국가로 나라사랑을 실천했던 윤희순의 사례는 인성교육의 모델로서 충분한 것 같습니다.

여러분은 일제 강점기 우리나라의 독립을 위해 투신했던 독립운동가가 몇 분 정도 된다고 생각하십니까? 2014년 12월 기준 독립유공자로 포상된 이는 13,744명입니다. 대상자가 많다고 생각하겠지만 당시 참여자 3백만 명에 비하면 0.5%도 못 미치는 숫자입니다. 그중에서 여성 독립운동가로 발굴된 대상자는 1,931명이고 여성 독립유공자로 인정받은 이는 246명으로 2%에도 그치지 않습니다. 한말 최초 여성 의병장으로 강원지역에서 여성 의병부대를 이끌었던 윤희순의 행적 그 자체만으로도 소중한 우리 역사의 보고일 것입니다.

인성교육이란 무엇입니까? 인간존재의 본성을 찾고 삶의 목적과 의의 나아갈 방향과 그 방향에 대한 지침을 설정하기 위한 과정에서 요구되는 교육입니다. 규격화된 규율과 틀 속에 짜여 형성되는 것이 아닌, 인간 본연의 가치를 찾는 것, 삶의 목적과 방향이 무엇인가를 지향하는가를 교육을 통해서 우리는 그 실체를 찾고 규명하고 있습니다.

윤희순 의사의 일생을 조망해 보면 여성에게 가정, 사회, 국가가 어떤 의미이고 가정의 안사람은 무엇이고 조국의 안사람은 무엇인가 하는 질문을 던지게 됩니다. 또한 오늘날 요구되는 책임감 있는 여성의 자질과 여성에게 요구되는 인성이 무엇인지도 생각하게 됩니다. 물론 그것은 비단 여성에게만 해당되는 부분은 아닐 것입니다. 윤희순의 일생에는 예, 효, 책임, 존중, 배려, 소통, 거기에 하나 더하여 무엇보다도 중요한 나라사랑 정신, 곧 애국심이 고스란히 담겨 있습니다. 이처럼 우리나라 역사를 규명하고 선인들의 활동을 되돌아보는 이 과정이 결국은 우리의 밝은 미래를 열어가는 귀중한 열쇠이자 최선일 것입니다.

2015년 7월부터 국가와 지방자치단체 학교에 인성교육 의무가 부여되면서 정부는 인성교육진흥위원회를 설립했고 5년마다 인성교육 종합계획을 수립한다고 합니다. 인성교육의 중요성이, 그 중요성에 대한 목소리가 높아지고 있는 지금 우리는 후대에 물려줄 수 있는 진정한 유산이 무엇인가를 한번 생각해 보아야 합니다. 그리고 그것은 역사 속 우리 조상들의 정신을 계승하고 일깨워 주는 것, 그것이 바로 인성교육의 첫걸음이 아닐까 합니다.

우리가 죽음과 함께
산다는
것은

임병식(한국싸나톨로지협회 이사장)

1강 •
죽음을 준비하는 싸나톨로지

'싸나톨로지(Thanatology)'라고 하면 여러분에게 다소 생소하게 들릴 것입니다. 싸나톨로지는 임종학, 즉 우리가 죽음을 어떻게 주체적으로 맞이할 것인지에 관해 연구하는 학문인데요, 생사학, 죽음학으로 번역되기도 합니다. 한마디로 말한다면, "오늘이 마지막이라면 나는 어떻게 살 것이며 무엇을 할 것인가"를 '죽음'에게 물어보는 학문이 바로 싸나톨로지입니다. 싸나톨로지는 삶과 죽음에 대한 지혜의 학문이라고 볼 수 있지요. 강의에 앞서 정호승 시인의 〈수선화에게〉라는 시를 한 소절 낭송하고 진행하도록 하겠습니다.

수선화에게
/ 정호승

울지 마라 외로우니까 사람이다
살아간다는 것은 외로움을 견디는 일이다
공연히 오지 않는 전화를 기다리지 마라
눈이 오면 눈길을 걷고

비가 오면 빗길을 걸어가라

갈대숲에서 가슴검은 도요새도 너를 보고 있다

가끔은 하나님도 외로워서 눈물을 흘리신다

새들이 나뭇가지에 앉아 있는 것도 외로움 때문이고

네가 물가에 앉아 있는 것도 외로움 때문이다

산 그림자도 외로워서 하루에 한 번씩 마을로 내려온다

종소리도 외로워서 울려 퍼진다

정호승 시인이 '외로움'이라는 소재로 참으로 아름다운 시를 썼습니다. "외로우니까 사람이다." 만약 인간이 외롭지 않다면 과연 인간에게 아름다움이 발견될 수 있을까요? 저는 인간의 가능성과 본래성은 바로 외로움, 쓸쓸함, 슬픔에서 찾아진다고 생각됩니다. 만약 사람에게 외로움과 쓸쓸함이 없다면 인간의 영혼은 얼마나 공허할까요? 인간이 천사보다 아름다운 것은 바로 외로움과 쓸쓸함 때문이 아닐까요? 이 외로움은 인간이 인간일 수 있는 가능성과 본래성을 물어보는 최초의 정직한 질문일 것입니다. 우리는 가끔 위기상황이나 한계상황에서 혹은 극도의 외로움과 고독 속에서 비로소 내가 누구인지, 어디서 왔고 왜 살아가는지, 이 세상은 어떻게 작동하는지, 나는 어디에 있는지 물어보게 됩니다. 평범한 일상생활에서 놓치고 살았던 본래적인 질문이 상실이나 한계상황에 처했을 때, 우리는 자신의 본래적 근원을 찾게 됩니다.

자신의 본래적 근원을 찾고 질문하는 계기가 바로 외로움과 불안의 감정이지요. 지금까지 나는 '이것'을 목표로 최선을 다해서 살아왔는데, 과연 지금까지 목표로 삼아 온 것들과 가치관이 올바른 것이었는가? 삶의 우선순위가 잘못 배열된 것은 아닐까? 오늘이 마지막이라면, 나는 여전히 지금까지 살아왔던 방식대로 살아갈 수 있을까? 지금까지 살아온 삶을 "오늘이 마지막이라면" 이라는 물음 앞에 다시 한 번 그 가치와 의미를 되짚어보는 것이 싸나톨로지의 핵심입니다. 그리고 싸나톨로지 학문을 실천하는 사람을 싸나톨로지스트(Thanatologist)라고 합니다. 영국이나 미국에서 싸나톨로지스트는 죽음교육학자 혹은 죽음교육전문가로 불립니다. 2013년부터 한국에서는 죽음교육전문가, 메디컬 싸나톨로지스트, 상실비탄애도전문가로 활동하며 사전의료의향서 작성 실천운동과 자살예방상담, 연명치료 중단과 생명윤리의 문제를 자문하고 카운슬링하고 있습니다.

우리는 일상생활을 통해 죽음의 문제를 심심찮게 접합니다. 오늘도 뉴스를 통해 일본에서의 지진으로 사람이 얼마 죽고, 이란에서 테러가 일어나 또 사람이 얼마 죽고…. 신문이나 방송을 통해 우리는 계속 죽음의 소식을 전해 듣습니다. 그런데 그 죽음의 이야기는 나의 이야기가 아니라 타자의 이야기입니다. 우리는 늘 죽음을 경험하고 있지만, 이 죽음의 경험은 나의 경험이 아닌 다른 사람의 경험입니다. 다른 사람의 죽음은 나에게 있어서 나의 근원적 본래성을 질문할 수 있는 동기가 일어나지 않습니다. 하이데거의 말을 빌리면, 우리는 자신의 죽음을 항상 미래로 연기한 덕분에 본래적인 자신의 모습으로 살아가지 않는다고 합니다. 그래서 미래에 있을 자신의 죽음을 오늘, 이 자리, 바로 현재에 가지고 와서 내가 바로 이 순간에 죽는다면, 내가 지금까지 했던 일이 과연 가치가 있는가를 반성적으로 물을 때(선구적 결단) 비로소 우리는 자신의 본래성을 회복할 수 있다고 합니다.

싸나톨로지의 핵심은 다른 사람의 죽음이 아니라 자신의 죽음에 대해 질문을 던지는 것입니다. 그것도 미래의 사건이 아니라 바로 오늘이 마지막이라면 나는 무엇을 할 것인가, 나는 누구와 함께할 것인가, 그리고 나는 이들에게 어떤 말로 인사를 하며 어떻게 마무리하는 것이 가장 소중한 삶인가를 죽음에게 물어보는 것이지요. 인간은 상실을 예감한다면 그때 비로소 소중한 것이 무엇인지 자각하게 됩니다. 상실을 통해 그동안 무덤덤하게 느껴졌던 일상의 모든 것들이 낯설게 느껴지지요. 이 낯섦은 평범하게 보이던 일상을 전혀 다른 차원으로 보이게 합니다. 그동안 망각했던 사물의 본질을 올바르게 자각하게 합니다. 그래서 싸나톨로지에서는 상실에서 비롯되는 외로움과 불안을 자신의 본래성을 찾아가는 계기로 봅니다.

죽어감과 임종

여기서 '죽어감'과 '임종'에는 어떤 차이가 있는지 살펴볼까요? 가령 옛사람들은 죽음을 부정하거나 회피하지 않았습니다. 오히려 이들은 죽음을 적극적으로 맞이하는 받아들이는 태도였습니다. 임종이라는 말이 바로 이를 뜻하지요. 우리말에서 '맞이'한다는 뜻으로 사용되는 임종에서의 '임'의 의미는 자연적으로 발생하는 사태에 능동적 · 주체적으로 대처하는 일을 가리킵니다. 예를 들어, 달맞이나 해맞이, 돌맞이 등에서 '맞이'의 '임'의 의미는 능동적 · 주체적으로 나서서 환영하고 반기는 놀이를 말합니다. 죽음맞이, 즉 임종이라는 뜻에서 나타나듯이 옛 선인들은 죽음을 수동적으로 받아들이거나 금기시하고 회피했던 것이 아니라 다가오는 자연적 흐름에 주체적 · 능동적으로 대처하였음을 확인할 수 있습니다. 우리말에 죽었다는 말을 '돌아가셨다'라고 표현합니다. 즉 죽음이 끝이 아니라 저쪽 세상(저승)에서 이쪽 세상(이승)으로 여행 왔듯이 다시 본래 왔던 곳으로 돌아가는 것을 의미했습니다. 그래서 죽음은 그냥 끝이 아니라, 생명의 한 현상으로서 지나가는 과정 혹은 본원적 상태로 돌아가는 것을 의미했고, 그래서 선조들은 죽음을 부정하고 금기, 회피했다기보다는 오히려 죽음을 긍정하면서 죽음을 미리 준비하는 삶을 살았습니다. 모든 존재는 다 죽어갑니다. 사람도 죽고, 식물

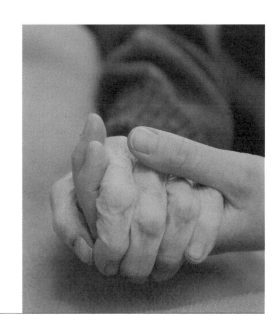

인간은 죽음을 맞이하면서
그것을 대하는
자신의 태도를 주체적이고
능동적으로 선택할 수 있는
유일한 존재이다.

도 죽고, 동물도 죽습니다. 그런데 우리는 유독 사람에게만 임종이라는 말을 쓰지, 동물의 죽음에 대해서는 임종이라는 말을 쓰지 않습니다. 식물이 죽어간다, 강아지가 죽어간다고 하지, 식물이 임종한다, 강아지가 임종한다고 하지 않습니다. 사람의 임종은 식물이나 동물의 죽음과 다릅니다. 그 다름의 지점은 바로 자신의 죽음을 주체적으로 선택할 수 있다는 데 있습니다. 식물이나 동물은 자신이 왜 죽어가는지, 또는 삶의 의미나 죽어가는 자신을 객관화시킬 수 있는 성찰의 능력이 없기 때문입니다. 물론 식물이나 동물에게만이 아니라 인간에게도 죽어간다는 표현을 합니다. 사람이나 동식물이 죽어가고 있다는 사태를 객관적으로 기술할 때 쓰는 말이지요.

사회적 죽음

죽음의 성격을 살펴보면 대략 두 가지로 대별됩니다. 하나는 개인이나 가족의 죽음이고 다른 하나는 사회적 죽음입니다. 예전에는 사랑하는 가족이 모두 모여 있는 친숙한 집에서 죽음을 맞이했습니다. 그러나 요즘은 90%가 병원에서 임종을 맞이하지요. 임종을 맞이하는 환자에게 있어서 가장 큰 희망은 사랑하는 사람과 같이 있는 것입니다. 그리고 환자 자신의 존재적 의미와 가치를 서로 확인해 주는 것도 임종을 맞이하는 사람이 품위 있는 임종을 맞이할 수 있도록 하는 것이고요. 떠나는 자나 보내는 자 모두 서로 "사랑한다. 고맙다. 네가 있어 너무 행복했어." 라는 고백을 해 준다면 이것이 그 어느 치료보다, 그 어느 결정보다, 품위 있는 임종이 될 것입니다. 그러나 무리한 수술이나 의학 처치는 자칫 임종 시에 보장받아야 할 권리를 놓칠 우려가 있습니다. 임종기에 접어들 때 최소한 떠나는 자와 보내는 자가 함께 시간을 보낼 수 있도록 하는 임종실 확보나, 자신의 존재적 의미나 가치를 확인하고 서로 사랑을 표현할 수 있도록 안내하는 싸나톨로지 제도가 있다면, 우리 사회는 보다 성숙한 임종문화가 될 것입니다.

지금까지 우리의 삶은 직장을 위해서, 부를 위해서, 명예를 위해서, 미래의 어떤 가치를 위해서 현재적 우리 삶을 희생시키고 미래적 가치만을 쫓아가는 것이었습니다. 그러나 싸나톨로지에서는 오늘이 마지막이라면 과연 나의 삶은 여전히 명예를 위해서, 부를 위해서, 미래 가치를 쫓을 것인가 하는 것을 극명하게 자신에게 물어보게 합니다. 여러분도 자신에게 물어보십시오. 오늘이 마지막이라면 과연 나는 이런 삶을 그대로, 삶의 우선순위를 그대로 유지할 것인가. 어떻습니까? 당연히 삶의 우선순위가 바뀌게 되겠지요?

스티브 잡스는 췌장암 말기선고를 받았습니다. 3개월밖에 못 산다고 의사가 진단을 내렸습니다. 이후 스티브 잡스의 삶은 완전히 바뀌었습니다. 그동안 애플사를 위해서 자신의 모든 것을 헌신한 그런 삶은 이제 3개월밖에 살지 못한다는 선고 앞에서 과연 무엇이 소중한 삶인지를 스스로에게 물어보게 되었습니다. 3개월밖에 못 산다고 했을 때 스티브 잡스의 뇌리에는 무슨 생각이 들었을까요? 그는 삶의 열 가지 우선순위를 정하기 시작했습니다. 첫 번째 순위는 가족이었습니다. 사랑하는 가족과 보낼 수 있는 최대한의 시간을 최우선순위에 두었습니다. 두 번째는 나 자신의 소중함, 나 자신의 본래성은 무엇인가, 나는 누구인가, 나는 무엇 때문에 살아왔는가, 나는 무엇을 하고자 하는가, 나는 무엇 때문에 죽어가고 있는가 하는 근원적 본래성을 회복하는 것이었습니다. 3개월밖에 못 산다는 진단에, 스티브 잡스의 삶은 그 이전의 삶과는 완전히 달라지게 됐습니다. 잡스는 아침에 일어나 면도를 할 때마다 앞에 달력을 두고서 카운트다운을 했습니다. 하루, 또 하루…… 금을 그어 가면서 "오늘 내가 하고자 한 일이 과연 나의 삶에 가장 소중한 일인가." 하는 반성적 성찰을 통해 가장 의미 있고 가치 있는 삶의 우선순위를 정해서 살았습니다. 분명히 3개월의 암 선고는 스티브 잡스에게는 방해가 되는 사건이었지만 오히려 스티브 잡스에게는 자신의 본래적인 삶의 소중함을 깨닫는 계기가 되었다는 것이지요.

크로노스와 카이로스의 시간

시간에는 두 가지 차원의 의미가 있다고 합니다. 하나는 크로노스의 시간, 또 하나는 카이로스의 시간입니다. 이 두 단어는 그리스 신화에 나오는 신의 이름입니다. 크로노스는 우리가 생각하는 물리적인 시간입니다. 과거에서 현재, 그리고 미래로 진행되어지는 시간, 즉 연대기적인 시간입니다. 카이로스는 의미의 시간입니다. 예를 들어 우리는 사랑하는 사람하고 같이 있을 때는 하루가 순간처럼 지나갑니다. 물리적인 시간은 24시간인데 사랑하는 사람과 있을 때는 그 시간이 한 순간처럼 여겨집니다. 그것이 카이로스 시간입니다. 또 다른 예를 들어볼까요? 명상가들은 며칠 동안 명상을 해도 그 며칠의 시간이 한 순간처럼 느껴지는 경험을 종종 한다고 합니다. 또 다른 예를 든다면, 중환자실에서 혼수상태에 빠져 있던 사람이 깨어나는 경우입니다. 1년 혹은 2년 후에 눈을 뜬 환자가 "제가 며칠 누워 있었던 거죠?" 하고 물어보거든요. 이것 역시 카이로스의 시간입니다.

임종에 임한 사람에게 있어서 시간은 단순히 물리적으로 흐르는 시간이 아닙니다. 순간순간이 의미가 있고 가치가 있는 시간입니다. 인간은 죽음을 맞이하면서 그것을 대하는 자신의 태도를 주체적이고 능동적으로 선택할 수 있는 유일한 존재입니다. 임종의 과정은 인간이 자신의 본래적 의미를 추구하는 시간입니다. 바로 자신의 존재적 의미가 무엇인지를 발견하면서 타자와 연결되는 시간이지요. 우리는 이런 시간을 카이로스적 시간이라고 합니다. 임종을 앞둔 환자들은 크로노스적인 시간이 아니라 자신의 존재적 본래성의 의미를 찾아가는 카이로스적 시간을 보냅니다. 하지만 많은 사람들은 크로노스적인 시간을 보내고 있지요. 과거, 현재, 미래. 우리는 계속해서 미래를 추구하는 미래적 가치에 우리의 모든 관심과 가치를 두고 있습니다. 하지만 임종 환자들은 이 순간 나는 무엇을 할 것인가, 나에게 주어진 이 시간을 가장 나답게 하는, 본래의 나는 어떤 모습인가를 물어보는 의미의 시간, 바로 카이로스의 시간 속에 살아갑니다.

임종은 그동안 우리가 놓쳐 버렸던 나의 목소리, 가장 정직한 나의 삶을 다시 한 번 물어보는 계기가 됩니다. 그래서 싸나톨로지는 본래 삶이 지닌 아름다움과 가치가 무엇인지, 삶의 훌륭함이 무엇인지를 죽음에게 물어보는 학문입니다. 그래서 '죽음에 대한 지혜학'이라고 하지요.

임종 환자의 감정변화

임종 환자에게서는 많은 감정들이 복합적으로 섞여서 나오게 됩니다. 일주일 전에 건강검진을 받았다고 합시다. 의사가 일주일후에 오라고 합니다. 그래서 오늘, 대기실에서 의사의 진단 결과를 기다리고 있습니다. 한편으로는 초조하고, 한편으로는 "아무 이상이 없겠지." 하는 마음으로 기다리고 있습니다. 드디어 의사와의 상담 시간이 됐습니다. 의사는 환자에게 3개월밖에 못 산다는 진단을 내립니다. 이러한 상황은 실제 우리 삶에서는 비일비재하게 일어납니다. 바로 옆에 있는 동료가, 내 가족이, 때로는 나 자신이 그러한 상황에 놓일 수 있습니다. 그러한 선고를 받았을 때 보통 사람들의 심리는 "왜 나야?" 하는 것입니다. "왜 나여야만 해? 나는 가족도 있고, 부양할 책임이 있고, 직장에서의 위치와 소중한 일이 있고, 나를 바라보고 있는 사람들이 많은데 왜 하필 나야?" 이렇게 의사의 진단 결과를 거부하게 되지요. 일반적으로 시한부 선고를 받을 때 나타나는 첫 번째 반응이 거부입니다. "이것은 잘못된 진단일 거야." 하면서 계속해서 더 나은 의료기관을 찾아 재검진을 하게 됩니다. 결국은 여러 검진 결과를 들어봐도 여전히 암 말기이고, 3개월밖에 못 산다고 하는 동일한 진단 결과에 좌절하게 되지요. 그때 나타나는 감정이 분노입니다. "남보다 열심히 일했는데, 나는 가족을 위해, 직장을 위해 최선을 다하면서 살았는데, 주일이면 교회에 가서 성수주일을 지켰는데, 절에 가서 봉양하면서 도덕적으로 의미 있게 살았는데, 왜 하필 나한테 이런 결과가 주어진 거지? 다른 사람들은 저렇게 망나니짓을 하고, 못된 짓을 하면서 살아도 저 사람은 저렇게 건강한데 왜 나야?" 이런 분노가 두 번째로 생긴다는 것입니다. 아무리 거부하고 부정해도, 그리고 화를 내고 저항을 해도 암 진단 결과에는 여전히 변화가 없습니다. 하나님은 말이 없습니다. 부처님도 말이 없습니다. "왜 나입니까?" 아무리 절규를 해도 누구도 말이 없습니다. 그때 나타나는 감정이 타협입니다. "하나님, 저이렇게 살게요. 아내에게 잘하지 못했던 것, 이제부터 이렇게 할게요. 내 자녀에게 그동안 못했던 것, 이제부터 잘 할테니 저를 살려 주세요. 저를 낫게해 주세요." 이렇게 절대자와 타협합니다. 타협은 자기중심적인 입장을 내려놓고 타자의 입장을 고려하는 심적 태도입니다. 타협의 시간은 자신의 삶을 성찰하는 계기가 됩니다. 이렇게 한계상황은 자신의 가장 본래적인 삶에대해 물어보는 계기가 됩니다. 그래서 임종은 자신의 본래성을 찾아가는 또다른 길일 수 있습니다. 네 번째로 나타난 감정은 바로 좌절입니다. 아무리하나님과 타협을 해도, 부처님과 타협을 해도, 성모마리아님과 타협을 해도 자신의 삶은 여전히 췌장암 말기에 머물러 있다고 가정해 보죠. 점점 머리털이 빠지고 방사선 치료, 항암 치료를 거치면서 생명은 점점 쇠약해지고기대했던 마지막 희망까지 다 무너졌을 때 좌절과 절망 포기의 마음이 생깁니다. 한편으로는 가족에 대한 죄책감도 생기고, 수치감도 생기고, 가장 부끄러운 뒤처리까지 남의 손길에 의지해야 하는 상황에 이르면 인격적인 수치심을 느낄 수도 있습니다.

이제 임종 마지막 순간까지 일주일, 육일 오일 사일…… 하루가 남았을때 결국 우리는 어쩔 수 없이 죽음을 선택하고, 죽음을 맞이하는 과정에 다다릅니다. 이것을 우리는 수용이라고 합니다. 수용에는 수동적인 수용이 있고 능동적인 수용이 있습니다. 수동적인 수용은 어찌 할 수 없이 죽음을 맞이하는 태도입니다. 능동적인 수용은 나 자신이 적극적으로 품위 있는 삶은무엇인가를 선택해서 죽음 앞에 지혜를 물어봄으로써, 품위 있는 마무리의시간인 카이로스의 삶을 살아가는 것을 말합니다. 거부하고, 타협하고, 좌절하는 순간을 단축시켜서 마지막 남은 삶을 자신답게 살아가는 것이지요.

미안해. 고마워. 사랑해

싸나톨로지학의 목표는 임종을 앞둔 사람들이 죽음을 능동적인 수용으로 받아들일 수 있도록 하는 데 있습니다. 싸나톨로지스트가 환자의 인지 능력을 자각해 마음의 문을 열어 자신의 가장 품위 있는 모습을 발견할 수 있는 질문을 던집니다.

요즘 품위 있는 임종을 위해 사회적 실천을 하는 운동이 있는데요, 그 가운데 하나가 사전의료의향서 작성입니다. 65세, 70세 이상 어르신들께서 사전의료의향서를 작성합니다. 사전의료의향서의 핵심은 개인의 자율성과 자아존중감에 의해, 무의미한 연명치료를 할 것인지, 말 것인지에 있습니다. 무의미한 연명치료는 자신의 의식이 없을 때, 혹은 지속적인 식물인간이 되었을 때, 인공호흡기를 할 것인지, 계속해서 신장 투석을 할 것인지 또는 항생제나 화학약품을 쓸 것인지를 결정해서 의사에게 조치를 받는 것을 말합니다. 사전의료의향서는 자신의 죽음을 놓고 자율적 선택을 하게 함으로써 자신의 자율의지에 가치를 두는 것입니다. 나의 죽음을 타자에 의해서 결정하기보다는 나 스스로 선택해서 가장 품위 있는 삶을 이루겠다는 정신이지요. 많은 사람들이 연명치료 중단이나 사전의료의향서를 현대판 고려장에 비유하기도 하는데, 그것은 적절치 않은 비유입니다. 사전의료의향서의 기초는 바로 자율성의 존중입니다. 여기에 근거해서 한 개인이 자신의 마지막 남은 삶을 무의미한 치료 대신에 카이로스적인 삶을 선택할 수 있도록 하는 것이 연명치료 중단의 핵심입니다. 국내에서도 연명치료 중단과 사전의료의향서에 대해 많은 사람들이 공감을 표하고 있습니다. 또한 이것이 '죽음의 질'과 함께 반드시 '삶의 질'에 대해서도 고려하는 계기가 되었으면 합니다.

저는 요양병원 임종실 원장으로 근무하고 있습니다. 일주일에 세 번씩 임종환자를 제 손에서, 제 가슴에서 보내드립니다. 사람마다 임종을 맞이하는 모습에는 차이가 있습니다. 어떤 사람들은 마지막 삶을 품위 있게, 존엄하게 맞는 반면, 어떤 사람들은 분노 속에서, 자신이 해결하지 못하는 삶에서 비극적으로 삶을 마감하는 분들도 있습니다. 또 어떤 분들은 죄책감 속에서 임종을 맞이하기도 하고, 수치감 속에서 임종을 맞이하는 분, 또 어떤 분은 진정한 화해 속에서 임종하는 분들도 있습니다. 어떤 분들은 "고맙다, 미안해. 먼저 가서. 이 삶에서 너를 만난 건 축복이야. 다음 삶에서 다시 살아보자. 사랑한다." 이런 메시지를 전달하는 분도 있습니다. 우리 언어 중에서, "미안하다, 고맙다, 사랑한다" 이 세 마디가 가장 소중한 언어라고 봅니다. 이 세 마디 언어로 임종에 임하는 분들이 있습니다. 그러나 많은 분들은 가장 단순하면서도 소중한 이런 말을 어떻게 할지 몰라서, 또 보내는 사람 입장에서도 무슨 말을 할지 몰라서, 그냥 묵묵히 서 있는 분들도 있습니다. 여러 임종 상황 속에 있으면서 저는 무엇이 진정 인간다움의 모습인가를 생각합니다.

임종의 순간은 그동안 우리가 살아온 모든 삶의 여정을 마무리하는 순간입니다. 이 한 순간에 우리가 어떤 말을 하고, 어떻게 헤어지고, 어떻게 이별하는가 하는 그 질에 따라서 그 사람 삶의 이미지가 결정됩니다. 그래서 싸나톨로지스트는 영적 상담이나 정신 상담, 육체적인 케어를 하면서 우리의 본래성을 확인하고, 발견하고, 그것을 안내하는 그런 역할을 합니다. 그런 상담이나 치유의 과정을 통해서 임종하는 분들이 온전한 화해를 통해 품위 있는 임종을 맞을 수 있도록 안내하는 교육이 앞으로 더더욱 필요하다고 봅니다.

2강 •
임종, 마지막 영적 성장의 순간

눈이 부시게 푸르른 날은 그리운 사람을 그리워하자.

저기, 저기 저 가을 끝자리, 초록이 지쳐 단풍드는데

눈이 내리면 어이하랴. 봄이 또 오면 어이하랴.

내가 죽고서 네가 산다면, 내가 죽고서 네가 산다면

눈이 부시게 푸른 날은 그리운 사람을 그리워하자.

서정주 시인의 〈푸르른 날〉이라는 시입니다. '내가 죽고서 네가 살고, 내가 죽고서 네가 살고 그렇게 산다면 우린 여전히 눈이 부시게 푸른 날 그리운 사람을 그리워하자.' 인간은 육체와 정신, 그리고 영으로 이루어져 있지만, 여전히 인간에게 그리움이 존재한다는 사실입니다.

그러나 앞에서도 기술했지만, 우리는 여전히 임종의 과정을 평온하고 우리 자신의 본래성을 찾는 상황으로 보지 않는다는 것입니다. 그 이유는 죽음 이야기 자체가 부정적이고, 금지되어 있기 때문이지요. 인간의 생명을 살리고 유지하고 연명하는 것이 의학의 최종적인 목표입니다. 그러나 또 한편으로 죽음은 의학의 또 다른 실패로 보기에 죽음을 금지하고 있습니다. 이것이 무의미한 연명치료로 상정될 수 있을 것 같습니다. 무의미한 연명치료는 생명존중에서 비롯된 것이지만, 너무 극단적인 데까지 몰고 가면 진정 임종 환자나 가족에게 도움이 될 수 있는 '삶의 질'과 '죽음의 질'이 무엇인지 생각하게 합니다. 이런 반성의 성찰로 나타난 것이 호스피스이며 싸나톨로지 제도입니다.

박탈당한 슬픔

비극적인 죽음이란 무엇일까요? 그것은 바로 준비되지 않은 죽음입니다. 준비되지 않은 죽음은 어떤 형태의 죽음이 되겠습니까? 우발적인, 예측되지 않는 갑작스러운 사고로 인한 죽음입니다. 나의 자율적인 의사와 관계없이 당하는 죽음, 외상적 죽음이라고도 하죠. 이런 것들은 준비되지 않은, 예측되지 않은 죽음이기 때문에 우리가 미리 슬퍼할 수도, 미리 준비할 수도 없기 때문에 받아들일 수가 없습니다. 그리고 왜 이러한 사건이 나한테 주어졌는지 이해가 되지 않지요. 인과의 법칙으로 이해할 수 없기 때문에 용납되지 않습니다. 그렇기 때문에 적응하기 힘듭니다. 예측되는 죽음은 그나마 품위 있는 죽음을 맞을 가능성이 큽니다. 자신이나 누군가가 죽어갈 것을 알기 때문에 미리 마음가짐을 어떻게 해야 하고, 또 남아 있는 시간을 가족, 사랑하는 사람과 어떻게 마무리해야 될지 미리 준비할 수 있기 때문입니다.

인간은 누구나 다 죽어 가는데, 그 죽어 가는 과정 속에서 준비하고 준비하지 않는 것의 차이, 내가 죽어가는 사실을 안다는 것과 모른다는 것의 차이, 이 차이가 품위 있는 죽음과 비극적인 죽음의 차이를 나눕니다. 슬퍼도 슬퍼할 수 없는 죽음이 있습니다. 그것은 박탈당한 슬픔입니다. 예를 들어서 세월호 사건에서 가장 비극적인 사람은 실종자 가족들입니다. 실종자 가족의 처음 염원은 우리 아들이 살아왔으면 좋겠다는 생각이었습니다. 하지만 여전히 살아오지 않습니다. 많은 가족들 앞에 시신이 놓여 있지만 내 아들은, 내 딸은 찾을 수가 없습니다. 결국 실종자 가족들의 마지막 소망은 시신만이라도 찾을 수 있다면 하는 한 가지 바람뿐입니다. 시신을 찾아서 장례식이라도 치를 수만 있다면 그나마 유가족의 아픔에 위로가 될 수 있겠지요. 장례식은 죽은 사람과 남아 있는 사람의 관계를 정립해 줍니다. 그리고 장례식을 통해서 죽음의 의미가 정립되며 살아가야 할 이유를 찾게 되지요. 그러나 장례식을 치를 수 없다면 이러한 의미적 정립이 생기기 않습니다. 실종이라는, 산 것도 아니고 죽은 것도 아닌 그런 상황에서 장례식을 치를 수도 없기에 박탈당한 슬픔이 됩니다. 슬퍼도 슬퍼할 수 없고, 아파도 아파할 수 없고, 살아 있는지 죽었는지조차 확인할 수 없습니다.

이렇게 박탈당한 슬픔을 처리하는 한국적 상황은 어떤가요? 개인의 슬픔을 충분히 표현하고, 개인의 아픔을 고려해서 충분히 함께 아파하고, 슬픔에게 자리를 내줄 수 있는 충분한 시간 대신 급속하게 물질적 보상이라는 이름으로 슬픔을 물질로 대체하려는 경향이 있습니다. 사건 직후 바로 대책회의 후 10억, 5억, 7억 등 보상 숫자가 난무하면서 비탄 대신 물질적 보상으로 죽음을 처리하려고 합니다. 또 하나의 특성은 우리는 상실의 아픔과 슬픔을 처리하는 방식이 집단화와 구호화되어 있다는 겁니다. 슬픔에게 자리를 내주는 것이 아니라 자꾸 죽음을 회피하고, 도피를 시키는 처리 방식이 슬픔을 당한 사람들을 더 비극적인 상황으로 몰아가는 형국입니다. 그래서 슬퍼도 슬퍼할 수 없는, 슬퍼할 수 있는 권리마저 박탈당하는 그런 사태에 머물게 합니다.

우리나라에서만 찾아볼 수 있는 특성 중에 하나가 병원에 장례식장이 있다는 것입니다. 세계 유일무이한 현상입니다. 장례식과 물질적인 상관관계가 이어져 있다고 하는 다른 표현일 수도 있습니다. 장례식장에서 이루어지는 물질적인 교환, 보상체계 이런 것들이 급속하게 처리됩니다. 외국의 경우는 장례식장이 병원과 완전히 분리되어 있습니다. 상실에 대한 충분한 비탄과 애도의 시간이 보장된다는 것입니다.

일반적으로 죽음을 처리하는 방식은 4가지 유형으로 나뉩니다. 첫 번째는 닫힌 체계(Closing System)입니다. 이 체계에서는 왜 죽었는지 사실을 말하지 않기 때문에 남아 있는 사별 가족들이 더 힘들어 하고, 재적응하기가 힘듭니다. 슬퍼할 수 있는 시간을, 정보를 막기 때문에 치유의 권리를 박탈당하는 그런 죽음이 닫힌 체계에서의 죽음입니다. 두 번째는 상호 회피(Mutual Pretence)입니다. 가족 모두가 죽어가고 있다는 사실을 알면서도 서로 회피하고 말하지 않는 관계입니다. 예를 들어 보호자가 있고 환자가 있습니다. 환자가 그 죽음의 사실을 알면 오히려 부담이 되고 쇼크를 받아, 남아 있는 삶에 방해 요소가 될까 봐 그의 마음을 보호한다는 차원에서 그것을 숨기는 것입니다. 분명히 보호자는 산다고 한다고 하고, 또 "엄마, 괜찮대.", "아빠, 괜찮을 거래.", "너는 살 수 있을 거야." 하는 위로의 말을 건네지만, 점점 쇠잔해지면서 건강이 악화되어 갈 때, "쟤들이 나한테 뭔가 숨기고 있지……." 환자는 이렇게 의심을 한다는 겁니다. 다른 말로 서로 마스크 쓴다는 것입니다. 이 체계에서는 서로 의심을 하면서 정직하지 않은 말로 위로를 합니다. 그래서 오히려 죽어가는 사람은 위장된 말 속에서 더 외로워하고 자신의 슬픔 속 나락에 빠진다는 것입니다. 마지막은 열린 체계(Open System)입니다. "엄마, 사실은 며칠밖에 못 산대." 이렇게 말하는 것은 굉장히 힘들 수 있습니다. 사실을 사실로 말할 때는 엄청난 용기가 필요하지요. 그렇지만 환자에게는 그 말이 오히려 남아 있는 삶에서 자신의 본래적인 삶의 가치와 의미가 무엇인지를 정리할 수 있는 가장 소중한 시간을 보내는 계기가 될 수 있습니다. 이러한 네 가지 죽음 처리하는 방식 중에서 서로 열려 있는, 개방된 의사소통이 가장 품위 있는 임종 방식이 됩니다.

임종은 영적 성장의 한 순간이다. 또한 우리가
인간의 본래성을 찾아갈 수 있는 순간이다.

슬플 권리

여러분들 주변의 임종 환자와 여러분은 어떤 대화를 나눴습니까? 닫힌 체계였나요? 아니면 마스크를 쓴 위장한 상태였나요? 아니면 서로 의심한 상태였나요? 또는 아프지만 그 아픔을 서로 나누는 개방된 의사소통 상황이었습니까? 우리는 아프면 아프다고 말을 해야 하고, 슬플 때는 슬픔에게 자리를 내줬을 때 우리의 삶이 오히려 건강해집니다. 데이빗 흄(David Hume)은 '감정은 최고의 이성'이라고 말했습니다. 감정의 발달은 이성보다도 더 오래된 것입니다. 지구 역사와 더불어 시작됐기 때문입니다. 감정은 이성보다 더 직관적이고 본래적입니다. 감정은 직관적으로 이성이 할 수 없는 영역을 보완하고, 치유하는 속성을 지니고 있습니다. 그렇기 때문에 감정은 완벽한 이성이라고 표현하는 것입니다. 엘리자베스 퀴블러 로스(Elizabeth Kubler Ross)는 감정이 우리의 영혼을 지켜 주는 범퍼라고 말합니다. 임종을 맞이하는 사람이나 임종을 지켜보는 사람이 당연히 슬퍼해야 할 것을 슬퍼하지 못하도록 그것을 나중으로 미룬다든지, 시선을 돌리게 한다든지 또는 감정을 억압한다면, 슬픔을 박탈하게 하는 것이지요. 슬픔에 자리를 비워 줬을 때 우리는 치유가 될 수 있습니다. 아픈 상실, 죽음의 비탄 앞에서 슬퍼하고 감정을 충분히 표현하고 애도했을 때 치유가 될 수 있습니다. 비탄의 치유법은 다른 데 있는 것이 아닙니다. 그 눈물을 다 쏟아 냈을 때 비로소 그 자리에 새로운 치유의 꽃이 피기 시작한다는 것이지요.

때로 임종을 앞두고 극심한 고통을 느끼는 환자들이 있습니다. 통증과 고통은 차이가 있습니다. 우리가 보통 페인(Pain)이라고 부르는 통증은 신체적인 통증을 말합니다. 하지만 서퍼링(Suffering)이라고 하는 고통은 육체적인 통증을 넘어서 정신적인 것, 영적인 것, 관계적인 것에서 화해하지 못하고 풀지 못하는 것에서 느끼게 됩니다. 통증은 모르핀(Morphine)으로 완화될 수 있는데, 정신적인 것, 영적인 것 또는 사람 간의 관계에서 비롯되는 고통은 모르핀으로는 통제가 안 되는 경우가 많습니다.

제가 있는 병원에서 이런 사례가 있었습니다. 환자는 평생토록 가족을 구타해 온 아버지였습니다. 딸만 셋이 있었고 아내가 있었는데, 계속해서 매질을 하고 집 밖에다 또 가족을 형성하기도 했습니다. 가족은 버림을 받았지요. 그런 아버지도 결국은 나이 들고, 병들고, 중풍을 맞아서 저희 병원에 입원을 했습니다. 아무도 찾아오지 않는 환자였습니다. 누구도 연락하지 않고 혼자서 외롭게 암에 걸려서 서서히 임종을 맞이하는 과정 중에 있었습니다. 이 분의 소망은 한번이라도 자신이 구타했던 아내와 세 딸들에게 용서를 빌고 싶다는 것이었습니다. 그렇게 할 수 있다면 자신은 죽어도 괜찮다는 거예요. 그들에게 마지막 용서를 빌 수만 있다면 자신은 더 이상 여한이 없다고 했습니다. 그래서 제가 환자 가족과 여러 번 접촉을 시도했습니다. "당신의 아버지가, 당신 남편이 마지막으로 당신을 보고자 합니다. 부디 한번이라도 인사를 나눴으면 좋겠습니다."

여러 번의 거절과 접촉을 통해 드디어 환자와 가족의 만남이 이루어졌습니다. 처음엔 서먹서먹하고 죄책감과 수치심, 부끄러움…… 또 어떻게 해도 용서할 수 없는 분노와 다양하고 복잡한 감정들이 서로 교차하면서 섞여 있었죠. 그래서 제가 안내를 했습니다. "이제 이 환자는 임종 10분밖에 안 남았고, 비록 마지막 말은 하지 못하고, 표현할 순 없어도 여러분의 말을 다 들을 수가 있습니다. 아빠, 미안해. 용서할 수 없지만, 그래도 난 용서할 수 있어. 아빠를 통해서 내가 이 세상에 태어났기 때문에 아빠를 용서할 수가 있을 것 같아." 이렇게 말해 준다면 아빠는 기쁘게 죽음을 맞이할 수 있을 것이라고 했습니다. 그리고 부인에게도 이야기했습니다. "그래도 남편입니다. 한 번 따뜻한 손길로 남편의 머리와 가슴을 만져 준다면, 남편은 따뜻한 임종을 맞이할 수 있어요." 아내가 먼저 머리와 뺨, 그리고 가슴을 쓰다듬어 주고, 딸들이 번갈아 가면서 아버지를 용서하고, 자신을 이 땅에 태어나게 해 준 것에 감사한다고 표현했을 때 아무런 의식도 없고 어떤 움직임도 취할 수 없는 그 환자에게서 눈물이 흐르는 것을 목격했습니다.

여러분, 품위 있는 죽음은 특실에서 명품 의사들과 최고의 약물을 써서 생명을 유지하는 것이 아닙니다. 임종은 우리가 보여 줄 수 있는 마지막 모습입니다. '미안해'라는 말, '고맙다'라는 말, '사랑한다'는 말은 우리의 본래 모습을 확인할 수 있는 최고의 말입니다. 저는 임종이야말로 영적 성장의 한 순간이라고 봅니다.

함께 있어 준다는 것

임종을 맞이하는 환자들이 후회하는 것, 다섯 가지가 있습니다. 첫째는 임종을 앞둔 마지막 시간마저 병마와 싸우는 데 모든 것을 희생했다는 데 있습니다. 이 점이 많은 임종 환자들이 겪는 후회하는 다섯 가지 가운데 첫 번째입니다. 마지막 남은 몇 개월 동안의 시간과 물질, 에너지, 모든 감정을 병마와 싸우기 위해 소진한다는 거예요. 결국은 마지막 순간에 사랑하는 사람과 작별인사를 하는 시간마저 놓치게 되는 이것이 임종 환자들의 첫 번째 후회입니다. 두 번째는 병마와 싸우는 데 모든 것을 투자한 나머지, 사랑하는 사람과 함께 시간을 보내지 못했다는 것에 있습니다. 함께 소풍을 가고, 여행을 가고, 함께 식사를 하면서 위로하고, 격려하고, 추억을 쌓고, 과거의 앨범을 보면서 추억하는 일, 그리고 만남의 의미와 이 땅에 온 목적과 의미를 서로 나눌 수 있는 시간을 쓸 수 없다는 것, 이것이 두 번째 후회입니다. 세 번째는 화해하지 못한다는 겁니다. 살다 보면 많은 사람들과 싸우기도 하고, 분노하고, 미워하고, 시기하고, 질투하고 결국은 헤어지는 경우도 많습니다. 헤어지고, 아파하고, 상처를 준 사람과 화해하지 못한 것, 이것이 임종 환자가 느끼는 세 번째 후회입니다. 아픈 상처를 주고 헤어진 사람과 화해를 할 수 있다면 품위 있는 임종이 가능하다고 여기는 것입니다. 네 번째는 자신의 본래성을 찾지 못하고 임종에 임한다는 것입니다. 내가 이 땅에 온 목적은 무엇이며, 사랑하는 사람을 왜 만났는지, 왜 사랑하는지, 왜 죽어 가는지 그것조차 알지 못하고 죽어 간다면 얼마나 비극적일까요. 이것이 네 번째 후회입니다. 마지막 하나는 임종 시에 사랑하는 사람에게 '미안해, 고마워, 사랑한다.'는 말을 할 수 있는 기회를 놓친다는 것, 이것이 다섯 번째 후회입니다.

이 다섯 가지는 어떻게 보면 하나일 수 있습니다. 한시적인 여명이 남아 있을 때 그 시간을 의사에게 넘겨줄 것이 아니라 나 자신의 본래성을 찾아 가는 시간, 사랑하는 사람과 보내는 의미 있고 소중한 시간으로 만들어 나가야 하겠지요. 그것이 카이로스의 시간이지요. 환자에게 마지막 남은 시간을 의미 있고 소중한 시간으로 보장해 주는 것도 의료의 미학이 될 수 있습니다. 그것을 보장해 주는 것이 진정한 전문가이며, 의학적으로 가장 아름다운 모습을 실천하는 싸나톨로지의 목표이며, 싸나톨로지스트의 역할이기도 합니다. 상실당한 사람의 비탄을 싸나톨로지스트는 어떻게 극복해야 할까요? 그들에게 어떤 위로를 보내야 할까요? 상실당한 사람에게는 어떠한 말로도 위로를 전할 수가 없습니다. 최고의 위로는 말이 아니라 그 슬픔에 함께 참여하는 것입니다. 함께 있어 주는 것, 그 자체가 위로의 시작입니다.

법정 스님이 쓴 『이 세상은 모두 아름다워라』라는 책을 읽은 적이 있습니다. 법정 스님이 송광사에 계실 때 한 신도의 이야기입니다. 부부가 모두 독실한 불자이고 송광사에 보시도 많이 하고 그랬는데, 하루아침에 기업이 무너지고 기업 회장이었던 남편은 갑작스럽게 죽음을 맞았다고 합니다. 그로부터 1년 후 신도의 아들이 교통사고로 소천하게 됐습니다. 남편과 아들의 죽음은 여신도에게 엄청난 슬픔의 과정이었고, 그것을 감내할 수 없을 만큼 극도로 혼돈된 슬픔의 상태에 빠지게 되었습니다. 그 상황에서는 부처님마저도 여신도의 마음을 위로해 줄 수 없었겠지요. 부처님은 그저 눈에 보이지 않는 곳에 계신, 쓰러지기 일보 직전의 상태에 있는 여신도와는 아무 상관이 없는 분이었습니다. 그런 상황에서 이 신도는 법정 스님을 찾아갔습니다. 법정 스님은 그때 불일암에 계셨는데, 그 불일암에는 어떤 신도라도 해가 지기 전에 내려 보내야 된다는 규칙이 철칙처럼 지켜져 오고 있었습니다. 그런데도 불구하고 법정 스님은 그 신도가 찾아왔을 때 같이 오솔길을 산책하고, 같이 불공을 드리고, 같이 밥을 해서 먹으면서 일주일을 보냈다고 합니다. 법정 스님 스스로 만든 규칙을 당신 스스로 어긴 것이지요. 사랑은 규칙을 깨트리기도 합니다. 일주일이 지나자 이 여신도는 법정 스님에게 큰 절을 하면서, "스님, 많은 것을 깨닫고 내려갑니다. 이제 다시 신앙생활을 할 수 있습니다."는 말을 남기고 불일암을 내려갔다는 일화였습니다.

상실과 비탄, 외로움에 빠진 사람에게 할 수 있는 우리의 역할이 무엇인가요? 그것은 어떤 학문적 이론과 테크닉이 아닙니다. 그저 함께 있어 주는 것입니다. 사랑의 실천은 멀리 있지 않습니다. 여러분 주위를 한 번 돌아보십시오. 상실당한 사람들, 비탄에 빠진 사람들 옆에 여러분이 함께한다면 이것은 바로 사랑의 실천이며 위로와 치유의 시작이 됩니다.

우리 사회에는 아픈 사람, 상실당한 사람들이 생각보다 많습니다. 꼭 죽음만이 아니라 이혼이 될 수도 있고 명예 훼손이 될 수도 있고, 자신의 본래성을 잃어버린 것일 수도 있습니다. 신앙인들의 경우 절대자와 화해되지 못하고 분리되는 경우도 상실 가운데 하나입니다.

야스퍼스는 "인생은 상실의 연속 과정이다. 삶은 문제의 연속이지만, 인간은 여전히 상실과 문제를 통해 삶의 지혜를 찾아가는 존재다."라고 이야기합니다. 이제 상실과 비탄, 슬픔과 죽음을 부정적으로 생각하는 것에서 벗어나 밖으로 꺼내 놓고 말을 해야 합니다. 아파하는 사람들에게 아파할 수 있는 시간과 권리를 보장해 줄 때 우리 사회는 더욱 성숙하고 아름다워질 것입니다. 이러한 관점에서 임종은 마지막 영적 성장의 순간이며, 우리가 인간의 본래성을 찾아갈 수 있는 순간이기도 합니다.

안나 카레니나

석영중(고려대학교 노어노문학과 교수)

1강 •
안나와 브론스키의 사랑

톨스토이 문학의 정점이나 불세출의 걸작으로 평가받는 『안나 카레니나』. 100여 년이 지난 지금도 고전으로 불리며 최고의 예술 작품으로 평가받는 데에는 인간 삶의 총체적인 모습을 흥미롭게 담아냈다는 것도 크게 한몫을 했다. 누군가는 『안나 카레니나』를 두고 '사랑과 전쟁의 19세기 판이다.' 라고 하는데, 『안나 카레니나』는 정말 불륜 소설인 것일까?

저는 처음 『안나 카레니나』를 읽으면서 재미있는 스토리에 빠져들었습니다. 결국에는 스토리에 빠져 『안나 카레니나』를 연구하기 시작했습니다. 읽으면 읽을수록 정말 무궁무진했어요. 불륜이라는 것은 스토리 전개를 위한 하나의 장치일 뿐입니다. 그 속으로 들어가면 삶이 주는 의미는 무엇인가, 인간은 어떻게 살아야 할 것인가 하는 문제들을 아우르는 심오한 철학을 담고 있는 소설이었습니다. 이 소설은 하나의 연애 스토리라기보다는 인간의 모든 것을 담고 있는, 사람이 살아가는 데 필요한 모든 것을 담고 있는 우주라고 볼 수 있습니다. 워낙 유명한 소설이다 보니 영화로도 많이 만들어졌고, 라디오 드라마, 오페라 연극으로도 만들어졌습니다. 여기서 그 내용을 잠깐 살펴보겠습니다.

배경은 1870년대 러시아입니다. 아름답고, 우아하고, 정숙한 안나 카레니나는 수도 상트페테르부르크에 사는 고위 관리 카레린의 아내입니다. 그녀는 남편을 존경하고 귀여운 아들 세르데를 사랑하는 현모양처입니다. 어느 날, 안나는 모스크바에 사는 오빠 스티바의 집을 방문합니다. 스티바가 가정교사와 외도를 하는 바람에 엉망이 되어 버린 그의 가정에 도움을 주기 위해서였습니다. 안나는 모스크바 기차역에서 우연히 브론스키라는 잘생긴 귀족 청년과 마주칩니다. 첫 만남에서 브론스키는 안나의 매력에 사로잡힙니다. 두 사람은 이후 몇 번 밀회를 갖다가 마침내 불륜 커플이 됩니다. 안나의 남편 카레린은 분노와 복수심에 타오릅니다. 그러나 브론스키의 아이를 낳다가 죽을 뻔한 아내의 모습을 보고 모든 것을 용서하지요. 안나와 브론스키는 외국 여행도 하고, 시골 영지에서 호사스런 생활을 즐기기도 하지만 점차 권태기에 들어섭니다. 안나는 근거도 없이 브론스키를 질투하고, 브론스키는 그런 안나에게 염증을 느낍니다. 질투와 불안으로 인해 노이로제 증상까지 보이던 안나는 마침내 달려오는 기차에 몸을 던져 자살합니다.

아름다운 여인과 잘생긴 남자가 기차역에서 운명적으로 만났는데 눈빛에서 불꽃이 튄다. 그렇게 사랑이 시작된 것 자체는 아무 문제도 없었을 것입니다. 누구나 사랑은 다 그렇게 시작하지요. 처음에 외모에서 끌리는 것이 없다면 어떻게 사랑이 시작될 수 있겠습니까? 톨스토이도 그 자체에 대해서는 심판할 생각이 없었을 것입니다. 그런데 문제는 그중 한 사람은 가정이 있는 유부녀였다는 것이지요. 이 사랑을 이어 가기 위해서 유부녀는 자기 가정을 파괴해야 했습니다. 여기에 톨스토이식의 도덕이 개입됩니다. 어떤 끌림이 있고, 불꽃이 튀고, 열정이 있어서 사랑이 시작됐다 하더라도 그 사랑을 유지해 나가고 아름답게 가꿔 나가기 위해서는 노력이 필요합니다. 자기성찰, 상대방에 대한 배려, 소통 같은 것들이 필요함에도 불구하고 이 두 사람은 그런 것에는 미처 신경을 못 썼습니다. 그러다 보니 두 사람의 사랑은 더 아름답게 발전하고 가꾸어지는 것이 아니라 파멸을 향해 나아갈 수밖에 없었던 것이지요.

안나 카레니나의 등장인물 중 오늘은 안나와 브론스키의 사랑 이야기에 집중해 본다. 안나는 가정을 버리고 남편이 아닌 다른 남자를 만나 사랑에 빠지고 만다. 불륜을 저지른 안나는 끝내 자살을 하고 마는데, 안나는 왜 불행한 여자가 되어 버렸을까?

"당신도 알고 계실 거예요. 당신을 사랑하던 날부터, 내게 있어서는 모든 것이 바뀌어 버렸다는 것을 말이에요. 내겐 이제 단 한 가지만이 남아 있을 뿐이에요. 그건 당신의 사랑이에요. 나에게도, 당신에게도 중요한 것은 오직 하나, 서로 사랑하고 있는가 하는 것, 그것 하나뿐이에요. 그 외에는 아무것도 생각할 게 없어요."

소설 속에는 안나가 브론스키의 사랑에 집착한 나머지 상당히 신경질적으로 반응하는 대목들이 여러 군데 나옵니다. 그중 한 대목을 들어보겠습니다.

"만일 당신이 이젠 나를 사랑하지 않는다면 솔직히 그렇다고 말해 주는 게 좋아요. 그러는 편이 더 정직해요!"

"어째서 당신은 나의 인내력을 시험하려 하는 거요? 참는 데도 한도가 있는 법이오."

"나를 버려 주세요. 제발 버려 주세요. 나는 어차피 방종한 여자예요. 당신의 목에 매달린 무거운 맷돌이에요. 하지만 더 이상 당신을 괴롭히고 싶진 않아요. 그런 짓은 하기 싫어요! 당신을 자유롭게 해드리겠어요. 당신은 이젠 나를 사랑하고 있지 않으니까요."

안나는 지속적으로 사랑 이야기를 합니다. 얼핏 듣기에 굉장히 열정적이고 정열에 가득 찬 그런 사랑, 참 멋진 사랑으로 들릴 수도 있습니다. 하지만 사랑에 빠진 한 여인이 상대방에게 지속적으로 사랑 이야기만 한다고 상상해 볼까요? 처음엔 듣기 좋을지 모르지만 점차 이것은 상대방에게 짐이 될 수 있습니다. 그리고 이것은 또한 안나 자신의 자존감을 훼손시키는 발언이기도 합니다. 안나는 마치 사랑 외에는 아무것도 없는, 오로지 이런 브론스키의 사랑에만 자기의 존재가 달려 있는 존재처럼 돼 버려 상당히 불쌍해집니다. 소설을 보면 정말 가슴이 아픕니다. 안나처럼 정숙하고 사려 깊고, 배려심도 있고, 우아한 여성이 어쩌다가 이렇게 사랑에만 목숨을 거는 여성으로 전락해 가는지 안타까울 따름입니다. 이것이 톨스토이가 말하는 성장 없는 사랑, 사랑에만 목숨 거는 사랑, 자신의 자존감을 훼손시키면서까지 상대방에게 집착하는 사랑의 단편적인 예라고 할 수 있겠습니다.

성장 없는 사랑

안나의 사랑은 상대방에게 즐거움을 주는 것이 아니라 고통을 줍니다. 부담을 줍니다. 브론스키는 안나의 이러한 태도에 대해서 염증을 느낍니다. 브론스키가 안나에게 어떻게 반응을 하는지 그 대목을 한 번 보기로 하겠습니다.

"그는 최근에 와서 그녀에게 점점 더 빈번하게 일어나는 질투의 발작에 전율을 느꼈다. 그리고 그 질투의 원인이 자기에 대한 사랑이라는 것을 알고 있으면서도 그녀에 대해 식어 가는 자기의 감정을 아무리 숨기려 해도 숨길 수가 없었다."

　브론스키는 안나가 사랑에 집착하면 집착할수록 안나로부터 멀어져 갑니다. 숨길 수가 없습니다. 브론스키는 안나를 짐으로 느끼기 시작합니다. 이 부분은 가장 가슴 아픈 부분이기도 합니다. 상대방이 자신의 사랑을 짐처럼 느낄 때 그걸 모를 수가 있을까요? 안나도 압니다. 브론스키는 말로는 "나는 당신을 사랑한다."고 하지만, 브론스키의 표정에서 안나는 다 읽어 냅니다. 안나는 자기가 집착하면 집착할수록 브론스키가 멀어진다는 것을 감각으로 깨닫고, 그러면 그럴수록 더욱 더 브론스키에게 매달립니다. 악순환이 되풀이되는 것이지요. 그런 부분에서 이 사랑은 불행해질 수 밖에 없는 사랑이 되는 것입니다.

　　아름다운 여인과 잘생긴 남자가 기차역에서 운명적으로 만나 첫눈에 반해 버렸다. 그런데 여자는 시간이 지날수록 집착하고, 남자는 염증을 느끼며 결국 두 사람의 사랑은 파국으로 치닫는다. 안나와 브론스키의 사랑은 왜 비극적으로 끝날 수밖에 없었을까?

　성장이 없는 사랑이라는 것이 가장 큰 문제입니다. 안나는 브론스키를 너무나 사랑한 나머지 자기의 모든 것을 버렸습니다. 사교계에서의 위치도 버렸고, 평판도 버렸습니다. 그리고 남편도 버렸습니다. 자식도 버렸습니다. 그러다 보니 브론스키의 사랑에 대해서 자기의 모든 것, 모든 인생을 다 걸게 됩니다. 우리가 자신의 인생을 어떤 한 가지에 걸게 되면 불안하지요. 그리고 집착을 하게 됩니다. 집착을 하게 되니 다른 것에 신경을 쓸 겨를이 없습니다. 그래서 안나는 점점 더 집착을 합니다. 하지만 집착을 하면 할수록 그 대상은 멀어지기 마련이지요. 결국 안나는 그 집착하는 사랑 때문에 파멸을 합니다. 톨스토이는 안나라고 하는 꽤 괜찮은 여성이 파멸해 가는 과정을 적나라하게 보여 줌으로써 우리 인간에게 성장의 중요성을 말하려고 했던 것입니다.

안나와 브론스키의 사랑은 처음 만났던 기차역에서 끝이 난다. 안나가 기차역에서 스스로 목숨을 끊었기 때문이다.

안나가 자살하는 장소, 그리고 기차는 이 소설에서 상당히 중요한 역할을 하고 있습니다. 브론스키와 안나가 처음 기차역에서 만났을 때 사고가 일어납니다. 두 사람이 처음 만나는 장소란 얼마나 중요합니까? 아름다운 추억거리가 되는 그러한 장소이지요. 그런데 하필이면 이때 기차 사고가 일어납니다. 역무원이 기차에 치어 숨지는 처참한 사고가 일어납니다. 이때 안나는 이것을 불길한 징조라고 여깁니다. 그러고 나서 얼마 뒤, 안나는 그 기차역에서 숨진 역무원처럼 자기 자신의 죽음을 맞이하게 됩니다. 여기에서 기차라는 것은, 그리고 기차에 치어 죽는다는 것은 하나의 불길한 징조가 됩니다.

또 하나, 기차역에서 싹튼 사랑이 기차역에서 마무리된다는 것은 결국 이 사랑이 한 걸음도 앞으로 나가지 못했다는 것을 뜻합니다. 그 당시에 기차는 러시아에 도입된 지 얼마 안 되는 교통수단이었습니다. 19세기니까요. 철로 만든 기차의 모습을 보고 처음에는 사람들이 놀라기도 하고 무서워하기도 했습니다. 철로 만든 어떤 거대한 물건이 앞으로 내달린다는 것은 어떤 운명의 상징이라고도 볼 수 있습니다. 기차는 무서운 운명, 가차 없는 운명을 상징하는 요소로서 등장한다고 볼 수 있겠지요.

톨스토이는 왜 안나가 스스로 목숨을 끊도록 만든 것일까? 안나를 죽음에 이르게 한, 성장하는 삶이란 과연 무엇일까?

톨스토이에게 있어 성장은 두 가지입니다. 하나는 관계이고, 다른 하나는 시간과의 관계입니다. 이 관계라는 것은 나와 나의 관계이자 나와 세계와의 관계입니다. 나와 나의 관계라는 것은 나 자신의 내면 깊숙이 들어가서 나는 누구인가, 나는 어디에서 왔으며, 어디로 가는가 하는 것을 발견하는 것입니다. 그리고 내 존재의 의미는 무엇인가를 성찰하는 것입니다. 이것이 일단 시작되어야 합니다. 그러면서 자존감을 키워 나가야 합니다. 하지만 톨스토이에게 있어, 바람직한 나 자신이 되기 위해서 노력하는 것만 가지고서 성장은 완성되지 않습니다. 이와 같은 관계는 반드시 나와 타자와의 관계, 나와 세계와의 관계로 넓혀 나가야 됩니다. 나와의 올바른 관계가 정립되면 나와 타자, 나와 세상과의 관계도 올바로 정립된다고 볼 수 있습니다.

내가 나 자신에 대해서 나쁜 감정을 가지고 있고 평가가 안 좋은데 타인에 대해서 좋은 감정을 갖는다는 것은 불가능합니다. 또한 타인을 높게 평가한다는 것도 불가능합니다. 그러므로 자아에 대한 올바른 평가, 자아에 대한 존중심은 결국 타자에 대한 존중심으로 넓혀지게 되는 것입니다. 결국 성장의 한 부분은 나와 세계와의 올바른 관계에 대한 정립이라고 볼 수 있입니다.

성장하는 삶

안나도 처음에는 자존감을 지니고 있었습니다. 참 훌륭한 여성이었지요. 그런데 집착을 하다 보니 자존감이 떨어집니다. 내 존재의 의의를 상대방에게서 찾는다는 것은 내 자존감을 떨어뜨리는 것입니다. 자꾸 뭔가 구걸하게 되는 것이지요. 그러면 안 되는 것인데도 말입니다. 그러다 보니 브론스키에 대한 감정도 좋질 않습니다. 안나하고 브론스키가 처음에 만났을 때 둘의 감정은 상당히 좋았습니다. 불꽃이 튑니다. 무도회에서 춤도 추지요. 열정적인 브론스키의 눈빛이라던가, 브론스키가 한 구애의 말들은 참으로 멋집니다. 그러나 이 두 사람이 내연 관계를 시작한 다음부터는 행복한 순간이 거의 없습니다. 항상 불평과 불만이 수반되는 관계가 지속됩니다. 왜 그럴까요? 안나 자신에 대한 평가가 떨어지면 떨어질수록 브론스키에 대한 안나의 감정도 나빠지기 때문입니다. 안나가 자살을 하는 것은 자기 자신을 벌하고, 브론스키를 벌한다는 뜻입니다. 이것이 바로 안나의 성장 없는 사랑의 한 단면입니다.

> 내면의 성찰을 통해 자존감을 높이고, 그럼으로써 다른 사람을 대할 때도 존중하는 마음을 갖는 것, 그것이 톨스토이가 말하고자 했던 관계의 성장이다. 그렇다면 시간 속의 성장이라는 것은 어떤 것일까?

톨스토이는 성장을 어떤 과정으로 봤습니다. 왜냐하면 인간은 완성된 존재, 최종적인 존재가 아니기 때문입니다. 인간은 태어나서 눈을 감는 순간까지 끊임없이 변화하고 끊임없이 달라집니다. 이와 같이 인간 존재에 대한 선결 작업이 선행되어야만 그러한 성장은 가능하게 됩니다. 다시 말해서 시간이 흘러감에 따라 인간은 변한다는 것을 우리가 받아들임으로써 우리 자신도 변할 수 있다는 얘기입니다. 이것은 또한 시간이 죽음이라는 어떤 종착역을 향해서 나아가는 그 모습을 우리가 받아들인다는 것과도 일맥상통합니다. 변하지 않는 것은 아무것도 없습니다. 시간이 지나면 다 변합니다. 특히 인간의 외모는 시간이 지날수록 더 좋아지기는 어렵지요. 스무 살 때 그토록 아름다웠던 여성도 오십이 되면 주름이 생깁니다. 칠십이 되면 할머니가 됩니다. 브론스키도 그럴 테지요. 그토록 멋진 브론스키이지만 오십이 되고, 칠십이 되면 노인처럼 보일 것입니다.

안나하고 브론스키는 처음 만났을 때 상대방의 아름다움에 반합니다. 상대방의 외모에 반한 사랑이라는 것은 그 외모가 받쳐 주지 않으면, 다른 어떤 성장이 수반되지 않으면 파멸할 수밖에 없습니다. 쇠락할 수밖에 없습니다. 시간이 지날수록 외모가 더 아름다워질 리는 없지 않겠습니까? 아니, 더 아름다워지기는커녕 지속도 안 됩니다. 여기에 바로 안나의 불안이 있습니다. 안나는 너무 불안합니다. 시간이 흐르면 흐를수록 자신의 외모가 쇠락할까 두려워서요. 그리고 자신의 외모가 쇠락하면 브론스키가 자신의 사랑하지 않을 것 같다는 불안, 처절함, 절망, 심지어 공포가 그녀를 구석으로 몰아갑니다.

결국 성장이라는 것은 변화를 받아들이는 것이 아닐까. 불꽃이 이는 사랑이 점점 안정적인 모습으로 변해 가는 것, 예쁘기만 한 외모가 성숙미를 갖춰 가는 것, 호화로운 삶이 주는 즐거움이 시간이 지나면 따분해질 수도 있다는 것, 그 모든 시간의 흐름을 받아들이며 사는 것. 그것이 안나와 브론스키의 사랑 이야기를 통해 톨스토이가 말하고 싶었던 것이 아닐까?

안나와 브론스키의 사랑은 우리에게 참 많은 것을 이야기해 줍니다. 톨스토이는 이 아름다운 여성의 비극적인 사랑을 통해서 우리에게 성장 없는 사랑을 이야기합니다. 성장 없는 사랑이란 무엇일까요? 내면의 성찰 없는 사랑입니다. 자기 자신을 들여다보지 않고 자아를 사색하지 않는 그런 사랑입니다. 또 상대방과 소통하지 않는 사랑입니다. 그저 말로만 사랑한다고 하는 사랑, 상대방의 마음도 헤아리지 않고 상대방을 배려하지 않는 그런 사랑입니다. 또 이것은 변화를 수용하지 않는 사랑, 머물러 있는 사랑입니다.

머물러 있는 사랑

모든 것이 변합니다. 사랑도 변합니다. 사랑도 마치 식물처럼 물을 주고, 비료를 주면 점점 커 나갑니다. 안나와 브론스키는 사랑에 물을 주고 비료를 주는 일을 하지 않았습니다. 그래서 그들의 사랑은 변하지 않는 사랑이 되었던 것이지요. 변하지 않는 사랑은 머물러 있습니다. 머물러 있는 사랑은 결국 없어질 수밖에 없습니다. 안나와 브론스키는 아름다운 사랑, 열정적인 사랑을 시작했습니다만 그 사랑을 아름다운 열매로 가꿔 나가지 못합니다.

사랑은 아름답고 위대한 것입니다. 그러나 그것이 아름답고 위대한 것이 되려면 정신과 육체의 합일에서 비롯된 사랑이어야 합니다. 안나와 브론스키의 사랑이 톨스토이에 의해서 폄하된 것은 그것이 정신과 육체의 합일에서 비롯된 것이 아니라 오로지 육체만의 사랑이기 때문입니다. 안나와 브론스키의 사랑을 보면 아무리 읽어 봐도 두 사람이 내면의 성찰을 하는 대목이 없습니다. 나는 누구인가, 나는 어디에서 왔는가, 인생의 의미란 무엇인가 하는 대목이 없습니다. 소통하는 장면도 없습니다. 상대방에 대한 배려라든가 상대방을 헤아리는 마음, 이런 것들이 보이지 않습니다. 톨스토이는 안나와 브론스키의 사랑을 육체만의 사랑으로 가두어 버림으로써 그 사랑에 심판을 내린 것입니다.

합일에 이른 사랑은 훌륭한 것입니다. 목숨을 걸 가치도 있는 것입니다. 그 사랑이야말로 삶에서 얻을 수 있는 최고일지도 모릅니다. 그런 사랑이 되려면 자기의 내면 성찰과 타인과의 소통을 중단해서는 안 되는 것이지요. 톨스토이는 『안나 카레니나』를 통해서 성장 없는 사랑만을 말하려 했던 것은 아닙니다. 사실은 이 사랑에 대비되는 진정한 사랑, 발전하는 사랑, 성장하는 사랑, 가꿔 나가는 사랑을 이야기하려고 했고, 그 사랑의 주인공은 바로 레빈과 키티입니다. 다음 시간에는 레빈과 키티의 사랑에 대해서 이야기를 나눠 보도록 하겠습니다.

2강 •
키티와 레빈의 성장하는 사랑

"You know you can't go to the theater."

"......"

"The heaven is sick."

"About. I come in? I'm not shamed who I am what I've done. you're shamed for me. Why don't you go room of hotel? What we together. See what we marry to widow of child."

"I'm the one."

"Joke about it. If you love me, love me, just stop me going."

영화 〈안나 카레니나〉의 한 대목입니다. 〈안나 카레니나〉는 불륜 소설로 알려지는 바람에 많은 영화로 만들어졌습니다. 소피 마르소 주연의 〈안나 카레니나〉도 있었고, 최근에는 키이라 나이틀리 주연의 〈안나 카레니나〉도 있었습니다. 꽤 오래전에는 비비안 리나 그레타 가르보가 주연한 〈안나 카레니나〉도 있었습니다. 구소련에서는 타티아나 사모일로바라는 국민 여배우가 〈안나 카레니나〉를 맡아 열연하기도 했습니다. 이 영화들에서 안나는 항상 비련의 여주인공으로 그려졌습니다. 슬프고 아름다운 사랑에 빠지지만 비극적인 그런 운명을 맞는 주인공이었던 것이지요. 그러나 톨스토이가 우리에게 전하려고 했던 것은 안나와 브론스키의 슬픈 사랑 이야기가 아닙니다. 톨스토이는 자신이 진정 독자에게 전하고자 하는 사랑 이야기, 성장하는 사랑, 그리고 어떻게 살 것인가에 대한 답을 다른 인물들에게 주었습니다. 그 인물은 바로 레빈과 키티입니다.

안나와 브론스키의 비극적인 사랑 이야기를 통해 성장이 없는 사랑이 얼마나 위태롭고 슬픈지를 보여 준 『안나 카레니나』. 이 소설 속에 또 다른 주인공, 레빈과 키티는 우리에게 어떤 이야기를 들려줄까?

키티는 순진하고 철없는 아가씨입니다. 안나처럼 아름답지는 않지만 순수한 아름다움을 지닌 아가씨입니다. 키티는 언젠가부터 브론스키에게 마음을 두고 있었습니다. 브론스키의 멋진 모습에 반해서 이제나 저제나 브론스키가 청혼해 주기를 기다리고 있었지요. 그러던 차에 레빈이 키티에게 청혼을 합니다. 레빈은 옛날부터 키티를 마음속에 두고 있었습니다. 그러나 운명의 장난인지 키티는 브론스키를 바라보고 있고, 레빈은 키티를 바라보고 있습니다. 그런데 브론스키가 유부녀 안나에게 매혹당한 나머지 불륜을 저지릅니다. 키티는 큰 상처를 받게 됩니다. 키티는 브론스키를 사랑하고 있었기 때문에 레빈의 청혼을 거절한 상태였지요. 이런 상황이니 레빈마저 상처를 받게 됩니다. 이렇듯 키티와 레빈은 모두 상처받은 사람으로 나옵니다. 그러나 소설이 진행됨에 따라 이 두 사람은 그 상처를 딛고 일어서서 결국은 아름다운 사랑을 만들어 나가는 커플로 자리매김하게 됩니다.

모든 것은 가짜였다

브론스키에게 거절당한 키티는 마음의 병을 얻게 됩니다. 상심한 그녀는 독일 온천장으로 요양을 갑니다. 그 온천장에서 키티는 바렌카라는 아가씨를 알게 됩니다. 바렌카는 박애정신으로 무장한, 봉사정신이 투철한 아가씨입니다. 바렌카를 보면서 키티는 새로운 삶에 눈을 뜹니다. 그녀 역시 바렌카처럼 봉사하는 삶을 살려고 노력하게 되지요. 그러면서 어느 순간 깨닫게 됩니다. 브론스키에 대한 사랑, 또 레빈의 청혼을 거절한 것은 자기의 내면에서 우러나온 것이 아니었다는 사실을 말입니다. 또한 자신이 온천장에서 봉사활동을 하는 것 역시 자신의 내면에서 우러나온 행동이 아니라 누군가를 모방하고 흉내내고 있는 것에 지나지 않는다는 것을 깨닫게 됩니다. 키티는 이렇게 외칩니다.

"모든 것이 위선이었어요. 모든 사람을 속여서 다른 사람에게, 나 자신에게, 하느님에게 좀 더 착하게 보이려고 했던 거예요. 이제 그런 생각은 안 할거예요. 설사 악한 사람이 되는 한이 있더라도 거짓말쟁이나 위선자는 되지 않겠어요."

바로 이 시점에서 키티는 엄청난 성장을 하게 됩니다. 자기의 내면을 들여다보았기 때문입니다. 사람들이 기대하는 삶, 사람들을 따라하는 삶, 브론스키의 잘생긴 모습에 반했던 사랑, 사교계의 관례에 맞추려 했던 결혼, 이런 것들이 다 부질없고 허황된 것이라는 것을 깨닫게 됩니다. 이후 키티는 전혀 다른 아가씨가 됩니다. 더 이상 온천장에서 요양을 할 필요도 없게 됩니다. 키티는 다시 러시아로 돌아옵니다. 그리고 레빈을 다시 만나 그의 사랑을 받아들이기로 합니다.

내적으로 성장한 후에 비로소 레빈의 진면목을 볼 수 있게 된 키티. 그리고 그런 키티가 사랑하게 된 남자 레빈은 작가인 톨스토이의 고민이 투영된 인물이었다.

레빈은 작가 톨스토이의 분신입니다. 톨스토이는 자신이 생각했던 모든 것을 레빈에게 투입했습니다. 레빈은 톨스토이가 되어서 톨스토이의 생각을 말하고, 톨스토이처럼 행동합니다. 이 소설에서 레빈은 시골에 영지가 있는 지주입니다. 톨스토이도 역시 야스나야폴리아라는 모스크바 근교의 영지에 살았던 지주였습니다. 또 레빈 역시 톨스토이처럼 인생에 대해서 깊이 고민하는 인물이었습니다. 당시 러시아 사교계의 귀족치고 톨스토이처럼 인생에 대해서 깊이 고민하는 사람은 많지 않았을 것입니다.

톨스토이는 참 유별난 사람이었습니다. 대부분의 귀족들은 그저 물려받은 땅과 물려받은 지위를 누리면서 방탕한 생활도 하고, 적당히 즐기면서 살았습니다. 그런데 톨스토이는 백작 가문의 자제였음에도 불구하고 어떻게 살 것인가에 대해서 치열하게 고민했고, 치열하게 반성을 했습니다. 그리고 항상 참된 삶을 사는 쪽으로 자신을 몰아갔지요. 그런 의미에서 레빈은 진정 톨스토이의 분신이라고 해도 이론이 없을 듯합니다. 레빈은 키티와 사랑에 빠지지만 키티와의 사랑에 그의 인생 전부를 걸지 않습니다. 레빈에게 있어서 사랑은 인생의 커다란 물줄기에 흡수되는 한 부분입니다. 레빈도, 톨스토이도 인생의 목표는 성장에 있었습니다.

톨스토이의 분신과도 같았던 레빈. 레빈의 삶을 잘 들여다보면 톨스토이가 말하고자 했던 좋은 삶, 바른 삶에 대해서 알게 될까?

톨스토이는 시골에서 살아야 된다고 주장을 했던 사람입니다. 톨스토이는 우리가 진정으로 도덕적인 삶을 살려면 시골로 가야 한다고 주장했습니다. 이것만 보더라도 레빈의 주된 주거지가 시골이라는 것은 상당히 의미심장합니다. 그것이 톨스토이에게는 자연스러운 삶이었고, 순리대로 사는 삶이었기 때문입니다. 톨스토이는 인생의 후반부에 청빈한 삶, 노동하는 삶을 도덕성의 한 지표로 보았습니다. 소설 가운데 레빈이 풀을 베는 장면이 나옵니다. 이 부분은 많은 평론가들이 한마디씩은 꼭 언급하는 부분입니다. 레빈이 풀을 베는 장면은 노동하는 삶, 시골에서의 삶, 자연의 순리대로 따르는 삶을 보여 줍니다. 또한 그 단계를 넘어서 인간이 어느 정도까지 자기 내면으로 들어갈 수 있는지, 자아에 집중할 수 있는지를 보여 주는 지극히 아름다운 대목입니다. 소설 『안나 카레니나』 중 레빈이 풀 베는 장면을 소개합니다.

레빈은 오랫동안 배워 나감에 따라 더욱 더 무아지경의 순간을 느끼게 되었다. 그런 때에는 이미 손이 낫을 휘두르는 것이 아니라, 낫 그 자체가 자기의 배후에서 끊임없이 자기를 의식하고 있는, 생명으로 가득 찬 육체를 움직이고 있기라도 하듯, 마치 요술에 걸리기라도 한 것처럼 일에 대해서는 아무 생각도 하지 않는데도 일이 저절로, 정확하고 정교하게 되어 가는 것이었다. 그런 때가 가장 행복한 순간이었습니다.

풀을 베기 전에 레빈은 지주로서 농부들과 같이 일을 하고 싶어 했습니다. 그런데 자신과 농부들 사이에는 보이지 않는 벽 같은 게 있다는 느낌을 받았습니다. 레빈은 농부들과 함께 풀을 베기로 작정합니다. 그런데 레빈은 풀을 베면서 완전히 자아에 집중을 합니다. 자기가 하는 일에 완전히 빠져들게 되는 것이지요. 이것은 자아에 집중하고 자기의 성찰이 깊은 단계에 이르렀을 때 나타날 수 있는 현상에 대한 단적인 예라고 할 수 있습니다. 우

젊은 시절의 톨스토이.
작품 속 레빈은 톨스토이의 분신과도 같은
인물이다.

리가 자신의 내면에 집중하면 궁극의 순간에 가서는 의식이 자아로부터 해방됩니다. 지금 레빈이 느끼고 있는 바로 그 경지이죠. 무아지경이란 이러한 상태입니다. 레빈은 이 상태에서 자신만이 느낄 수 있는 기쁨을 맛봅니다. 그 기쁨은 진정한 기쁨이자 레빈과 농부들 간의 소통으로 이어지는 기쁨입니다. 풀을 벤 이후에 레빈은 농부들과 진실로 대화를 할 수 있게 됩니다. 농부들 역시 레빈을 좋아하게 되고요. 지주와 농부들 사이에 존재했던 벽 같은 것이 없어지게 됩니다. 그런 의미에서 이 부분은 상당히 의미 있는 장면입니다. 풀베기 장면은 단순하게 자연으로 돌아가서 노동하면서 사는 삶이 좋다는 정도의 메시지만을 주는 것이 아닙니다. 여기에는 인간이 자아와 대면해서 자기의 내면으로 철두철미하게 들어갔을 때 그것이 어떻게 나타나고, 어떻게 행복으로 직결될 수 있는가를 보여 주는 대단히 중요한 장면입니다. 이후에 레빈은 눈에 보이는 듯, 안 보이는 듯 성장을 합니다. 그리고 그 잣대로 키티를 다시 만났을 때 키티와의 사랑을 다시 한 번 확인합니다.

> 톨스토이가 레빈을 통해서 말하고 싶었던 좋은 삶, 그 중 하나는 시골에서 사는 도덕적인 삶, 몰입하는 삶, 소박한 삶이었다. 계속해서 레빈의 삶을 들여다 본다.

풀베기 이후 레빈은 성장을 합니다. 키티와 만나 다시 청혼을 하고 행복한 결혼 생활에 이릅니다. 그런데 아이러니하게도 레빈에게 있어 일생일대의 어려움은 가장 행복한 순간에 닥쳐옵니다. 레빈은 대단히 행복합니다. 하지만 불현듯 죽음에 대한 생각에 빠져듭니다. 톨스토이가 레빈이라는 인물에 자기의 모든 것을 쏟아부었다고 생각할 수 있는 부분이 바로 이 죽음에 관한 부분입니다.

죽음을 기억하라

톨스토이는 백작 가문에서 태어나 남 부러울 것 없는 삶을 살았습니다. 귀한 집안의 혈육으로 태어났으니 얼마나 귀여움을 많이 받고 자랐겠습니까? 돈이 부족했겠습니까, 모자라는 것이 하나라도 있었겠습니까? 물론 행복하기만 한 것은 아니었습니다. 세 살 때 어머니를 여의고, 열 살 때는 아버지마저 여의었습니다. 따르던 형마저 서른두 살 때 잃었지요. 그러다 보니 톨스토이에게는 자연스레 죽음이라는 문제가 마음 깊이 자리하게 됩니다. 톨스토이는 죽음에 대해 참 많은 생각을 했습니다. 죽음이란 무엇인가, 어떻게 죽음과 화해하면서 살아야 할 것인가에 대해서 남다른 성찰을 했는데, 실제로 소설 속 레빈도 그와 같은 생각을 합니다.

톨스토이는 죽음에 대해 생각이 미치면 갑자기 기운이 떨어지는 것을 느낍니다. 나는 지금 이렇게 행복한데, 어느 날 갑자기 죽음이라는 것이 찾아온단 말이지? 그것이 어떻게 가능하단 말인가? 이런 생각을 하게 되는 것이지요. 어느덧 톨스토이에게 죽음이라는 것은 공포가 아니라 분노의 대상으로 자리 잡게 됩니다. 톨스토이는 공부를 참 많이 했는데, 아무리 책을 뒤져 봐도, 그리고 천재적인 자신의 두뇌로 생각을 해 봐도 죽음이라는 것은 어떻게 해결할 길이 없는 겁니다. 설명할 길이 없어요. 알 수가 없는 거예요. 그러면서 더욱 더 주눅이 듭니다. 이와 같은 것들이 레빈에게 그대로 투사됩니다. 작품 속에서 레빈 역시 죽음에 대해서 아주 깊이 생각하고, 죽음에 대해서 불쾌하게 생각하고, 죽음이 없었으면 하는 생각을 합니다. 작품 속의 레빈 또한 형을 여의게 됩니다. 레빈은 '아, 인생이라는 것은 어느 한 순간에 모든 것이 부질없게 될 수 있구나.' 하는 생각을 합니다.

하지만 톨스토이에게서도, 레빈에게서도 이 죽음의 문제는 자기발전, 자기성장을 위한 중요한 시발점이 됩니다. 그러면서도 '내가 이토록 행복한데, 죽음이 이 모든 것을 앗아간다면 과연 인생이 무슨 의미가 있겠는가.' 이런 생각을 하면서 깊은 좌절감에 빠집니다. 레빈이 고뇌하는 대목을 살펴보겠습니다.

> "난 일을 하고 있다. 뭔가를 하고 싶어 하고 있다. 그러나 모든 것에는 끝이 있다는 것을, 죽음이 있다는 사실을 망각하고 있었다. 나는 도대체 무엇인가. 나는 무엇 때문에 내가 이 세상에 존재하는가를 알지 못하고서는 도저히 살아 나갈 수가 없다. 그럼에도 불구하고 나는 그것을 알 수가 없는 것이다. 따라서 살아갈 수가 없는 것이다."

레빈은 고뇌를 거듭합니다. 철학책을 읽으며 나름대로 죽음을 이해하고 수용하려고 노력합니다. 마침내 그는 한 농부와의 만남에서 답을 찾았다고 생각합니다. 그것은 선하게 하는 삶입니다. 레빈은 선한 삶이야말로 죽음을 받아들이고, 죽음을 극복할 수 있는 삶의 답이라는 생각을 하게 됩니다. 레빈의 성장이 여기서 끝나는 것은 아닙니다. 거기서 끝나는 것이 톨스토이의 대답도 아니었던 것이지요. 성장하는 삶이라는 것은 끝나지 않는 삶입니다. 레빈은 이렇게 답을 찾았다고 생각하면서도, 내일이면 이것이 또 달라질 수도 있겠구나 하고 생각합니다. 레빈은 결국 인생이라는 것은 시간이 흘러가는 대로 그 변화를 받아들이면서 사는 것에 답이 있다고 생각합니다. 그러면서 소설은 마무리가 되지요.

메멘토모리. 죽음을 기억하라는 라틴어다. 사람은 태어나서 한 번의 일생을 살아가다 죽는다. 누구나 잘살고 싶어서 어떻게 살아야 할까라는 고민을 하며 살아간다. 시간은 막으려 해도 막을 수 없고, 죽음 또한 막을 수 없다. 그 흐름을 받아들이고 내가 성장하며 살아가는 삶, 그것이 한 사람이 경험할 수 있는 최고의 삶이 아닐까. 어제보다 내가 발전해 있는 기쁨. 그것을 맛보는 것. 그것이 누구나 받아들여야만 하는 유한한 인생을 나만의 특별한 인생으로 온전하게 살아가는 비법이 아닐까. 『안나 카레니나』가 우리에게 말해 주는 답은 바로 그런 것이 아닐까.

앞에서 살펴보았듯이 레빈의 삶은 성장하는 삶입니다. 그리고 레빈과 키티의 사랑은 성장하는 사랑입니다. 톨스토이는 인생의 답을 바로 성장에 두었습니다. 톨스토이는 왜 이토록 성장을 강조했던 것일까요? 왜 안나와 브론스키의 그토록 아름다웠던 사랑이 죽음으로 끝날 수밖에 없었던 것일까요? 이에 대한 답을 찾으려면 우리는 톨스토이의 인생에서 일어났던 한 가지 커다란 사건을 기억해야 합니다. 그 사건은 그가 50세 되던 해에 일어난 회심입니다. 회심, 즉 마음을 바꾼다는 뜻입니다. 나이 50세에 도달한 톨스토이는 모든 것을 다 가진 사람이었음에도 불구하고 마음이 허전해집니다. 당시 톨스토이는 러시아에서 가장 잘 나가는 작가였습니다. 많은 베스트셀러를 썼고 돈도 많이 벌었습니다. 아이들은 잘 자라고 영지를 관리하는 일도 순조로웠습니다. 어느 것 하나 남부러울 것 없는 사람이었지요. 그런데도 그는 마음속에서 찬바람을 느끼게 됩니다. 우리가 흔히 생각하는 중년의 위기라고 볼 수도 있겠지요. 하지만 톨스토이는 다른 사람보다 훨씬 더 심각하게 이 위기를 겪게 됩니다.

이 위기를 겪으면서 톨스토이는 자신의 지나간 삶을 회고해 봅니다. 20세 때부터 지금까지 30년간의 삶을 돌이켜 보니까 정말 잘못을 많이 저질렀습니다. 톨스토이는 처절하게 자기의 삶을 반성하면서 앞으로 얼마를 더 살지는 모르겠지만, 앞으로는 이렇게 살면 안 되겠다는 생각을 합니다. 이후 톨스토이는 완전히 변화된 삶을 살게 됩니다. 참된 삶, 도덕적인 삶, 의미 있는 삶을 주장하게 되는 것이지요. 이후에 톨스토이가 쓴 대부분의 소설이나 사상서들은 모두 이 참된 삶, 도덕적인 삶, 완벽에 이르는 삶을 추구합니다.

『안나 카레니나』는 톨스토이의 회심과 거의 같은 시기에 발표된 작품입니다. 톨스토이의 『안나 카레니나』가 단순한 불륜 소설이 아닌 이유도 여기에 있습니다. 이 소설에는 인간 톨스토이의 거듭나기가 그대로 담겨 있습니다. 톨스토이의 마지막 역작인 『인생의 길』에 나오는 한 대목을 소개하면서 이야기를 마무리 짓겠습니다.

'끊임없이 보다 나은 사람이 되어 가는 것. 인생의 진정한 의미는 여기에 있다. 그리고 보다 나은 사람이 되는 것은 노력에 의해서만 가능하다. 우리에게 기쁨을 주는 것은 진리 그 자체가 아니라 진리에 도달하기 위해 우리가 기울이는 노력이다.'

인문학 특강

등 록 1994.7.1 제1-1071
2쇄 발행 2018년 3월 15일

기   획   지역 MBC 8개사 인문학 특강 제작팀
지은이   고미숙 한상덕 조법종 정창권 이화경 박맹수 임원빈
          강봉룡 성소은 황교익 심옥주 임병식 석영중
펴낸이   박길수
편집인   소경희
편   집   조영준
디자인   이주향
관   리   위현정

펴낸곳   도서출판 모시는사람들 03147
          서울시 종로구 삼일대로 457(경운동 수운회관) 1207호
전   화   02-735-7173, 02-737-7173
팩   스   02-730-7173
인   쇄   (주)상지사P&B(031-955-3636)
배   본   문화유통북스(031-937-6100)
홈페이지 http://www.mosinsaram.com

값은 뒤표지에 있습니다.
ISBN 979-11-86502-38-9   03300

이 도서의 국립중앙도서관 출판시도서목록(CIP)은 e-CIP 홈페이지(http://www.nl.go.kr/
ecip)에서 이용하실 수 있습니다.(CIP제어번호: 2015031746)